por aquí

A BBC second-stage radio course in Spanish
for those with an elementary knowledge
of the language

Course writers

José G. Escribano
Wolverhampton Polytechnic

Tony Lambert
University of Southampton

Producer
Mick Webb

Interviewers
Emilio Navaza
Laura Ponte
Anna Turbau

Por aquí is a second-stage radio course in Spanish. It consists of:

- 20 radio programmes
- One course book
- Three audio cassettes
- One set of Teachers' Notes

First broadcast on Radio 4 VHF from September 1979.

Published to accompany a series of programmes in consultation with the BBC Continuing Education Advisory Council

© The Authors and BBC Enterprises Limited 1979
First published 1979. Reprinted 1983, 1984 (twice), 1986
Published by BBC Publications, a division of BBC Enterprises Limited, 35 Marylebone High Street, London W1M 4AA
Printed in England by Jolly & Barber Ltd, Rugby
ISBN 0 563 16311 9

This book is set in 10/11 Baskerville Monophoto

Contents

Introduction

Por aquí

Por aquí is a second-stage course which is suitable for people who have followed a beginners' course in Spanish, and anyone else who would like to brush up or extend a basic knowledge of the language. *Por aquí* is designed as a follow-up to *¡Dígame!*, the BBC course for beginners in Spanish.

The course is based on conversations and interviews with Spaniards which were recorded in Santiago de Compostela, north-western Spain, and these recordings will give you the chance to hear people talking naturally on a wide variety of topics.

The programmes

During the broadcasts you will hear the recorded interviews and conversations, and the main points of language will be explained. There'll also be plenty of opportunity to practise *speaking* Spanish.

This book

This book contains the texts of the conversations and interviews, together with language notes *(Explicaciones)*, exercises *(Prácticas)*, and background notes in Spanish on life in Spain *(A propósito)*. There is also a short English–Spanish vocabulary to help you with the exercises and a comprehensive Spanish–English vocabulary. Chapters 10 and 20 are for revision, and recapitulate the main language points from the preceding chapters. Chapter 20 contains a comprehensive list of the irregular verbs which occur in the book.

The audio cassettes

The three cassettes which accompany the course contain recordings of the conversations and interviews heard in the programmes, and exercises.

Using the course

There are no hard and fast rules for learning, so try to find the way that suits you best. Here are some suggestions:

1   If possible, prepare for each programme by listening to the cassette, and by reading through the texts of the conversations before you listen to the broadcast.

2   When you've heard the programme, go through the exercises and read the Spanish background notes. Listen to the repeat of the programme if you have time.

3   Don't try to understand each word the first time round. It's best to concentrate on learning the main language points and getting the general meaning.

4   Try to get into a regular routine. Doing a little every day is better than doing a lot once a week.

5   Don't worry if it takes you a long time to learn something – everyone learns at different speeds.

6   Try to practise your Spanish as often as possible – join one of the evening classes linked to *Por aquí* (see page 5), or start your own study group informally.

Evening classes

A number of evening institutes are organising classes linked to *Por aquí*. To find out whether there's a class in your area, contact your Local Education Authority. Details of residential courses linked to *Por Aquí* may be obtained by writing to: Residential Courses: BBC, Villiers House, London W5 2PA. Please enclose a large stamped addressed envelope.

1 ¿De dónde?

> Asking where people come from, where they live and work
> Giving the same information about yourself
> Two words for 'you': *tú* and *Vd.*
> How to ask questions
> Verb endings in the present tense

1 The two main interviewers are Anna and Emilio. Anna is from Barcelona, although she lived for a long time in Madrid. Emilio is Galician, from Pontevedra, but he now lives in Santiago where he works as a sports journalist.

Anna talks to Emilio as a friend, so she uses verb endings in *–as* or *–es*; but she omits the word for 'you', *tú*, because it isn't necessary.

Anna	Emilio, ¿eres de Santiago?
Emilio	No, nací en Pontevedra.
Anna	Pero ¿vives aquí?
Emilio	Sí, sí. Vivo en Santiago de Compostela.
Anna	¿En qué parte vives?
Emilio	Pues, vivo en la parte nueva, concretamente en la calle Nueva.
Anna	Y ¿en qué trabajas?
Emilio	Pues, me dedico a los deportes en el periódico local de Santiago.
Anna	Y ¿dónde está el periódico local?
Emilio	Pues, está situado en la parte antigua de la ciudad, muy cerca de donde está la catedral de Santiago.

nací	I was born
¿en qué trabajas?	what do you work as?
me dedico a	I specialise in

2 Don Jesús Precedo is a priest who works in Santiago's famous cathedral. Emilio addresses him as *Vd.*, the formal word for 'you'.

Emilio	¿Cómo se llama Vd.?
Don Jesús	Yo me llamo Jesús Precedo Lafuente.
Emilio	¿En qué trabaja?
Don Jesús	Mi trabajo es en la catedral, porque yo soy sacerdote con el título de canónigo.
Emilio	¿Vd. vive aquí en Santiago?
Don Jesús	Sí, sí. Vivo en la ciudad de Santiago.
Emilio	¿En la parte nueva o vieja de la ciudad?
Don Jesús	Vivo en la parte más antigua de la ciudad, en el casco monumental de la ciudad.
Emilio	Don Jesús, ¿allí están los monumentos importantes de la ciudad, los antiguos?
Don Jesús	Sí.
Emilio	¿Cuáles son los monumentos, don Jesús?
Don Jesús	Los monumentos más importantes de Santiago giran en torno a

la catedral donde está el sepulcro del Apóstol Santiago el Mayor. Luego, otros monumentos importantes de distintos estilos son el Colegio de Fonseca, hoy facultad universitaria, el Hostal de los Reyes Católicos, la iglesia de Santo Domingo, la iglesia de Santa María Salomé, etcétera.

¿cómo se llama Vd.?	what is your name?
el casco monumental	the old quarter, where most of the historical buildings are
¿allí están . . . ?	is that where . . . are?
giran en torno a	are centred on
el Apóstol Santiago el Mayor	the Apostle St. James the Elder
los Reyes Católicos	the Catholic Kings (Ferdinand and Isabella)

3 Anna spoke to Manuel González in the busy airline office where he works. Apart from asking where he lived, she wanted to find out what he did after work. Because she didn't know him she used *Vd.*

Anna	¿Es Vd. de aquí de Santiago?
Manuel	No. Vivo aquí desde hace seis años, pero soy natural de Monforte de Lemos.
Anna	Y ¿trabaja aquí en Santiago?
Manuel	Sí, aquí en Iberia Líneas Aéreas.
Anna	Y ¿vive cerca de su trabajo?
Manuel	A siete minutos aproximadamente.
Anna	¿En qué calle?
Manuel	En la Plaza de Vigo, dos.
Anna	Y después del trabajo, ¿qué hace en Santiago?
Manuel	Unas veces si salgo con unos amigos, me voy al bar, otras veces directamente a casa, otra vez, en fin, a otras ciudades . . . Orense, Coruña, Vigo, etcétera.
Anna	Y ¿cómo se llama Vd., por favor?
Manuel	Manuel González Fernández.
Anna	Manuel González Fernández.
Manuel	Sí.
Anna	Muchas gracias.
Manuel	No hay de qué.

vivo aquí desde hace seis años	I have been living here for six years
unas veces si salgo	sometimes if I go out
otras veces	other times
me voy al bar	I go to the bar
en fin	well
no hay de qué	not at all, don't mention it

4 Fernando is a civil engineer from Castellón, on the east coast of Spain. His work involves studying the planning of roads, railways and housing in Galicia. In his free time he likes going to the cinema.

Anna	¿Es Vd. de aquí de Santiago?
Fernando	No, no soy de Santiago.
Anna	¿De dónde es?
Fernando	Soy de un pueblo cerca de Valencia.
Anna	¿Cómo se llama este pueblo?
Fernando	Se llama Castellón.
Anna	Pero ¿trabaja aquí en Santiago?
Fernando	Sí, trabajo en Santiago. Soy ingeniero.
Anna	Y ¿vive aquí en Santiago?
Fernando	Sí, vivo en Santiago.
Anna	¿En qué parte?
Fernando	En el casco viejo de Santiago.
Anna	Y ¿la dirección?
Fernando	La calle en que vivo se llama calle del Medio, y vivo en el número treinta y cinco.
Anna	Y ¿dónde trabaja?
Fernando	Trabajo en el campo y en la oficina, en los dos sitios.
Anna	¿Qué tipo de trabajo hace?
Fernando	Hago estudios sobre planificación, carreteras, ferrocarriles, vivienda, comunicaciones, etcétera.
Anna	Y después de trabajar, ¿qué hace con su tiempo libre?
Fernando	Paseo por las calles antiguas de la ciudad, compro periódicos, y voy con los amigos a algunos bares.
Anna	Y ¿cena fuera o cena en casa?
Fernando	A veces ceno en mi casa. Después de cenar, muchos días voy al cine.
Anna	¿Qué películas le gustan?

'Muchos días voy
al cine . . .'

Fernando	Las películas que más me gustan son las cómicas.
Anna	¿Por ejemplo?
Fernando	'Emmanuelle', 'El último tango' . . .
Anna	*(laughing)* Y ¿éstas son películas cómicas?
Fernando	¡Por lo que Vd. se ríe, deben ser muy divertidas!

en los dos sitios	in both places
en casa	at home
que más me gustan	that I like most
'El último tango'	'The Last Tango'
¡por lo que Vd. se ríe, deben ser muy divertidas!	the way you're laughing, they must be very funny!

1 Whereabouts

● To find out if someone is from a certain place, you can ask

¿es de | aquí?
Santiago?
aquí de Santiago?

or ¿eres de . . .?, if using *tú* (see section 3)

and to find out if the person lives or works there

¿vive
¿trabaja | aquí?
en Santiago?
aquí en Santiago?

● Or you can ask *where* someone is from
¿de dónde es?

and where he or she lives or works

¿dónde | vive?
trabaja?

● If someone asks *you* these questions, you can answer

soy de
vivo en
trabajo en | Liverpool

● To get details of where someone lives

¿en qué parte de la ciudad (vive)?	in which part of the city (do you live)?
¿en qué calle (vive)?	in which street (do you live)?
¿cuál es su dirección?	what is your address?

● Normally, when asking where a thing or a place is situated, you use *está*
¿dónde **está** su trabajo?

or *están*
¿los monumentos **están** en la parte vieja de la ciudad?

2 What you do for a living

¿en qué trabaja? soy | periodista
ingeniero
sacerdote

3 *Tú* and *usted*

● These words both mean 'you'. Always use *tú* when you're talking to a friend or to a child, or to anyone you're on first name terms with. With someone you'd call *señor*, *señora* or *señorita* you should use *usted*.

● Both these words for 'you' are often missed out, unless there's a risk of confusion. The verb ending shows whether you're calling someone *tú* or *usted*.

¿(tú) viv**es** aquí?   ¿(tú) **eres** inglés?
¿(usted) viv**e** aquí?   ¿(usted) **es** inglés?

9

● In writing, *usted* is usually abbreviated to *Vd.*, and this abbreviation will be used throughout this book.

4   Asking questions

● You can begin with a question word

¿dónde?   **¿qué?**   **¿cómo?**
¿de dónde? **¿cuál?**   etc.

or, by altering the tone of your voice, you can make a question out of what looks like a statement

está por aquí   pitch of voice falls at end of sentence
¿está por aquí?   pitch of voice rises at end of sentence

● You can put the subject before or after the verb

¿**Vd.** vive aquí?
¿vive **Vd.** aquí?

● If you're pretty sure of the answer, you can make a statement and to check, add *¿no?*

Vd. vive aquí, **¿no?**

5   Verbs

● A word like *trabajo* tells you not only what is being done but also who's doing it. You don't need a separate word for 'I', 'you', etc., because the ending makes it obvious.

	trabajar	beber	vivir
(yo)	trabaj**o**	beb**o**	viv**o**
(tú)	trabaj**as**	beb**es**	viv**es**
(Vd.)	trabaj**a**	beb**e**	viv**e**

The endings for 'he' and 'she' (*él* and *ella*) are the same as for *Vd.*

(él/ella)	trabaj**a**	beb**e**	viv**e**

There are hundreds of verbs ending in *–ar* which follow the same pattern as *trabajar*, and likewise hundreds ending in *–er* and *–ir* which follow the same pattern as *beber* and *vivir*.

● Some verbs deviate slightly from the regular pattern, e.g.

	salir	estar
(yo)	sal**go**	est**oy**
(tú)	sales	est**ás**
(Vd./él/ella)	sale	est**á**

● Others, like the verb *ser* (to be), are a law unto themselves

(yo)	**soy**
(tú)	**eres**
(Vd./él/ella)	**es**

● The words for 'I', 'you', etc., are normally used for emphasis or to avoid confusion, e.g.

yo soy de Santiago pero **Vd.** es de Pontevedra

1   **What are the professions** of the people speaking? Choose from:
actor, escritor, pescadero, futbolista, profesor, camarero, fotógrafo.

1	Vendo pescado en el mercado.	Soy ....
2	Juego en el Real Madrid.	Soy ....
3	Trabajo en un teatro.	Soy ....
4	Escribo libros de aventuras.	Soy ....
5	Me gusta trabajar en un bar.	Soy ....
6	Hago fotos para las revistas y periódicos.	Soy ....
7	Me dedico a la enseñanza.	Soy ....

2   **You've got a job** working in a Spanish bar. On your first night one of the customers starts getting friendly – you try not to encourage him. Fill in your part of the conversation in Spanish.

El cliente	¿Vd. es española?
Vd.	*(No, you're not Spanish, you're from Liverpool)*
El cliente	¿Líberpul? Ah, está en Escocia.
Vd.	*(No, it's not in Scotland)*
El cliente	Ah, pues, está en Inglaterra. Entonces, ¿Vd. es inglesa?
Vd.	*(Yes, you are English)*
El cliente	Las chicas inglesas son muy bonitas. ¿Qué haces después del trabajo?
Vd.	*(After work you're going straight home)*
El cliente	¿Dónde vives? Te acompaño a casa.
Vd.	*(No thanks, you live very close by)*
El cliente	Pero ¿cuál es la dirección?
Vd.	*(The address? You live in the calle del Tricornio)*
El cliente	¿Cerca del cuartel de la Guardia Civil?
Vd.	*(Yes, it's very close to the Civil Guard's barracks. Your boyfriend's a guardia)*
El cliente	Tu novio, ¿un guardia? . . . bueno, es muy tarde. Eh, encantado. . .

3   **You're in southern Spain**, helping with a survey for *el Ministerio de Transportes*. You're finding out whether people live near their work. What questions did you ask in this case? *Una enfermera* is a nurse.

Vd.	¿..?
Señora	Yo me llamo Juana Calderón.
Vd.	¿..?
Señora	Sí, vivo aquí en Almería.
Vd.	¿..?
Señora	¿Dónde? Trabajo en un hospital.
Vd.	¿..?
Señora	El hospital se llama Ciudad Sanitaria de la Paz.
Vd.	¿..?
Señora	No, no soy enfermera, soy doctora.
Vd.	¿..?
Señora	¿En un piso? No, vivo en una residencia.
Vd.	¿..?
Señora	La residencia está en la calle de los Cuchillos.
Vd.	¿..?
Señora	Sí, muy cerca, a dos minutos andando.

11

4 **You've given a lift in your car** to a friendly young man hitch-hiking out of Santiago. Are you going to call him *tú* or *Vd.?* Ask him these questions.

1 Are you from Santiago?
2 Where do you live?
3 Do you work here in Santiago?
4 Do you work in the new part or the old part of the city?
5 What do you do after work?

Now ask the same questions, but this time you're talking to a middle-aged person sitting next to you on the plane.

5 **Add a suitable question word** from the list to the questions in the first column. Then make sense of the dialogue by matching each question with the corresponding answer – the questions are already in the right order.

choose from: *cómo*   *qué*   *cuál*   *dónde*   *no*

1 ¿.................... se llama Vd.?

2 Y ¿.................... vive?

3 ¿.................... es su dirección, concretamente?

4 ¿.................... tipo de trabajo hace?

5 Y trabaja aquí en la ciudad, ¿....................?

6 Entonces, ¿.................... trabaja?

a) Trabajo por toda la provincia de La Coruña.

b) Mi nombre es Felipe Gómez.

c) No, aquí no.

d) Calle del Franco, dieciséis.

e) En Santiago.

f) Trabajo en la construcción, soy albañil.

6 **¿Cómo se llama?** Below are some descriptions and a list of famous places and monuments. See if you can pair them up.

1 Un monumento muy grande que está a la entrada del puerto de Nueva York.
2 El aeropuerto que está en las afueras de Madrid.
3 La sierra que divide Francia y España, donde está situado el principado de Andorra.
4 La ciudad italiana donde está la famosa torre inclinada.
5 El puente sobre el Támesis que se abre y se cierra cuando pasa un barco.
6 El río latinoamericano que tiene el mismo nombre que una raza mítica de mujeres muy agresivas.
7 La única parte de la península ibérica donde se puede ver al *bobby* inglés.
8 El mar donde están las islas de Chipre, Sicilia, Mallorca, Menorca, etcétera.

a) Gibraltar   b) los Pirineos   c) la estatua de la
d) Tower Bridge   e) Amazonas   Libertad
f) el Mediterráneo   g) Pisa   h) Barajas

Santiago de Compostela   No hay que confundirlo con Santiago, la capital de Chile. Santiago de Compostela es una hermosa ciudad de la provincia de La Coruña, en el extremo noroeste de España, con una población de cerca de 70.000 habitantes, casi el doble de Cuenca, la ciudad de *¡Dígame!*.

Santiago es un centro religioso de gran importancia. Allí van peregrinos y turistas de todos los países a visitar la catedral donde se encuentra el sepulcro del Apóstol Santiago. Pero no todo es religioso. En la parte vieja (o casco viejo) de la ciudad es donde se encuentra la universidad, una de las más antiguas de España, y por eso hay tantos bares, cafeterías y restaurantes baratos. En la calle del Franco, con 58 casas, hay por lo menos 40 bares, y entre la una y las tres de la tarde y entre las siete y las once de la noche siempre están llenos.

por eso	for that reason
por lo menos	at least

Galicia   La región de Galicia, en el noroeste de España, comprende las cuatro provincias de La Coruña, Pontevedra, Orense y Lugo. Los que son de Galicia se llaman gallegos y se consideran una gente muy distinta de los castellanos, los catalanes y los andaluces, etc. Los gallegos tienen también su propio idioma, que se llama el gallego, y sus propias costumbres. En lo del paisaje y en ciertas tradiciones y costumbres, Galicia se parece mucho a Gales o a Escocia. Por ejemplo, un instrumento muy típico de Galicia es la gaita *(bagpipes)*.

los que	those who
en lo de	as regards

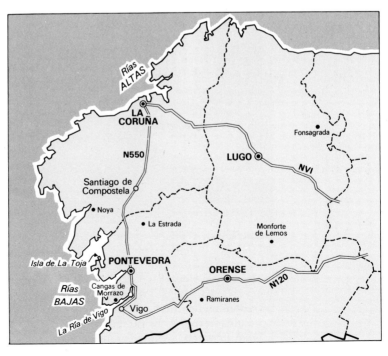

Galicia

13

Direcciones   Note que en las direcciones el número de la casa está detrás del nombre de la calle, y note también que la palabra *calle* no es necesaria. A veces escriben *C/*, que equivale a *calle*, pero no es corriente. En el caso de las avenidas o plazas, hay que escribir estas palabras, aunque

avenida se escribe en abreviatura en las direcciones: *Avda*. Detrás del número de la casa los españoles escriben el número del piso, poniendo el número seguido de º, y también *Dcha.* o *Izqda.*, derecha o izquierda; o letra *A, B, C*, si las puertas de los pisos así están señaladas. Cuando las puertas de los pisos tienen un número, añaden al número:ª. Así, pues, si la dirección es *Condes de Bustillo, 2, 2º, 2ª*, quiere decir: calle Condes de Bustillo, número dos, piso segundo, puerta segunda.

El nombre del destinatario de la carta va precedido de *Sr.D.*, que significa 'señor don', o *Sra.Dª.*, 'señora doña', o *Srta.*, 'señorita'.

Casa de, o sencillamente *C/de*, significa 'care of'.

poniendo	putting
quiere decir	it means

Calle del
Medio

Suburbios   Cuidado con esta palabra, porque lo lógico es traducir *suburbio* por 'suburb', y muchos diccionarios así la traducen. Sin embargo para los españoles *un suburbio* significa 'a shanty town'. 'Suburbs' son *las afueras* o *los alrededores*. ¡Imagine el efecto que puede tener en España decir 'Mis padres son arquitectos y viven en los suburbios de Londres'!

cuidado con	be careful with
sin embargo	however, nevertheless

2 ¿Qué tipo?

> Finding out what type of goods are available
> Describing what you want in detail
> Explaining what something's for and who it's for
> Saying what you like or what you prefer
> Using adjectives
> The words for 'this' and 'that'
> Verb endings with *nosotros*

1 Emilio interviewed a girl called Ana who works in a shop in Santiago which specialises in chocolate. The chocolate is made on the premises and there are two main types – bitter cooking chocolate and sweeter dessert chocolate.

Chocolate

Emilio	Buenos días.
Ana	Buenos días.
Emilio	Quiero comprar chocolate. Eh . . . . ¿qué clases de chocolate tiene?
Ana	Bueno, tenemos estas dos. Es chocolate con harina y chocolate sin harina.
Emilio	Y este chocolate de harina, ¿es para cocinar o para comer?
Ana	Bueno, más bien es para cocinar.
Emilio	¿Este chocolate con harina es más dulce?
Ana	No, al contrario, es mucho más amargo que el otro.
Emilio	Y ¿cuánto cuesta esta tableta de chocolate dulce?
Ana	Bueno, es una libra *(ah)* y esta libra, pues, vale ciento veinticinco pesetas.
Emilio	¿Y esa tableta del chocolate amargo?
Ana	Bueno, pues, ésta vale noventa pesetas la libra.
Emilio	O sea que treinta pesetas . . . .
Ana	De diferencia . . .
Emilio	. . . de diferencia, ¿no? Es un poco más barato.
Ana	Sí, pero ten en cuenta que ese chocolate, el dulce, es mejor porque lleva más cacao. ¿Quieres probarlo?

Emilio	Oh, sí, gracias. *(He tastes the chocolate)* ¡Francamente rico! ¿Éste es el amargo o el dulce?
Ana	Éste es el dulce.
Emilio	Mmmm, muy rico. De verdad que sí. ¿Y esto vale ciento veinticinco pesetas?
Ana	Sí.
Emilio	Bueno, pues, me voy a llevar dos tabletas de chocolate dulce.
Ana	Pues, muy bien.
Emilio	¿Cuánto es?
Ana	Son doscientas veinticinco pesetas, . . . doscientas cincuenta.
Emilio	Doscientas cincuenta. Vamos a ver. Cien . . . ciento cincuenta. Ahí va. Doscientas pesetas.
Ana	Faltan cincuenta pesetas.
Emilio	Ah, perdón. Cincuenta pesetas. *(Muy bien)* Está bien ahora, ¿no?
Ana	Sí, ahora está bien. De acuerdo.

más bien	rather
al contrario	on the contrary
más amargo que	more bitter than
o sea que	in other words
ten en cuenta	bear in mind
de verdad que sí	yes, definitely
me voy a llevar	I'll have
vamos a ver	let's see
ahí va	there you are
faltan cincuenta pesetas	that's fifty pesetas short
de acuerdo	fine, OK

2 Emilio wanted to buy a belt as a present for a friend. He went to a shop called ***El Centro de Moda*** ('The Fashion Centre') and was served by an enthusiastic salesman.

El Centro de Moda

Emilio	Buenas tardes.
El dependiente	Buenas tardes. ¿Qué desea el señor?
Emilio	Pues, quisiera comprar un cinturón.
El dependiente	¿El cinturón es para Vd.?
Emilio	No, es para hacer un regalo.

El dependiente	Muy bien. Y el cinturón, ¿cómo lo quiere Vd.?
Emilio	No sé. ¿Qué tipo de cinturones tiene?
El dependiente	Tengo varios tipos de cinturones. Si es para un señor, yo le recomiendo el cinturón de cocodrilo que es un regalo de muchísima categoría.
Emilio	Me gusta éste de cocodrilo. ¿Cuánto vale?
El dependiente	Este cinturón de cocodrilo vale tres mil quinientas pesetas.
Emilio	Es un poco caro. ¿Tiene algo más barato?
El dependiente	Sí. Tengo el tipo este de bóscal, que es muchísimo más barato y, al mismo tiempo, es un cinturón de vestir.
Emilio	Y ¿cuánto cuesta éste?
El dependiente	Pues, éste le cuesta alrededor de las mil pesetas.
Emilio	Sí, es un precio que me conviene.
El dependiente	Bueno, o viene en marrón o viene en negro. Vd. dirá cuál de los dos le agrada más.
Emilio	¿Hay en otros colores?
El dependiente	No, solamente los que le he dicho anteriormente, en marrón y en negro.
Emilio	Bueno, prefiero el marrón.
El dependiente	Bueno, muy bien, es un color muy bonito, un color elegante, un color que le combina con todo. Y ahora, ¿qué medidas tiene aproximadamente el señor? ¿Es un señor grueso o es, más bien, delgado?
Emilio	Es un señor gordo y fuerte.
El dependiente	Muy bien. Entonces, yo le voy a dar el tamaño mayor, porque es preferible que le quede un poquito grande y no pequeño, ¿eh? Porque, si le queda grande, el señor aún puede acortarlo.
Emilio	De acuerdo, muy bien.
El dependiente	Bueno, pues, si Vd. es tan amable, entonces pasa Vd. por caja con este ticket y abona Vd. las mil pesetas.
Emilio	De acuerdo. Muchas gracias, señor. Buenas tardes.
El dependiente	Buenas tardes, señor.

de muchísima categoría	very high class
al mismo tiempo	at the same time
un cinturón de vestir	a 'dress' belt
que me conviene	that suits me
Vd. dirá	you tell me
le he dicho anteriormente	I told you before
le combina con todo	goes with everything
que le quede un poquito grande	that it should be a bit big for him
aún puede acortarlo	can always shorten it
pasa Vd. por caja	go to the till

3 Galicia's climate makes it a fitting location for an umbrella factory. ***Paraguas Caravel*** have a factory just outside Santiago where Emilio spoke to the heads of production and marketing about their umbrellas and their advertising techniques.

Emilio	¿Cómo se llama?
Sr Cobas	Carlos Cobas.
Emilio	¿Y Vd.?

Sr Noriega	Martín Noriega.
Emilio	Señor Cobas, su trabajo ¿cuál es?
Sr Cobas	Jefe de producción.
Emilio	Y señor Noriega, ¿el suyo?
Sr Noriega	Jefe comercial.
Emilio	Jefe comercial y jefe de producción. ¿De qué fábrica?
Sr Noriega	De la fábrica *Paraguas Caravel*.
Emilio	*Paraguas Caravel*. Señor Cobas, ¿qué tipo de paraguas hacen aquí en la fábrica de . . . de Santiago?
Sr Cobas	Bueno, nosotros hacemos toda clase de paraguas, desde los paraguas telescópicos a los paraguas largos clásicos. Dentro de ellos, una serie económica y una serie de lujo.
Emilio	¿Cuánto vale, por ejemplo, el paraguas . . . el más caro?
Sr Cobas	El más caro puede oscilar de las dos mil a tres mil pesetas.
Emilio	¿Dos mil a tres mil pesetas? Y, señor Noriega, el paraguas más barato que yo puedo comprar aquí, ¿cuánto me cuesta?
Sr Noriega	Trescientas cuarenta pesetas aproximadamente.
Emilio	¿Qué publicidad, señor Cobas, es la que hace la casa *Caravel*?
Sr Cobas	Bueno, nosotros hacemos publicidad de distintas formas. Primero, cada año nombramos la *Miss Paraguas Caravel*. Después, hacemos un slogan publicitario a nivel de televisión de dos en dos años, no . . . no todos los años. Este año tenemos el slogan '*Vista el paraguas Caravel por la mañana, por la tarde para la compra y por la noche para la fiesta*'.
Emilio	Me dice que las señoras tengan un paraguas, por ejemplo, por la mañana, otro distinto para la tarde y otro distinto para . . . para la noche, ¿no?
Sr Cobas	Sí, puesto que el paraguas de la mañana debe ser un paraguas más alegre, el paraguas de compra o el paraguas de la tarde debe ser un paraguas más práctico, y el paraguas de la noche o el paraguas de fiesta debe ser un paraguas más elegante, de acuerdo con la vestimenta que lleve.
Emilio	Muchas gracias por sus palabras y suerte en los negocios.
Sr Noriega	¡Felices lluvias *Caravel*!

dentro de ellos	amongst these
puede oscilar	can vary
a nivel de televisión	for the television
de dos en dos años	every two years
vista el paraguas Caravel	carry a Caravel umbrella
tengan	should have
puesto que	since
de acuerdo con la vestimenta que lleve	matching the clothes she is wearing

1 Asking for things

● To find out if someone's got what you want, use *tiene*

¿**tiene** (Vd.)	chocolate?
	cinturones?
	cigarrillos?

● To make a more specific request or to distinguish between similar things, add an adjective

| ¿**tiene** (Vd.) | chocolate **amargo**/chocolate **dulce**? |
| | un cinturón **verde**? |

● To ask what kind or type is available

| ¿**qué tipo(s) de** | |
| ¿**qué clase(s) de** | chocolate tiene? |

2 Saying what you want

● To say what you want, use *quiero* or the more formal *quisiera*, e.g. if you want to buy an umbrella

| **quiero** | comprar un paraguas |
| **quisiera** | |

or simply

| **quiero** | un paraguas |
| **quisiera** | |

● To explain what you want something for or who it's for, use *para*
   quisiera medicina **para** un dolor de cabeza
   quiero un cinturón **para** un señor

or to say what you're going to do with it
   quiero algo **para hacer** un regalo
   quisiera chocolate **para cocinar**

3 What you like and what you prefer

● If you're not quite satisfied with something, *más* (more) or *un poco más* (a bit more) will come in handy

| ¿tiene algo | **más** barato? |
| | **un poco más** barato? |

| quisiera algo | **más** grande |
| | **un poco más** grande |

● And to say you like something

me gusta	éste
	el otro
	el grande

or you prefer something

prefiero	éste
	el otro
	el grande

19

4 Adjectives

● Adjectives usually go after the noun they describe
   el chocolate **amargo**
   un cinturón **grande**

● An adjective ending in –o, like *amargo*, can also end in –a, –os or –as. The ending depends on
(i) whether you're referring to one thing or more than one
(ii) whether what you're referring to is masculine or feminine
e.g. **el** coche blanc**o**   **los** coches blanc**os**
   la casa blanc**a**   **las** casas blanc**as**

The same goes for all adjectives of nationality

Juan es **español**   María es **española**

Most other adjectives don't have different feminine endings, they only change for the plural

el cinturón		los cinturones	
la casa	**verde**	las casas	**verdes**

However, the word *este* does alter

'this'	est**e** paraguas
	est**a** fábrica

'these'	est**os** jefes
	est**as** calles

● *Éste, ésta*, etc., can be used on their own to mean 'this one'. If you want to refer to something but don't know whether it's masculine or feminine, use *esto*, e.g.
   prefiero **éste**
   ¿qué es **esto**?

Note that, when used without a noun, *éste* and *ésta* have an accent in writing.

5 Verbs

● To say 'we . . .', the verb ending is –*amos*, –*emos* or –*imos*, e.g.
   trabaj**amos**   (from trabajar)
   ten**emos**   (tener)
   hac**emos**   (hacer)
   viv**imos**   (vivir)

These can be used with or without the word for 'we', *nosotros* or (in the feminine) *nosotras*, to mean 'we work', 'we have', etc.

● Normally, the pattern is
   –ar verbs   **–amos**
   –er verbs   **–emos**
   –ir verbs   **–imos**

Exceptions are
   somos   (ser)
   vamos   (ir)

● *Querer* occurs a lot in this chapter. It doesn't follow the regular pattern (see chapter 1)

(yo)	qu**ie**ro
(tú)	qu**ie**res
(Vd./él/ella)	qu**ie**re
but	(nosotros,–as) qu**e**remos

● Other verbs in this chapter in which the *e* changes to *ie* in a similar way

recom**e**ndar	recom**ie**ndo
pref**e**rir	pref**ie**ro

Tener and *venir* are similar, except for

(yo)   **tengo**   **vengo**

---

1   **Choose the most appropriate adjective** from those in brackets to fill the gap in the sentence. Don't forget to check the endings of the adjectives.

1   Sabe reparar coches y relojes. Es una persona muy ....
(gordo, amargo, marrón, práctica, gorda)

2   Los paraguas aquí valen 10.000 pesetas. Son bastante ....
(baratos, caros, verde, pequeño)

3   Mi esposa pesa 150 kilos. Creo que está un poco ....
(gordo, rico, gorda, económica)

4   Quiero un regalo .... porque tengo poco dinero.
(elegantes, negro, barato, dulce)

5   Cuando mi hermano está .... siempre canta.
(alegre, fuerte, amable, verde)

6   No quiero el otro cinturón, prefiero ....
(pequeño, éste, ésta, bueno)

7   Los hombres .... están muy de moda.
(azules, delgados, fuerte, galeses)

8   Dicen que las señoras de París son muy ....
(elegantes, amargos, mejores, otros)

2   **You're at a camping shop in Spain**, buying some of the things you forgot to bring with you on holiday. Use this advert to help sort out what you want, and fill in your part of the dialogue.

El dependiente	Buenos días. ¿Qué quiere Vd.?
Vd.	*(Say you'd like to buy a table)*
El dependiente	Muy bien. ¿Quiere también sillas plegables, o sillones?
Vd.	*(Say you'd like two folding stools)*
El dependiente	Muy bien. ¿Desea algo más?
Vd.	*(Yes, you'd like an ice-box. Ask what type he's got)*
El dependiente	Bueno, tenemos estas dos, ésta de lujo, y ésta que es un poco más pequeña y que tenemos en oferta.
Vd.	*(Ask how much the smaller one costs)*
El dependiente	La más pequeña le va a costar setecientas noventa y cinco pesetas.
Vd.	*(Yes, you prefer the smaller one)*
El dependiente	¿Es todo?
Vd.	*(No, you'd also like some beach-shoes for your (female) friend)*
El dependiente	¿Qué tamaño, por favor?
Vd.	*(Your friend takes size five, so ask for the 38)*
El dependiente	Sí, y ¿qué color quiere Vd.? Vienen en rojo, amarillo o verde.
Vd.	*(Your friend has a green bikini, so ask for green beach-shoes)*
El dependiente	Aquí tiene Vd. ¿Algo más?
Vd.	*(No thanks; ask how much it all is)*
El dependiente	Bueno, en total son ....

How much is the bill? – in Spanish

3 **Here are six sentences** spoken by shop assistants. Match their descriptions with the product you wanted to buy.

1 Bueno, es típico de aquí de Galicia. Se fabrica en la montaña.
2 Hay una en verde y otra en azul.
3 ¿Las quiere en salsa de tomate o en aceite?
4 Sólo hay dos tipos, el amargo y el dulce.
5 ¿La señora quiere el tamaño treinta y cinco o treinta y seis?
6 Para Inglaterra, Vd. necesita uno de doce pesetas.

a)	un sello	b)	sardinas	c)	una camiseta
d)	zapatos	e)	queso	f)	chocolate

4 **Anything you can do . . .** Everything that Antonio does, Pepe and Gonzalo do twice as well or twice as often. Double everything in the statements below by making the verbs plural and doubling the quantities and so on. Use the *–amos, –emos, –imos* verb endings.

1 Yo tengo una fábrica en Holanda.
2 Vendo mil bicicletas a la semana.
3 Fumo dos paquetes diarios.
4 Voy al cine dos veces al mes.
5 Como el salmón ahumado una vez al año.
6 Bebo una botella de champán con mi amiga todos los sábados.

5 **You have been employed to do a consumer survey** and you've tape-recorded these answers from a passer-by.

No me gustan los pantalones verdes. Prefiero el chocolate dulce. Tengo un Rolls Royce. Mi casa tiene dos habitaciones. No me gusta leer libros, prefiero los periódicos. A veces ceno en casa, normalmente voy al restaurante. No tengo paraguas, si llueve no salgo. Tengo cuatro hermanas y seis hermanos.

Now fill in the form with a tick in the appropriate box.

		dulce	amargo	
1	Tipo de chocolate que prefiere			

		de lujo	normal	barato
2	Clase de coche			

		libros	periódicos	nada
3	Lectura preferida			

		grande	mediana	pequeña
4	Dimensiones de la casa			

		grande	mediana	pequeña
5	Es de una familia . . .			

		muchas veces	a veces	nunca
6	Va a un restaurante . . .			

		verdes	negros	
7	Prefiere pantalones . . .			

		tres	dos	uno	ninguno
8	Cantidad de paraguas				

¡Cuidado con engordar!   Las vacaciones con frecuencia son peligrosas para muchos. Si Vd. pasa todo el día en la playa tomando el sol y todas las noches comiendo y bebiendo, claro es que va a volver de España con unos kilos de más y unos centímetros extras alrededor de la cintura. Si le preocupa el engordar, aquí hay unos datos sobre la alimentación de los españoles.

Los vascos y los gallegos tienen fama de comer mucho, y en líneas generales se come mucha carne de vaca, pescado, legumbres, leche y azúcar en el norte. En la zona de Cataluña y Levante se consume mucho arroz, pollo y legumbres, claro es porque Levante es la región de la paella. Allí también se come mucha fruta, especialmente naranjas. En Andalucía se come mucho pescado y frutas, y en Castilla y Aragón mucha carne y huevos.

engordar	to get fat
claro es que	it's obvious that
tienen fama de	are noted for

De compras   No es mala idea en España, entre museo y castillo, entre playa y plaza, pasar un rato en algunos de los grandes almacenes y tiendas. Los muebles de estilo clásico español son preciosos, pero difíciles de llevar en el avión o en el coche, y más difíciles aún de pasarlos por la aduana británica; pero vale la pena comprar recuerdos pequeños.

23

Los tejidos de lana tienen una larga tradición y la 'alta costura' española goza de mucho prestigio dentro del mundo de la moda, y de fama son los vestidos y abrigos de napa *(a kind of suede)*, al igual que una gran variedad de creaciones de cuero *(leather)* y piel *(hide)*. Claro es que los productos naturales no son tan baratos como antes y, como resultado, las maletas y los cinturones se fabrican de fibras artificiales, por ejemplo el skay.

Quizás mucho más interesantes de visitar son los mercados públicos, donde es posible encontrar antigüedades a precios reducidos. Estos mercados se encuentran en las plazas de algunas ciudades y pueblos, durante ciertos días del mes. Los más famosos de España son *el Rastro* en Madrid, *los Encantes* en Barcelona y *el Jueves* en Sevilla (abierto éste sólo los jueves).

'alta costura'	*haute coûture*
al igual que	as well as
tan . . . como	as . . . as

Productos típicos   Aunque no todos los 'productos típicos' que se venden a los turistas son auténticos, muchas veces vale la pena probar las especialidades de alguna región. Por ejemplo, en Galicia, aparte del chocolate de Santiago, Vd. puede encontrar salchichas, jamones y

Queso de tetilla

vinos, y queso muy bueno que se llama queso de tetilla. Tetilla quiere decir *nipple* y el queso se llama así por su forma. Se fabrica en las montañas y tiene un sabor dulce y a la vez suculento.

vale la pena	it's worthwhile
a la vez	at the same time

P.V.P.   En las tiendas y almacenes los precios tienen escrito debajo, por lo general, P.V.P., que significa 'Precio de Venta al Público' *(retail price)*.

El precio de los comestibles suele ser en kilos, aunque a veces, con alimentos caros como el jamón serrano y el caviar, suelen poner el precio refiriéndose a gramos, cien o doscientos normalmente.

Un par de palabras útiles de aprender son 'oferta,' *on offer,* y 'rebaja,' *sale,* o a veces 'gran rebaja'.

refiriéndose	referring

3 ¡Qué precioso!

> Reacting to invitations and offers
> Making polite comments
> Exclamations with *¡qué . . .!*
> Explaining where things are
> Verbs: endings with *vosotros* and *Vds.*
> Using the verb *estar*

1 If you're being shown round someone's house, you'll need to say the right things and ask the right questions. In the first conversation, Anna is being shown round Emilio's flat in the new part of Santiago.

Emilio y su familia

Emilio	Anna, ¿quieres que te enseñe el piso?
Anna	Sí, sí, me gustaría mucho.
Emilio	Mira. *(He opens the door)* Ésta es la habitación donde trabajo. Ya ves, tengo allí, pues, mis libros, mis discos, mi máquina de escribir.
Anna	Tienes muchos discos.
Emilio	Pues sí, me los regala todos mi hermana. Vamos . . . vamos a ver otra habitación. Pasa. *(They go into another room)* Un momento que enciendo la luz. Mira, ésta es una habitación donde juegan las niñas.
Anna	Emilio, ¿cuántos hijos tienes?
Emilio	Dos hijos, dos niñas concretamente.
Anna	Y ¿cuántos años tienen?
Emilio	Pues, mira, una tiene tres años y medio, y la pequeñita un año y medio. Y aquí en esta habitación es donde juegan.
Anna	Está muy bien, es muy espaciosa.
Emilio	Aquí al lado es la habitación donde . . . donde duermen. Bueno, de momento, donde duerme la . . . la mayor. Aquí tiene su armario, este perro, aquel sillón que le regaló el abuelo . . .
Anna	Es una preciosidad de habitación, ¿no?
Emilio	Bueno, yo pienso que a ellas les gusta, están muy contentas aquí. Aquí a la derecha está el cuarto de baño y, ya ves, aquí enfrente, pues, es la habitación de matrimonio.

Anna	Está muy bien, tiene mucha luz.
Emilio	Un poco, sí. Ahora mira, pasa. . . . Aquí a la izquierda, pues, tenemos la sala de estar. Pienso que es la habitación más grande de la casa.
Anna	Sí, sí, es muy grande.
Emilio	Y tiene, pues, también bastante luz. . . . Y aquí, como final, pues, ya ves aquí enfrente la cocina.
Anna	Es muy moderna, está muy bien montada.
Emilio	Pues sí, y ya ves allí enfrente tenemos un patio donde juegan muchas veces las niñas.
Anna	Y donde podéis colgar la ropa y . . .
Emilio	Exactamente.
Anna	Muy práctico.
Emilio	Pues, ya ves. Éste es todo el piso, Anna. Vamos a sentarnos. ¿Te parece?
Anna	Sí, sí. Me parece muy bien.

¿quieres que te enseñe . . .?	would you like me to show you . .
ya ves	you see
me los regala todos mi hermana	my sister gives them all to me
de momento	at the moment
que le regaló el abuelo	that her grandfather gave her
como final	last of all
vamos a sentarnos	let's go and sit down
¿te parece?	what do you think?

2 Another occasion when you might have to appear interested is when you're being shown someone's family photos. Here's Anna commenting on a couple of Emilio's wedding photographs.

La boda de Emilio:
el banquete

Emilio	Tengo aquí unas fotos de mi boda. ¿Quieres verlas?
Anna	Sí, me encantaría.
Emilio	Pues, mira, ésta es la foto del banquete. Aquí está mi mujer.
Anna	¡Qué vestido más bonito!
Emilio	Era blanco. Al lado en fin, ya ves, estoy yo. Ves cómo me río.
Anna	Sí, tienes una cara muy sonriente.
Emilio	Estaba feliz. . . . Aquí está la tía de mi mujer, aquí mi madre . . .

Anna	Y este señor, ¿quién es?
Emilio	Éste es mi padre. Como ves, tiene los ojos cerrados.
Anna	Se parece mucho a ti.
Emilio	Bastante.
Anna	¿Y aquí a tu izquierda?
Emilio	Pues, esta chica es mi hermana que, en la boda, fue la madrina, y él que está a su izquierda es el padrino, que es el hermano de mi mujer.
Anna	Es una foto muy buena.
Emilio	Y aquí estamos mi mujer y yo cortando el pastel.
Anna	De seis pisos, por lo que veo.
Emilio	Pues sí . . . uno, dos, tres, cuatro, cinco, seis. Exactamente . . . y allí arriba, el novio y la novia. Mira, mira, tengo más pelo que el que tengo ahora.
Anna	Pues, ahora pareces mucho más joven.
Emilio	Aah, ¡muy . . . muy simpática eres! ¡Muy amable!

¿quieres verlas?	would you like to see them?
¡qué vestido más bonito!	what a pretty dress!
era blanco	it was white
estaba feliz	I was happy
se parece mucho a ti	he looks a lot like you
fue	was
cortando el pastel	cutting the cake
por lo que veo	as far as I can see

3 Rafael Miguel works in *una agencia inmobiliaria*, the Spanish equivalent of an estate agent's. Sr Miguel, who speaks with a marked Galician accent, told Emilio about the kind of customers he deals with and the kind of accommodation he sells and rents.

Emilio	¿Cómo se llama?
Don Rafael	Rafael Miguel.
Emilio	Don Rafael, ¿en qué trabaja Vd.?

'Vendemos
pisos . . .'

Don Rafael	Tenemos una agencia inmobiliaria. Vendemos fincas, vendemos chalets en la playa y en el campo.
Emilio	¿Alquilan también pisos?
Don Rafael	Alquilamos pisos, y aquí en Santiago, por ser una zona universitaria, pues, alquilamos pisos a estudiantes, la mayoría.
Emilio	¿Están en las casas sólo chicos?
Don Rafael	No, depende, depende. Hay chicos y chicas, o bien son familiares o bien son amigos.
Emilio	¿Cuánto vale alquilar hoy un piso normal, no sé, de tres . . . de tres habitaciones, comedor, y la cocina, cuarto de baño?
Don Rafael	De tres habitaciones, con salón, comedor, cocina, baño, aseo, vale alrededor de dieciocho mil pesetas, más los gastos que produce la calefacción, el agua caliente y el servicio de portería.
Emilio	Mire, ¿hay . . . hay mucha gente aquí en la ciudad que tiene una casa, por ejemplo, aquí en el casco urbano y otra en la playa o en la montaña para pasar sus ratos de recreo?
Don Rafael	Pues sí. Hoy hay mucha gente que tiene buenos pisos en la ciudad, que vive en buen piso y, sin embargo, se marchan de sábado a lunes al campo o a la playa. Tienen también un chalecito o un piso en la playa.

por ser una zona universitaria	as it's a university area
o bien . . . o bien	either . . . or
más los gastos	plus the expenses

EXPLICACIONES

1 Reacting to invitations

● To invitations like
  ¿quiere que le enseñe el piso?
  ¿quiere ver mis fotos?

some possible replies are
  sí, me encantaría
or **sí, me gustaría**   (if you're enthusiastic)

and **me gustaría pero . . .**   (if you want to make an excuse)

2 Reacting to things

● If you're happy with something
  está muy bien   that's fine
  me conviene   that suits me
  me parece bien   that seems all right
  vale   OK

● To say what impresses you

es una habitación **muy** | **moderna** / **espaciosa** / **buena**

es un vestido | **bonito** / **precioso**

● You'll sound even more impressed if you exclaim 'how nice!', 'how pretty!', or 'what a nice . . .!'. Start with *qué*

¡**qué precioso!**
¡**qué preciosa!**   how lovely!
¡**qué bien!**   how nice!
¡**qué vestido (más) bonito!**   what a pretty dress!

Es una preciosidad or *¡qué preciosidad!* mean the same as *¡qué precioso!*.

3 Reacting to people

● Looks

¡**qué**	**guapo,–a!**	handsome, pretty
	hermoso,–a!	beautiful
	feo,–a!	ugly

● Personalities

¡**qué**	**simpático,–a!**	nice
	amable!	kind
	antipático,–a!	nasty

● To say someone is like or not like someone else

¡**qué parecidos,–as son!**   how alike they are
¡**qué distintos,–as son!**   how different they are

or you can say whom someone resembles

| **se parece mucho a** | ti |
| | tu madre |

4 *¿Dónde está?*

● **aquí**	here	**allí**	there
arriba	up(stairs)	**abajo**	down(stairs)
a la izquierda	on the left	**a la derecha**	on the right
enfrente (de)	opposite	**al lado de**	beside
delante (de)	in front (of)	**detrás (de)**	behind

5 Verbs

● When you're talking to more than one person you're friendly with, you use these verb endings

–**ar** verbs	–**áis**
–**er** verbs	–**éis**
–**ir** verbs	–**ís**

e.g. ¿dónde trabaj**áis**?   (from trabajar)
¿qué hac**éis**?   (hacer)
¿dónde viv**ís**?   (vivir)

The words for 'you' are *vosotros* or, in the feminine, *vosotras*, but of course you don't usually need to use them.

● The verb endings to use with *Vds.*, *ellos* or *ellas* are

–**ar** verbs	–**an**	e.g. trabaj**an**
–**er** verbs }	–**en**	hac**en**
–**ir** verbs }		viv**en**

The verb *ser* is, of course, irregular
vosotros **sois** de aquí
Vds. **son** de aquí

6 *Estar*

● This is the verb you use to say where someone or something is
al lado **estoy** yo
aquí **está** mi mujer

The full pattern is

(yo)	**estoy**	(nosotros,–as)	**estamos**
(tú)	**estás**	(vosotros,–as)	**estáis**
(Vd./él/ella)	**está**	(Vds./ellos/ellas)	**están**

● You also use *estar* to describe a passing mood, whereas *ser* usually refers to a permanent characteristic, e.g.
están muy contentas
but **eres** muy simpático

And *la sala de estar* is the living-room.

---

1 **This is an extract from a letter** sent to a friend by someone who had rented a villa in Spain:

'It's a poky little place, the kitchen's hardly equipped at all, the beds are hard and lumpy, and it's full of rickety old furniture. Still, mustn't complain too much I suppose – it's clean and light after all, and right on the beach, which isn't bad considering what we paid for it. The funniest thing is it's got brand-new central heating – the last thing we need in this weather!'

How should they have filled in the questionnaire they were later sent by the villa agents?

AGENCIA MIRAMAR, S.A.
Villas, Chalets y Pisos

1	¿Es limpio?	sí/no
2	¿Tiene bastante luz?	sí/no
3	¿Es bastante espacioso?	sí/no
4	¿Está bien montada la cocina?	sí/no
5	¿Tiene buena calefacción?	sí/no
6	¿Los muebles son modernos?	sí/no
7	¿Está bastante cerca de la playa?	sí/no
8	¿Son cómodas las camas?	sí/no
9	¿Le parece razonable el precio?	sí/no

2 **Find a suitable exclamation** to fit the descriptions of people in the left-hand column.

¡QUE FEO!

1 No parece español, mide casi dos metros.
2 El jardín tiene flores de todos los colores.
3 Tiene una nariz muy larga y orejas de elefante.
4 Se parece mucho a Sofía Loren.
5 Pesa casi cien kilos.
6 Observa una dieta muy estricta. Apenas come.
7 Ese hombre se ducha una vez al año.
8 Siempre tengo dinero.
9 Llora todo el tiempo.
10 Mira qué cara tan feliz tiene.

a) ¡Qué guapa!
b) ¡Qué gordo!
c) ¡Qué delgada!
d) ¡Qué sucio!
e) ¡Qué feo!
f) ¡Qué bonito!
g) ¡Qué suerte!
h) ¡Qué alto!
i) ¡Qué alegre!
j) ¡Qué triste!

3 **Crucigrama**

Horizontal

1 ¿Dónde vive? ¿Cuál es su _ _ _ _ _ _ _ _ _?
7 To come in
10 Your (informal, plural)
11 Ceiling
13 I see
14 Después de ayer, antes de mañana
15 ¡Por lo que Vd. se _ _ _, deben ser muy divertidas!
16 Where?
19 ¿Cómo _ _ llamas?
20 Vivo muy _ _ _ _ _ de la catedral
22 ¿De dónde _ _ Vd.?
23 ¿Dónde _ _ _ _ situada la catedral?
24 There
25 He goes out
27 Me _ _ _ _ _ Fernando
28 I work
29 I (backwards)

Vertical

1 Sports
2 To interest
3 El monumento más famoso de Santiago
4 I believe
5 To go
6 Entre siete y nueve
8 You (friendly)
9 I am
12 My (singular)
13 He sees
17 Of
18 I am (in a place)
21 Voy _ _ _ catedral
26 The (feminine)

31

4   **A market researcher** from a washing-powder firm stops a couple in the street and asks them some questions. Match his questions, in the first column, with the couple's answers in the second column. Then rewrite the questions as if the researcher had addressed the couple as *vosotros*.

1   ¿Viven Vds. aquí en Toledo?
2   ¿Dónde está su casa exactamente?
3   ¿Cuántos son en casa?
4   ¿Tienen Vds. lavadora automática?
5   Y ¿utilizan mucho detergente *Blancanieves*?
6   Y ¿dónde van de compras?

a)   Está muy cerca de la estación de autobuses.
b)   Vamos al supermercado aquí al lado.
c)   Dos paquetes grandes al mes.
d)   Sí, aquí en la ciudad.
e)   Somos nosotros dos y dos hijos pequeños.
f)   Sí, una muy nueva, que lava y seca también.

5   **There's a real gossip** at your campsite on *la Costa del Sol*. She gets talking to you while you're doing your washing-up. Fill in your part of the dialogue.

Sra Boca	Hay mucha gente en el camping, ¿no?
Vd.	*(Say yes, there are a lot of people)*
Sra Boca	¿Sabe que viene aquí gente muy famosa?
Vd.	*(Ask her if there are famous people here now)*
Sra Boca	Sí, sí. Mire, ese hombre allí, con el bañador muy pequeño.
Vd.	*(The ugly man?)*
Sra Boca	Sí. Es muy feo, ¿no?
Vd.	*(Ask her why (¿por qué?) he's famous. What does he do?)*
Sra Boca	Es actor. Sale muchas veces en la televisión, es un actor muy bueno. Mire, desde aquí puede ver su tienda.
Vd.	*(Ask where his tent is)*
Sra Boca	Allí al fondo, entre las duchas y el coche negro.
Vd.	*(It's the green tent, isn't it?)*
Sra Boca	Sí, sí, parece un castillo, ¿no? Tiene cuatro habitaciones.
Vd.	*(Four rooms? Yes, it's quite large)*
Sra Boca	Y ¿sabe que viene acompañada por una chica de dieciocho años?
Vd.	*(The pretty girl with the brown bikini? Is she his daughter?)*
Sra Boca	No, ella es su compañera. Es una actriz, no me acuerdo de su nombre. Pero ¿sabe que él está casado y tiene una familia bastante numerosa? ¡Es un escándalo!
Vd.	*(Yes, it is scandalous and how fat he is!)*
Sra Boca	Bueno, eso no importa tanto. ¿Sabe que mi marido Juan es muy gordo y feo pero . . .

A PROPÓSITO

La vivienda en España   En España, como en todos los países, faltan muchas viviendas. Otro problema es que, en la gran mayoría de las viviendas construidas con ayuda del Gobierno, viven familias de las clases medias y altas. Ahora el Gobierno trata de resolver definitivamente el problema y quiere dar las casas subvencionadas (*subsidised housing*) sólo a los que ganan poco dinero. También construye casas baratas que vende con muchas facilidades de crédito a los muy pobres.

Como no hay muchas de estas viviendas, la mayoría tiene que buscar una en el sector privado, donde los precios son muy altos. El precio medio de un piso de tres dormitorios es de 3.500.000 pesetas (en 1979). Si uno no puede comprar o prefiere alquilar, la situación no es mucho mejor, porque los precios oscilan entre las 12.000 y 15.000 pesetas mensuales. En Santiago de Compostela, don Rafael Miguel dice a Emilio que un piso normal cuesta 18.000 pesetas mensuales, más los gastos de calefacción, agua caliente y servicio de portería; mucho dinero éste si uno recuerda que el salario medio de los españoles es alrededor de las 30.000 pesetas al mes.

En España no existe el sistema de *mortgages* igual que en Gran Bretaña. Normalmente un español que compra un piso nuevo tiene que pedir dinero al banco o a la Caja de Ahorros y pagarlo en un período de entre diez y quince años.

la Caja de Ahorros	Savings Bank

Casas en la calle No hay que olvidar que la vivienda del español no es su castillo, el español 'vive en la calle', y la vivienda es el lugar adonde se va a dormir (no mucho), a comer (no siempre), y a cambiarse de ropa (con frecuencia). Hoy día el español empieza a quedarse más tiempo en la vivienda, gracias a la televisión, pero aún la calle sigue siendo el lugar preferido de los españoles.

Cuando se está en España es fácil hacer amistades con los españoles, pero es muy difícil ser invitado a sus casas. El español prefiere gastar mucho dinero invitando a un desconocido a comer fuera; quizás porque tiene una vivienda pequeña y sin muchas comodidades, quizás por oposición de la familia, pero más probablemente porque le gusta salir. Habiendo calles tan hermosas con bares, terrazas, parques y jardines, ¿quién quiere quedarse en casa? El español prefiere citarse con los amigos en la Avenida de . . ., el Bar . . ., debajo del reloj del Ayuntamiento o en la puerta de Correos.

no hay que olvidar	it mustn't be forgotten
hoy día	nowadays
sigue siendo	continues to be

¡GUAPA!

Los piropos El piropo es la costumbre española de decir algo a las mujeres que pasan por la calle; costumbre esta que puede gustar a algunas con moderación, pero que lógicamente irrita muchísimo a otras.

Algunos piropos son muy sencillos: *¡qué ojos más bonitos!* Otros son bastante poéticos: *eres más bella que las flores de mayo.* Y naturalmente hay algunos piropos que son muy vulgares y de mal gusto, por ejemplo: *tienes una delantera mejor que la del Real Madrid.*

La costumbre de decir piropos es algo en declive hoy, aunque muchos españoles siguen creyendo que decir piropos es algo 'de hombres' y 'muy español'.

una delantera	a forward line

Bodas españolas   No hay mucha diferencia entre las bodas
españolas y las de Gran Bretaña, aunque quizás en España decoran
y ponen más flores en las iglesias – claro que depende del dinero que
uno tiene o quiere gastar. La diferencia más notable es que en las
bodas españolas no hay *best man*. El novio es acompañado por la
madrina, normalmente su madre, y la novia es acompañada por el

La boda

padrino, normalmente su padre. Una vez terminada la boda el nuevo
matrimonio sale de la iglesia, seguidos del padrino con la madrina
y todos los invitados.

Mientras que los invitados van al restaurante o al bar para
celebrar la boda, el nuevo matrimonio va rápidamente en el coche
a casa del fotógrafo a hacerse la foto de la boda. Cuando ellos llegan
a donde se celebra la boda todos se divierten más o menos igual que
aquí, aunque por lo general sin interrumpir la fiesta con la lectura
de telegramas y discursos.

a hacerse la foto de la boda   to have the wedding photo taken

4 Citando

> Making dates
> Getting in touch by telephone
> Leaving messages
> Suggesting times for a meeting
> Reaching agreement about where and when you are going
>   to meet
> Using the verb *poder*

1 Anna had to ring Emilio to alter an arrangement she'd made to
see him that night. They agreed to see each other the next day in
la cafetería Derby, a famous landmark in Santiago.

La cafetería Derby

Anna	*(dialling the number)* Cinco, ocho, uno, cero, siete, seis.
	(The telephone rings)
Emilio	Dígame.
Anna	¿Emilio? Soy Anna.
Emilio	Ah, hola, Anna.
Anna	¿Me oyes?
Emilio	Sí, sí, sí, te oigo.
Anna	No puedo venir esta noche. Tengo que terminar un trabajo para mañana.
Emilio	Ah. Entonces, ¿cuándo nos podemos ver?
Anna	Bueno, mañana estoy libre por la tarde. No tengo nada que hacer.
Emilio	Muy bien, entonces te veo mañana. ¿A qué hora?
Anna	Sobre las ocho. ¿Te parece bien?
Emilio	Sí, y ¿dónde nos encontramos?
Anna	Tú conoces la cafetería Derby, ¿no?
Emilio	Sí, está al lado de la Plaza de Galicia.
Anna	Eso es.
Emilio	Entonces, hasta mañana a las ocho en la cafetería Derby.

Anna	Entonces, quedamos en eso.
Emilio	De acuerdo. Hasta mañana, adiós.
Anna	Hasta mañana, Emilio.
Emilio	Adiós, Anna. Hasta mañana.

quedamos en eso we're agreed on that

2 A friend of Anna's was staying at *el Hostal España*, but when Anna called in at the hotel he wasn't in. Alfonso, the lad who was working at Reception, was happy to take a message.

Alfonso, el recepcionista

Anna	Buenos días.
Alfonso	Buenos días.
Anna	Por favor, ¿está don José Luis González?
Alfonso	No sé. Me parece que ha salido. Un momentito que le llamo. *(He rings the room)* No contesta.
Anna	¿Le puede dejar un recado?
Alfonso	Sí, sí, ¿cómo no? ¿Qué quiere que le diga?
Anna	De parte de Anna Turbau que le está esperando en la cafetería aquí al lado, en la cafetería Venezuela, y por la noche, a partir de las diez, en mi casa.
Alfonso	Un momentito que lo apunto . . . de parte de Anna Turbau que le está esperando en la cafetería Venezuela y por la noche, a partir de las diez, en su casa.
Anna	Muy bien, muchas gracias.
Alfonso	De nada, adiós.
Anna	Adiós.

me parece que ha salido	I think he's gone out
¿cómo no?	of course
¿qué quiere que le diga?	what do you want me to tell him?
que le está esperando	who is waiting for him
a partir de las diez	from ten o'clock onwards

3 Gonzalo is from a small village called Somoza, about 35 kilometres from Santiago. Like many of the younger people he didn't fancy the life of a small farmer, so he left the village and now works in one of Santiago's many bookshops. He still returns occasionally to the village.

Emilio	¿Cómo te llamas?
Gonzalo	Yo me llamo Gonzalo Rey Chau.
Emilio	Gonzalo, ¿qué haces aquí en Santiago?
Gonzalo	Trabajo en una librería desde hace cuatro años.
Emilio	Pero tú no eres de aquí de Santiago, ¿verdad?
Gonzalo	No, soy de una aldea de muy pocos habitantes, alrededor de doscientos, que pertenece a la provincia de Pontevedra y al municipio de La Estrada.
Emilio	¿Cómo es?
Gonzalo	Mi aldea es una comunidad pequeñita, al lado de una pequeña montaña, y en su mayoría los campesinos se dedican a la agricultura. Hay bastante emigración, y las comunicaciones son malas y deficientes.
Emilio	¿A qué distancia está de la ciudad más importante?
Gonzalo	Está a cinco kilómetros de la cabeza de población que se llama La Estrada.
Emilio	Y a La Estrada ¿se llega por carretera o por un camino? ¿Cómo se llega?
Gonzalo	Bueno, a La Estrada se llega por carretera. No existe ferrocarril.
Emilio	En tu aldea ¿hay servicio de Correos?
Gonzalo	Sí, hay una persona que va a La Estrada, coge las cartas y vuelve a la aldea para repartir entre los vecinos.
Emilio	Y la persona de la aldea que quiere entregar . . . enviar una carta, ¿cómo hace?
Gonzalo	El servicio de recogida está en la taberna de la aldea.
Emilio	¿En el bar?
Gonzalo	Sí.
Emilio	Y ¿hay teléfono?
Gonzalo	Sí, hay un teléfono para toda la aldea, que también está en la taberna.
Emilio	¿Qué pasa si hay un caso de urgencia, por ejemplo, a las tres o cuatro de la mañana?

Gonzalo	Pues, que tendrán que despertar al tabernero.
Emilio	Supongo que no hay médico en la aldea.
Gonzalo	No. El único servicio de sanidad lo hay en La Estrada.
Emilio	¿Y escuelas hay?
Gonzalo	Hubo escuelas en la aldea hace años, pero ahora los niños se van a La Estrada al colegio.
Emilio	¿Hay muchos niños?
Gonzalo	No. Creo que es una parroquia con pocos niños, porque también queda poca gente joven. Es una zona con mucha emigración, la gente se va.
Emilio	Pero tú, Gonzalo, ¿vuelves a menudo a la aldea?
Gonzalo	Sí. Me gusta ir. Voy a visitar a mi familia y a pasarme algunos días de vez en cuando todos los años.
Emilio	¿Qué familia tienes allí?
Gonzalo	Mis padres ya no están, pero me quedan mis tíos, primos, y algunos parientes más lejanos.

pero tú no eres . . ., ¿verdad?	but you're not . . ., are you?
¿cómo es?	what's it like?
la cabeza de población	main town
tendrán que	they'd have to
hubo escuelas en la aldea hace años	there were schools in the village years ago
a menudo	often
de vez en cuando	now and again

EXPLICACIONES

1 Getting in touch

● Telephone language

dígame	hello (when answering the phone)
óigame	hello (when calling someone)
¿me oye(s)?	can you hear me? (if it's a bad line)

And if you're unlucky you'll hear an operator say

está comunicando	it's engaged
no contesta(n)	they're not answering

● Who is it? Who's speaking?
The usual ways of asking someone for their name are

¿cómo se llama (Vd.)?
¿cómo te llamas?
¿su nombre, por favor?

But on the phone you're likely to be asked
¿de parte de quién es?

and the easiest answer is
de parte de Jennie Bunn

Note　If someone asks to speak to you and you want to explain 'it's me', in Spanish you say
soy yo

● Complications

If you don't get the person you want you can ask if he or she is in

¿está | Juan?
　　　 | la señorita Gómez?

or **¿puedo hablar con** Juan?

If the person is out you can ask 'how can I get in touch with him/her?'

¿cómo puedo localizarle?

or if you can leave a message

¿le puedo | **dejar un recado?**　(can I . . .?)
¿le puede |　　　　　　　　　　(can you . . .?)

2　Fixing a time

● When are you free?

¿cuándo | **está(s) libre?**
¿a qué hora |

Saying when you're free or busy

estoy | **libre**
　　　 | **ocupado,–a**

at a certain time	**a** las diez
and to make it clear	**a** las diez **de la** tarde / mañana
from a certain time	**a partir de** las once
roundabout a certain time	**sobre** las nueve
at an exact time	a las nueve **en punto**
in the morning	
in the afternoon/evening	**por la** mañana / tarde / noche
at night	
tomorrow morning	**mañana** por la mañana
this morning	**esta** mañana
tonight	**esta** noche

3　Reaching agreement

● When you've suggested a time and place you can check that the arrangement is OK

¿está bien?　　　　　　sí, está bien
¿te/le parece bien?　 sí, me parece bien
¿vale?　　　　　　　　sí, vale

or, most commonly,

¿de acuerdo?　　　　sí, de acuerdo

● For final confirmation you can say 'so, we'll meet each other . . .', or 'so, we'll meet . . .'

entonces, | **nos vemos** a las tres
　　　　　 | **nos encontramos** esta tarde.

The *nos* here is the equivalent of 'each other', and is not to be confused with *nosotros* (meaning 'we').

Or you can use *quedamos en*, meaning 'let's make it/agree on . . .'

entonces, | **quedamos en** eso
| **quedamos en** la estación a las siete

● Signing off: use *hasta* followed by a reference to when you'll meet

to be precise **hasta** | mañana
| las once   or vague **hasta** | luego
| la vista

4 The verb *poder*

● *Poder* ('to be able') can be combined with most infinitives to ask or say if something can be done, or if someone can do something, e.g.
¿**puedo** dejar un recado?
no **puedo** venir
¿**podemos** ver a Juan?

● The full pattern is

(yo)	**pue**do	(nosotros,–as)	podemos
(tú)	**pue**des	(vosotros,–as)	podéis
(Vd./él/ella)	**pue**de	(Vds./ellos/ellas)	**pue**den

Note where there is an *o* and where there is *ue*.

The verbs *volver* and *encontrar*, which you've met in this chapter, change their *o* to *ue* in a similar way.

● To say you can or can't do something, when referring to a skill, you don't use *poder* but *saber*. *Saber* follows the regular pattern except for
(yo) **sé**

e.g. ¿vienes a nadar?   are you coming for a swim?
no, no **sé** nadar   no, I can't swim (I don't know how to swim)

PRÁCTICAS

---

1 Can you fill in the gaps in these questions and answers with the appropriate parts of the verb *poder*?

1 ¿................ Vd. venir a verme mañana por la mañana, señor García?
No, lo siento, por la mañana no ....

2 Carlos, ¿................ ayudar a tu mamá?
Sí, papá. Pero después, ¿tú me .... ayudar con los deberes?

3 Conchita, tú y Antonio, y Carmen y Pepe, ¿................ venir a la fiesta el sábado?
Bueno, Antonio y yo .... venir, pero Carmen y Pepe no ....

4 ¿................ hablar con el señor Martínez, por favor?
Lo siento, no está.
Entonces, ¿Vd. le .... dar un recado, por favor?

2   **Telegrams can be very confusing,** especially if some of the words get mis-spelt. Can you sort out this one, sent by Enrique to Mercedes? The muddled words are in italics.

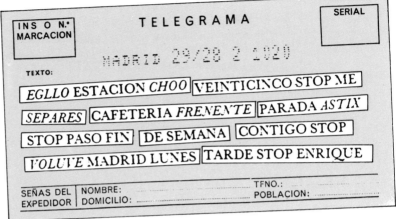

Now imagine you're Enrique writing the above message in a letter. Write it out in full, with all the little words that are omitted in 'telegramese'. They are given below.

el   en la   por la   de la
de   a la   a las   a

3   **See if you can unscramble** this telephone call. Put the conversation between María and Antonio into the proper order.

María   No, está demasiado lejos.
Antonio ¿En la estación de autobuses?
Antonio Entonces, nos encontramos a las diez en punto.
María   Dígame.
María   Hoy estoy ocupada todo el día. Tengo que visitar a mi hermana.
Antonio Buenos días. ¿Está María?
Antonio Hasta luego, María.
María   Perfecto, pero ¿dónde?
María   Soy yo, ¿quién habla?
Antonio ¿Mañana, entonces?
Antonio Soy Antonio. ¿A qué hora estás libre hoy?
María   Sí, mañana estoy libre a partir de las diez de la mañana.
María   Me parece muy bien. Hasta luego.
Antonio Entonces, ¿en el bar enfrente de tu casa?

4   **Now answer the following questions** about the conversation in exercise 3.

1   ¿Dónde se van a ver María y Antonio?
2   ¿Esta mañana o mañana por la mañana?
3   ¿A qué hora?
4   ¿Por qué María no puede ir hoy?
5   ¿Por qué María no quiere ir a la estación de autobuses?
6   ¿Qué dice María cuando coge el teléfono?
7   ¿Qué dice María cuando no reconoce la voz de Antonio?

5 Read the *A propósito* section below and then decide if these statements are true or false.

	verdad	falso
1 Gibraltar es una de las provincias españolas.		
2 Oviedo es una ciudad del País Vasco.		
3 Un despoblado es un sitio donde hay muy poca gente.		
4 Un cincuenta por ciento de los habitantes de Barcelona son andaluces.		
5 Toda la gente suele dar el mismo paseo.		
6 Hay pocos bares en la calle del Franco.		
7 Un álamo es una especie de árbol.		
8 La Alameda de Santiago se encuentra en el centro del casco viejo.		

A PROPÓSITO

División administrativa de España   España está dividida en quince regiones y cincuenta provincias. El origen de las regiones corresponde a los antiguos reinos en que estaba dividida España hace muchos siglos: Galicia, Andalucía, Castilla, etc. La división en provincias es más bien arbitraria.

En la costa de África hay dos ciudades españolas, Ceuta y Melilla, que son provincias de España, aunque los marroquíes no están de acuerdo. Se puede comparar al caso de Gibraltar . . .

Normalmente el nombre de cada provincia corresponde al nombre de su capital: Murcia, Barcelona, Alicante, Sevilla, La Coruña, etc. Pero no siempre es así. La capital de Navarra es Pamplona, la capital de Asturias es Oviedo, y en el País Vasco las tres provincias son Guipúzcoa, Vizcaya y Álava, y sus respectivas capitales son San Sebastián, Bilbao y Vitoria.

En cada capital de provincia reside un gobernador civil, que es el supremo representante del Gobierno en la provincia. Hoy día las regiones tienen cierta autonomía y los Ayuntamientos o Municipios *(the local authorities)* tienen más poder que antes, pero dentro de cada región hay muchos grupos y partidos políticos que quieren y piden más independencia y libertad para gobernarse.

estaba dividida   was divided

Matrículas de coche *(car registration numbers)*   En España es fácil reconocer la provincia de donde procede el coche, porque las matrículas tienen la primera o dos primeras letras del nombre de la capital de la provincia, excepto en casos cuando ya han sido utilizadas. Por ejemplo, *A* es Alicante, *AL* es Almería, pero Albacete es *AB*. *SG* es Segovia, porque *S* es Santander y *SE* es Sevilla; *CS* es Castellón y *CC* Cáceres, puesto que *CA* es Cádiz y *C* La Coruña. *TF* es Tenerife, porque *TE* es Teruel y *T* es Tarragona, y finalmente *GC*, *CR* y *PM* para Gran Canaria, Ciudad Real y Palma de Mallorca, porque son nombres compuestos.

han sido   have been

Coche con
matrícula de
La Coruña

Los despoblados   Si viaja Vd. por la España rural, lejos de las
zonas turísticas, Vd. va a encontrar pueblos semi-abandonados
o totalmente abandonados. Estas áreas despobladas son una
consecuencia de la emigración de la gente desde el campo hacia
las ciudades o al extranjero. Los jóvenes abandonan las aldeas y se
marchan a la ciudad buscando empleo o un empleo mejor pagado
y una vida más emocionante. Como consecuencia la agricultura sufre
y las ciudades se encuentran con innumerables problemas sociales
y urbanísticos. Faltan escuelas, hospitales y transportes en las grandes
cuidades. Un cincuenta por ciento de los habitantes de Madrid
y Barcelona proviene de otras partes de España. Por ejemplo
en Barcelona abundan los andaluces. Viven ellos en la zona industrial
alrededor de Barcelona y hay quienes dicen que 'Barcelona es
la novena provincia de Andalucia'.

  hay quienes dicen   there are those who say

Localizando a la gente   Los españoles pasan mucho tiempo fuera
de casa, y si Vd. quiere localizar a una persona es importante saber
cuál es su bar preferido o cafetería preferida, o dónde suele pasearse.
  Normalmente, cada persona, familia o grupo suele seguir
el mismo itinerario mientras hace su paseo, o bien antes de comer,
o bien antes de cenar. No toda la gente va a los mismos paseos: por
ejemplo, en Santiago los estudiantes suelen pasearse por las calles
estrechas como la calle del Franco o la Rúa Villar con sus bares
abundantes. Los matrimonios menos jóvenes prefieren ir por la Rúa
Nueva mirando los escaparates de las tiendas y de los grandes
almacenes. La gente de edad más avanzada suele concentrarse en
la Alameda, a la entrada de la parte vieja de Santiago. Allí pueden
sentarse y charlar tranquilamente bajo los árboles, es decir bajo
los álamos.

  es decir   that's to say

43

5 El tiempo

> Talking about the weather
> Time
> Describing what's happening using the verb endings
> *–ando* and *–iendo*
> Frequency
> Using the word *se*
> Common verbs with uncommon endings

1 Manuel Roca is typical of many Spaniards in that he has two jobs. In the evening he sells books and during the day he works as a postman in the old part of Santiago. Obviously the weather is an important consideration for him.

Emilio   ¿Cómo te llamas?

Manuel   Manuel Roca.

Emilio   Manuel, ¿tú eres cartero?

Manuel   Pues sí, efectivamente, soy cartero, aunque también trabajo vendiendo libros.

Emilio   ¿Hace mucho tiempo que eres cartero?

Manuel   Pues sí, casi tres años.

Emilio   Y ¿a qué hora te levantas para trabajar?

Manuel   Habitualmente sobre las siete menos cuarto, porque es que empezamos a trabajar a las siete y media.

Emilio   Y ¿cuántas horas trabajas?

Manuel   Bueno, como cartero trabajo habitualmente ocho horas. Luego, como vendedor, pues, sobre siete u ocho más.

Emilio   ¡Uf! Pero ésas son muchas horas, ¿no?

Manuel   Realmente en Correos, pues, tú sabes que no se gana demasiado. Entonces, hay que . . . hay que buscar el pluriempleo de alguna manera, ¿no?

Emilio   Entonces, ¿cuántas horas duermes?

Manuel   Bueno, dormir, realmente muy pocas. Yo calculo que sobre seis o siete horas diarias a lo sumo, ¿no?

Emilio   Y por tu trabajo de cartero pasas mucho tiempo en la calle, ¿verdad?

Manuel   Sí. Normalmente, de las ocho horas de trabajo paso como cinco en la calle y tres en cartería, ¿no?

Emilio   El trabajo, ¿lo haces en coche o vas a pie?

Manuel   No, siempre a pie, a pie porque distribuyo alguna de las zonas de centro y entonces el trabajo en coche es imposible.

Emilio   Y ¿qué haces cuando llueve mucho? ¿Llevas paraguas?

Manuel   Bueno, llevar paraguas en nuestro trabajo es muy difícil porque como continuamente estás entrando y saliendo en casas, pues tendrías que estar también abriendo y cerrando el paraguas continuamente. Entonces lo que utilizamos cuando llueve mucho, y aquí llueve prácticamente todos los días en el invierno, pues es un . . . un

Manuel
Roca

	impermeable, pero que de todas formas todos los días te mojas, ¿no?
Emilio	¿En qué meses llueve más?
Manuel	Fundamentalmente, en diciembre y enero. Pero también, lógicamente, llueve prácticamente de noviembre a mayo.
Emilio	Y ¿te gusta trabajar más en el invierno cuando llueve y cuando hace frío, o hacerlo en el verano cuando hace calor y se suda mucho?
Manuel	Bueno, quizás en el verano, a pesar de que efectivamente hace calor, pero es que el trabajo es más. Es más por la gran cantidad de turistas que vienen aquí a Santiago.
Emilio	¿Qué itinerario haces tú?
Manuel	Bueno, yo hago las calles del Franco, Bautizados, General Mola, Calvo Sotelo, Concepción Arenal, Patio de Madres, y algunas calles más.
Emilio	¿Son muchas calles?
Manuel	Pues sí, son muchas calles, y son además muchas familias.
Emilio	¿Te gusta tu trabajo?
Manuel	Bueno, me gusta en alguna medida. No es que me guste demasiado, pero como no hay otra cosa más importante y más rentable que poder hacer, pues, me dedico a esto.

hay que buscar	you have to look for
de alguna manera	in some way
a lo sumo	at the most
paso como cinco	I spend something like five
como continuamente estás	as you are continually going
entrando y saliendo en casas	in and out of houses
tendrías que estar	you would have to be
de todas formas	anyway
a pesar de que	in spite of the fact that
en alguna medida	to some extent
que poder hacer	that I could do

2   Antonio González is still working as a fisherman, although he's over 60. He comes from a small fishing town called Cangas de Morrazo on *la ría de Vigo*. Fishing is one of Galicia's most important industries.

Emilio	¿Cómo se llama?
Don Antonio	Antonio González.
Emilio	Don Antonio, ¿en qué trabaja Vd.?
Don Antonio	En la pesca.
Emilio	Por lo tanto ¿es Vd. pescador?
Don Antonio	Soy práctico de pesca desde hace muchos años.
Emilio	¿Hace cuántos años? ¿Desde hace mucho tiempo?
Don Antonio	Pues, empecé a trabajar en la mar en el año treinta y cinco, el quince de agosto, como marinero. Luego, me hice práctico de pesca, a la cual estoy actualmente, en las mismas faenas.
Emilio	¿Aquí en Galicia?
Don Antonio	Aquí en Galicia.
Emilio	Y ¿salen mucho mar adentro? Por ejemplo, ¿dejan algo las costas de Galicia?
Don Antonio	Pues, se llega hasta la longitud del veintiocho oeste.
Emilio	¿Dónde está eso, don Antonio?

Don Antonio	Bueno, pues ésa es la longitud de las Azores, alrededor de eso. *(Sí)* Por esa zona es donde se está pescando actualmente el bonito.
Emilio	¿Vds., don Antonio, están muchos días en la mar?
Don Antonio	Sobre quince a veinte días.
Emilio	Pero eso es mucho. ¿Qué se hace en el barco en esos días? ¿Cómo se divierten?
Don Antonio	Por ejemplo, al salir el día, primeras horas de la mañana, es cuando se largan los aparejos, y se recogen, pues, a las doce de la noche. Luego, la gente cada uno irá a su camarote y a descansar, y al otro día por la mañana hacemos lo mismo que hemos hecho el día anterior.
Emilio	O sea, don Antonio, quiere decir que cuando se está trabajando pescando, ¿se puede estar hasta todo el día en plan de trabajo?
Don Antonio	Sí, señor. En la zona que se da la pesca, pues, es todo el día, como antes mencionado, desde la salida del día hasta la metida del día.

por lo tanto	so, therefore
empecé a trabajar	I began to work
me hice	I became
a la cual estoy actualmente, en las mismas faenas	and I'm still at it today, doing the same work
¿salen mucho mar adentro?	do you go very far out to sea?
se largan los aparejos y se recogen	the nets are cast and are gathered in
cada uno irá	each one will go
lo mismo que hemos hecho	the same as we've done
quiere decir	you mean
en plan de trabajo	on the go
que se da la pesca	where the fish are found
la metida del día	sundown

EXPLICACIONES

1 *El tiempo* – the weather

● To say what the weather's like, you usually start with the word *hace*

hace	buen tiempo		it's	fine weather
	sol			sunny
	calor			hot

hace	mal tiempo		it's	bad weather
	viento			windy
	frío			cold

● To say that it's *very* windy, sunny, hot or cold, you use *mucho*

hace	**mucho** sol
	mucho viento
	mucho frío
	mucho calor etc.

Note *¿Qué tiempo hace?* means 'what's the weather like?', not 'what time is it?'.

● To say it's cloudy

hay nubes

or **está** | **cubierto**
             | **nublado**

- The rain-in-Spain *(la lluvia en España)*
llueve mucho	it rains a lot
está lloviendo	it's raining
va a llover	it's going to rain

2 Time

- Asking the time

¿qué hora es?		y veinte
¿tiene(s) hora?	**son las** cinco	y media
		y cuarto
	es la una	menos cuarto
		menos cinco

- From . . . until: use *desde . . . hasta*

  trabajo **desde** las siete de la mañana **hasta** las once de la noche
  tenemos vacaciones **desde** el quince de agosto **hasta** el quince de septiembre

- How long

To ask how long someone's been doing something, begin your question with *hace* and use the *present* tense of the following verb

¿ **hace** mucho tiempo que **trabaja** aquí?
sí, **hace** veinte años que **trabajo** aquí

or   ¿cuántos años **hace** que **eres** cartero?
hace quince años que **soy** cartero

But if you start the answer with the verb *(trabajo)*, you need to use *desde hace* to say how long

trabajo	aquí	**desde hace** quince años
	como cartero	

and just *desde* to say when you started
trabajo aquí **desde** enero

3 *Entrando y saliendo* – coming in and going out

- The verb endings *–ando* and *–iendo* correspond to the English '–ing'. If you want to stress that something is happening now or is continually happening, you use part of the verb *estar* followed by the main verb with the ending *–ando* or *–iendo*

estoy trabajando	I am working
un cartero **está entrando**	a postman is always going in and out
y **saliendo** siempre	

The pattern is

–ar verbs	**–ando**	e.g. cerr**ar**	cerr**ando**
–er verbs	**–iendo**	hac**er**	hac**iendo**
–ir verbs	**–iendo**	abr**ir**	abr**iendo**

The *–ando* and *–iendo* endings never vary.

- You'll also find this form of the verb, called the present participle, used with verbs other than *estar*

trabajo vendiendo libros	I work selling books
la situación **va cambiando**	the situation is changing
sigo fumando	I'm still smoking

4   How frequently

● General words

siempre	always
continuamente	continually
con frecuencia	frequently
muchas veces	often
a veces	sometimes
pocas veces	rarely
nunca	never

● To be precise about how often something happens

una vez	al día
dos veces	a la semana
tres veces	al mes
etc.	al año

● *Tiempo, hora, vez*

These words can all be translated by the English 'time'.

Tiempo means 'time' in a general sense

mucho tiempo	a long time
perder el tiempo	to waste time

Hora is the time of day

¿tienes hora?

Vez is an occasion when something happens

dos veces al año

a veces

5   *Se*

● *Se* can be used impersonally to mean 'one' or 'you' or people in general. The verb ending used is the same as for *Vd., él* and *ella*

no **se gana** demasiado	you don't earn too much
se suda mucho	you sweat a lot
¿cómo **se llega** a . . .?	how do you get to . . .?

6   Irregular verbs

● A number of commonly used verbs don't follow the regular pattern with *yo*, e.g.

tengo	(tener)	**oigo**	(oír)
vengo	(venir)	**digo**	(decir)
pongo	(poner)	**hago**	(hacer)
supongo	(suponer)	**salgo**	(salir)
conduzco	(conducir)	**conozco**	(conocer)

7   *U* and *e*, not *o* and *y*

● You change *o* ('or') to *u* before a word beginning with *o* or *ho*

siete **u** ocho horas

y ('and') changes to *e* before a word beginning with *i* or *hi*

hijos **e** hijas

1 **Santiago has been swarming** with market researchers. One caught Pepe and asked him about his social life. This is what the answer-sheet looked like when she had finished with him.

¿cuántas veces?		al ano	a la semana	al día
1	sale con los amigos			1
2	va al teatro	0		
3	ve a su novia			1
4	come solo		1	
5	sale a bailar		4	
6	va de vacaciones	1		
7	viene a Santiago		2	
8	compra un nuevo disco			1
9	juega al fútbol		1	

How did Pepe actually answer the questions? For example, he would have answered the first question: *Salgo con los amigos una vez al día.*

2 **Which is the odd one out?**

1 ¿Cuál de éstos no se come?
a) pastel de chocolate
b) huevos a la flamenca
c) pasta de dientes
d) patatas fritas

2 ¿Cuál de éstos no es dulce?
a) flan
b) helado de fresa
c) sopa de pescado
d) azúcar

3 ¿Cuál de éstos no vive en el mar?
a) cangrejo
b) perro
c) merluza
d) bonito

4 ¿Cuál de éstos no se pone en una paella?
a) pollo
b) arroz
c) mejillones
d) naranjas

5 ¿Cuál de estos animales no vive en España (excepto en un zoo)?
a) toro
b) caballo
c) león
d) gato

6   ¿Cuál de estas ciudades no está en España?
a)   San Salvador
b)   San Sebastián
c)   Santander
d)   Santiago de Compostela

7   ¿Cuál de estos monumentos no se encuentra en Santiago?
a)   el Colegio de Fonseca
b)   el Hostal de los Reyes Católicos
c)   el sepulcro del Apóstol Santiago el Mayor
d)   el Escorial

8   ¿Cuál de éstos no es el título de una película famosa?
a)   *2001: una odisea del espacio*
b)   *Lo que el viento se llevó*
c)   *Fiebre del sábado noche*
d)   *El último tango en Madrid*

3   **It's getting late**, you're the only person left in the bar and the barman starts chatting to you. Fill in your part of the conversation.

El barman   ¿Cuánto tiempo hace que está en España?
Vd.   *(Tell him you've been here ten days)*
El barman   ¿Viene aquí muchas veces?
Vd.   *(No, it's the first time)*
El barman   ¿Qué está haciendo en Galicia?
Vd.   *(You're visiting a friend. He's English but he's been living here for a long time)*
El barman   ¿Qué trabajo hace Vd. allí en Inglaterra?
Vd.   *(Tell him you work selling flowers in a city to the south of* (al sur de) *London)*
El barman   Ah, entonces Vd. es florista. ¿Desde cuándo?
Vd.   *(You've been working as a florist for three years)*
El barman   ¿Le gusta el trabajo?
Vd.   *(Yes, when the weather's fine)*
El barman   ¿Hace mucho sol en Inglaterra?
Vd.   *(Say sometimes, but normally it rains too much from October* (octubre) *to April* (abril)*)*
El barman   Aquí también llueve mucho por esos meses. Bueno . . . ¿Vd. tiene hora?
Vd.   *(It's half past eleven. Ask him what time he closes)*
El barman   Pues, ahora mismo.
Vd.   *(Goodnight, see you tomorrow)*
El barman   Buenas noches.

4   **Have you been . . . long?** Complete the following questions by putting the parts in italics into Spanish, using the *Vd.* form. Then rewrite the questions as though you were talking to two people, using the *vosotros* form. Remember to use the present tense of the verbs.

1   ¿Hace mucho tiempo que *(you've been here)*?
2   ¿Hace muchos años que *(you've been working as a baker)*?
3   ¿Hace muchos días que *(you've been in England)*?
4   ¿Hace muchos meses que *(you've been learning Spanish)*?
5   ¿Hace mucho tiempo que *(you've been living in this village)*?

5 **¿Qué tiempo hace?** You're working for a Santiago newspaper and you have to ring up people in the other Galician provinces to check on the weather. Unfortunately the phone line is a bad one and some words get drowned in the crackle. Use the weather map to help you fill in the missing words.

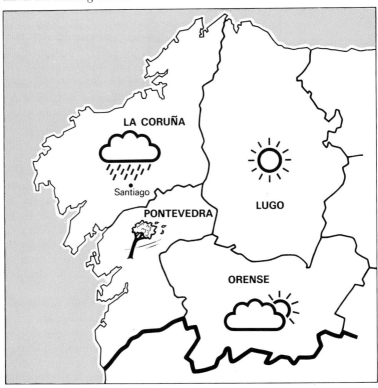

1
Vd. Hola. ¿Qué tiempo hace en Lugo?
Lugo Aquí .... buen tiempo.
Vd. Aquí no, está ....
Lugo Lo siento, aquí hace calor y mucho ....

2
Vd. Hola, buenos días, Pontevedra. ¿Hace .... tiempo ahí?
Pontevedra Aquí no. Hace mucho ....

3
Vd. Hola, Orense. ¿Qué .... hace?
Orense Aquí, regular, pero hay muchas ....
Vd. ¿......................... cubierto, entonces?
Orense Sí, sí, pero a veces sale el ....

El clima español El clima español es un clima muy variado, debido a la peculiar situación geográfica de España, situada entre Europa y África, el Mediterráneo y el Atlántico. En 'Sunny Spain' hay áreas tan desérticas como el Sahara y tan lluviosas como Gran

Bretaña. Esto es normal no sólo por la situación geográfica mencionada, sino también porque España es el segundo país montañoso de Europa, después de Suiza.

En cuanto a la lluvia, España se divide en dos zonas: la España húmeda al norte, y la España seca en todo el resto del país. Las lluvias del norte son insistentes y monótonas, el promedio de días de lluvia es de 125, destacando Santiago de Compostela, donde normalmente llueve durante casi la mitad del año, un promedio de 176 días. Las lluvias en el sur y el este son fuertes, torrenciales a veces, pero escasas durante el año, lloviendo más durante el otoño y la primavera; aunque hay sectores como partes de Murcia donde sólo llueve un promedio de 14 días al año. Por eso la fábrica de paraguas *Caravel* está situada en Santiago de Compostela y no en Murcia. Por eso también tiene Santiago un slogan turístico: 'La ciudad donde la lluvia es arte'.

| no sólo . . . sino también | not only . . . but also |
| en cuanto a | as regards |

Temperaturas

Temperaturas El clima de las costas mediterráneas es plácido en invierno y caluroso en verano, con una temperatura media en Barcelona de 16,4°, de 17° en Valencia y de 18,5° en Málaga, llegando en verano a 24° en Cataluña y a 25° en la Costa del Sol.

La costa atlántica suele ser dos grados más baja. La máxima media en La Coruña en agosto es de 18,9°, y la mínima media en enero es de 9,9°, llegando con frecuencia a bajo cero en la parte del interior.

El centro de España tiene el clima más severo, con temperaturas muy frías en invierno y calurosas en verano. Los madrileños suelen decir: 'Nueve meses de invierno y tres meses de infierno *(hell)*.'

En el sur de España, en el valle del Guadalquivir, las temperaturas son elevadas. En las provincias de Córdoba y Sevilla durante los meses de julio y agosto la temperatura llega a los 45°. En la carretera nacional IV que pasa por Córdoba y Sevilla, entre las dos ciudades, está la ciudad de Ecija, conocida como 'la sartén de Andalucía', porque es el lugar donde hace más calor en toda España, y dicen que hace tanto calor a veces que es posible freír unos huevos en las vías del tren.

Para los que todavía no están acostumbrados a centígrados quizás ayuda recordar que 61° Fahrenheit son 16°C, y 82° Fahrenheit son 28°C.

Hablando de temperaturas, si va al médico, la temperatura normal del cuerpo humano es de 36,6°C (98·4°F). Sí tiene más de 39 es grave.

| llegando a | reaching |
| hace tanto calor | it's so hot |

El pluriempleo

El pluriempleo Pluriempleo significa 'varios empleos', tener más de un trabajo. En España el pluriempleo es casi una plaga. Para mantener un nivel de vida al ritmo de la inflación muchos españoles tienen un segundo empleo, a pesar de que hay alrededor de un millón de personas en paro. Pero lo que hace interesante esta plaga es que abunda más en las clases sociales más altas. El grupo que se dedica más al pluriempleo es el de los directores y técnicos superiores, seguido por los miembros de las Fuerzas Armadas, los profesionales, los pequeños empresarios y gerentes.

nivel de vida standard of living

Las rías gallegas La palabra ría es el nombre que se da en Galicia al estuario de un río, de los que hay muchos en la región. Estas rías son muy parecidas a los fiords noruegos. Con su quebrada costa y sus bahías pequeñas son un paraíso tanto para el pescador como para el veraneante. Las rías de las provincias de La Coruña y de Lugo se llaman las Rías Altas, y las de la provincia de Pontevedra son las Rías Bajas. Actualmente muchos gallegos se preocupan por la industrialización de la costa, diciendo que las rías se están contaminando con los desperdicios químicos producidos por las fábricas.

tanto . . . como as much . . . as

Vistas de
Cangas de Morrazo

6 Lo mejor

Asking what you have to do
Telling other people what to do
Prohibitions
Explaining how to do things
The infinitive (verb ending *–ar, –er, –ir*) and its uses
Using the verb *coger*

1 Moncho Vilas is the owner and also the chef of *el Restaurante Vilas* in Santiago. The restaurant has been in his family since 1915 and is well known for its regional specialities. One of these dishes is *merluza a la gallega* and Sr Vilas explained how it should be cooked.

El Restaurante
Vilas: el exterior y
la cocina

Emilio Para preparar una merluza a la gallega así, ¿qué tengo que hacer?
Sr Vilas Bueno, pues, en primer lugar tenemos que tener una merluza fresca. Entonces, la merluza a la gallega lleva patata. Para cocer la patata, Vd. tiene que cocerla con una cebolla troceada.
Emilio Troceada, ¿quiere decir en trozos?
Sr Vilas Sí, en pedazos, o sea una patata cortada en pedazos. Después, Vd. tiene que cocer la merluza, también echándole al agua cebolla. En cuatro minutos la merluza la tiene cocida. Entonces después, lo que tenemos que hacer es la salsa.
Emilio ¿Qué hace falta para hacer la salsa?
Sr Vilas Para hacer la salsa de la merluza a la gallega, Vd. debe de coger aceite de oliva y ajo, dos cabezas de ajo. Entonces, fríe el ajo y, muy caliente el aceite, Vd. lo separa del fuego y lo deja enfriar. Entonces, Vd. debe de coger pimentón dulce . . .

Emilio	¿Qué cantidad de pimentón?
Sr Vilas	Bueno, pues, para doscientos gramos de aceite, una cucharada sopera, una simple cuchara de comer sopa.
Emilio	¿Y ya está lista?
Sr Vilas	Sí. Al cocer las patatas, Vd. tiene que coger las patatas, echarlas en una fuente, echar la merluza encima, y luego echarle la salsa, y ya está lista.
Emilio	Una cosa, señor Vilas. ¿La merluza tiene que ser fresca o puede ser congelada?
Sr Vilas	Bueno, normalmente pierde un poco en sustancia, pero si la congelación de los productos es perfecta pierde muy poco.
Emilio	¿Tengo que ser muy buen cocinero para poder hacer este plato? Yo, por ejemplo, ¡que no soy capaz de freír un par de huevos!
Sr Vilas	Bueno, Vd. puede ser mal cocinero, pero si las cosas se hacen con cariño yo creo que todos somos buenos cocineros. La merluza a la gallega es tan sencilla como preparar un par de huevos.
Emilio	Tengo, señor Vilas, una curiosidad. Dicen que hay mejores cocineros que cocineras. ¿Qué le parece? ¿Es mejor cocinero el hombre o la mujer?
Sr Vilas	Yo creo que son los dos buenos cocineros. Lo que pasa que la mujer coge las cosas con más cariño. El hombre es más . . . vamos . . . más rápido en hacer las cosas. La mujer es mucho más tranquila, mima más la cocina.
Emilio	Oiga, ¿pero los grandes cocineros que hay en los buenos hoteles son precisamente hombres?
Sr Vilas	Sí, precisamente sí, en eso sí. En todos los grandes hoteles están los hombres como cocineros. Lo que pasa que la mujer no tiene esa capacidad de trabajo que tiene el hombre.
Emilio	¿Quiere decir la capacidad o la oportunidad?
Sr Vilas	Bueno, yo no tengo nada contra las mujeres, que pa mí son todas muy buenas y fabulosas, pero para mandar yo creo que es más importante la voz del hombre, siempre que mande con sentido y bien, que la de una mujer.

en primer lugar	in the first place
lleva patata	has potato in it
la merluza la tiene cocida	your hake's cooked
¿qué hace falta?	what do you need?
al cocer las patatas	when you've cooked the potatoes
yo ¡que no soy capaz de freír un par de huevos!	I can't even fry a couple of eggs!
si las cosas se hacen con cariño	if things are done with love
es tan sencilla como preparar	it's as easy as preparing
lo que pasa	the thing is
más rápido en hacer las cosas	quicker at doing things
pa mí (= para mí)	for me, as far as I'm concerned
siempre que mande con sentido y bien	as long as he gives sensible orders

2 Just in case you have a complaint about your hotel or restaurant, Fernando Madariñán explains what you should say and do.

Fernando presents a local radio show in which listeners are invited to air their grievances.

Emilio	¿Qué tiene que hacer una persona para quejarse en un restaurante . . . tirar un plato?
Fernando	Lo que pasa si tiras un plato en un restaurante es que haces mucho ruido y te echan del restaurante. Eso es lo único que vas a conseguir. Para hacer una queja o para hacer una reclamación lo mejor es preguntar por el responsable del establecimiento, del restaurante, del hotel o de cualquier establecimiento.
Emilio	El responsable, ¿es el dueño?
Fernando	El responsable es el dueño. Entonces, tú le dices cuál es tu problema, y él, si cree que tú tienes razón, entonces te lo soluciona. Pero en la mayoría de los casos va a ser muy difícil que una queja vaya a tener una solución . . . una solución fácil por lo menos.
Emilio	Pero, Fernando, yo sé que en los restaurantes hay un libro de reclamaciones, que así le llaman, para quejarse.
Fernando	Un libro de reclamaciones o un libro de quejas. Hay que pedir ese libro al dueño, y en él se escribe cuál es la queja . . . porque no le gusta la comida o porque está mal hecha o porque tiene un maltrato por parte de·los camareros. Entonces, escribe en ese libro toda la queja y ese libro va al Ministerio de Información . . . perdón, al Ministerio de Turismo, y allí se juzga si el cliente, la persona que hizo la queja, tenía razón o no tenía razón.

te echan del restaurante	they throw you out of the restaurant
eso es lo único	that's the only thing
tú le dices cúal es tu problema	you tell him what your problem is
tú tienes razón	you're right
te lo soluciona	he sorts it out for you
muy difícil que una queja vaya a tener una solución	very difficult for a complaint to be sorted out
que así le llaman	as they call it
si tiene un maltrato por parte de los camareros	if the waiters have given him cause for complaint
hizo	made
tenía razón	was right

1 Asking what's to be done

- To ask what you personally have to do
  ¿qué **tengo que** hacer?

or what you should do
  ¿qué **debo** (**de**) hacer?

Tener que is more forceful than *deber*, which is often followed by *de*.

- An alternative way of asking what has to be done is to use *hay que*
  ¿qué **hay que** hacer?
  hay que pedir el libro al dueño

Hay que is invariable, i.e. it can mean 'I've got to', 'we've got to', 'you've got to', etc.

2 Telling people what to do

- These are all ways of saying 'you have to cross the road'
If you call someone *tú*

tienes que	
debes (**de**)	cruzar la calle
hay que	

If you call someone *Vd.*

tiene que	
debe (**de**)	cruzar la calle
hay que	

- More simply, use the present tense of the main verb
  sigue/**sigues** todo recto
  echa/**echas** el pimentón
  siguen/**seguís** todo recto

- Alternatively, there's a polite and rather indirect way of telling someone what's done using the word *se*
  se añade sal
  se echa pimentón a la salsa

3 What not to do

- Using *no* followed by an infinitive (see section 5 below) is a blunt way of saying what shouldn't be done
  no aparcar
  no fumar
  no tirar papeles al suelo

This form is usually found on public notices, but isn't often used in ordinary conversation.

- 'It is forbidden . . .'
Se prohibe followed by the infinitive
  se prohibe fumar aquí

This is another official way of saying something can't be done. The opposite is *se permite*.

● The same thing can be said more politely using *no se puede* or *no se debe*

no se puede
no se debe | fumar aquí

4   How to do things

● To suggest the best way of doing something, use *lo mejor es* followed by the infinitive

lo mejor es tener una merluza fresca
lo mejor es preguntar por el dueño

And if you want to point out that it's better to do something in a different way, use *es mejor* followed by the infinitive

es mejor ir en coche

● To ask what you need in order to do something, use the phrase *¿qué hace falta?*

¿qué hace falta para hacer la salsa?

In reply you might be told

hace falta harina

or if more than one thing is needed

hacen falta tomates

or you might be advised

hace falta mucha paciencia para ser buen cocinero

5   Infinitives

● The form of the verb with the ending *–ar, –er* or *–ir* is called the infinitive. It's the part of the verb given in dictionaries and in our glossary. You could think of it as the verb's 'name' or 'label'. It corresponds roughly to the English 'to do', 'to live', 'to work', etc.

● As in English, the infinitive only really takes on a meaning when it's part of a phrase

voy a
puedo
quiero
tengo que   **hacer** el trabajo
para   **ir** a Cuenca
es mejor
después de

● *Al* followed by an infinitive means 'when . . .'
al salir el día se largan los aparejos   when day breaks . . .
al cocer las patatas, Vd. tiene que . . .   when you've cooked
the potatoes . . .

6   Reflexive verbs

● Some verbs have an extra *se* which is added to the end of the infinitive, e.g. *levantarse, irse*. These verbs are called reflexive verbs;

the person who does the action is the main one affected

llamarse   to be called (but *llamar* is 'to call')
lavarse   to wash (oneself)
afeitarse   to shave (oneself)

● The patterns are the same as for ordinary verbs, but you add *me, te, se*, etc.

(yo) **me** llamo	(nosotros,–as) **nos** llamamos
(tú) **te** llamas	(vosotros,–as) **os** llamáis
(Vd./él/ella) **se** llama	(Vds./ellos/ellas) **se** llaman

7   The verb *coger*

● This is extremely useful. It means 'to catch' (a bus or a disease); 'to take' (a road); 'to pick up' (a cup); or 'to fetch'.

Note   The first person singular of the verb is spelled with a *j* instead of *g*, i.e. *cojo*.

---

1   ***Huevos con arroz*** The ingredients for this recipe are provided, but the instructions aren't complete. Fill in the blanks with a suitable infinitive from the list.

meter	*mezclar*	*romper*	*dejar*
apartar	*hacer*	*freír*	*añadir*

> INGREDIENTES: 300 gr. de arroz, 4 huevos, 100 gr. de mantequilla, 4 cucharaditas de queso rallado, un trocito de cebolla, un litro y medio de caldo, sal.

> PREPARACIÓN: .... en 50 gr. de mantequilla la cebolla, ... el arroz y .... que tome el sabor. Añadir poco a poco el caldo hirviendo hasta el final de la cocción. .... del fuego y .... el arroz con el queso parmesano y 30 gr. de mantequilla. .... el arroz en una fuente que vaya al horno y con un cucharón .... cuatro orificios en el arroz. Sobre cada uno de ellos .... un huevo y meter todo, con un poco de sal y mantequilla, en el horno.

2 **A Spanish friend wants to take his car** to England on holiday and he asks your advice. Calling him *tú*, tell him

1 You must take *(llevar)* a passport. (Use *tener que*)
2 You need documents for the car.
3 The best thing is to change some pesetas before catching the boat.
4 You must drive *(conducir)* on the left in England. (Use *hay que*)
5 You are allowed to land *(desembarcar)* with 200 cigarettes.
6 You should buy umbrellas for the whole family. (Use *deber*)
7 It is forbidden to take dogs to England.

3 **Look at the instructions** in the first column and match them up with the person who might give them or the place where you might see them.

1 Vd. tiene que seguir este régimen, señora.

2 Hay que tener mucho cuidado cruzando la calle.

3 Tenéis que enviar el adjunto cupón antes del martes 13 de junio.

4 Para sentirse seguro y comer todo lo que le apetezca, debe usar un adhesivo especial.

5 Las verduras deben estar cortadas en trozos de unos dos centímetros.

6 Ramírez, tú tienes que jugar todo el partido en el centro del campo.

a) Entre las instrucciones para un concurso.

b) En un anuncio de una crema para sujetar dentaduras postizas.

c) En un folleto dando instrucciones para el uso de un batidor eléctrico.

d) Un médico explicando a una paciente que está demasiado gorda.

e) Un entrenador dando instrucciones a un jugador de fútbol.

f) Un policía hablando con un niño que quiere ir al parque.

4 **You get talking to a Spanish farm-worker** in the south of Spain who makes wine from his own grapes. He doesn't know that there is such a thing as English wine . . .

El campesino En Inglaterra se hace sólo la cerveza, ¿no?
Vd. *(Tell him no, there are English wines and cider as well)*
El campesino Ah sí, la sidra. Se bebe mucho en Asturias. Se hace con manzanas, ¿no?
Vd. *(Say yes, it's made with apples)*
El campesino Pero ¿vinos ingleses? ¿Se cultivan uvas en Inglaterra?
Vd. *(Yes, for making white wine. But the English make wine with other things too)*
El campesino ¿Qué tipo de cosas?
Vd. *(Other fruits and also vegetables)*
El campesino ¡Legumbres!
Vd. *(Say yes, your uncle makes carrot wine* (vino de zanahoria) *and potato wine)*
El campesino ¡Hombre! Pero ¿cómo se hace el vino de zanahoria?
Vd. *(Tell him you need carrots, water, sugar, oranges and lemons* (limones)*)*

El campesino	Y ¿qué hay que hacer?
Vd.	*(You have to cook the carrots in the water, then you put the sugar, the oranges and the lemons into a saucepan* (una cacerola) *with the water and . . .)*
El campesino	¡Basta, basta! ¡Qué horror! Vd. tiene que probar el vino que hago yo. Es un magnífico vino tinto.
Vd.	*(Say thanks very much. Frankly* (francamente), *you don't like carrot wine . . .)*

5 **Here is some information** provided by the Spanish Red Cross, telling you what to do if you're stung by bees, wasps or ants. Without looking up any of the words, see if you can answer these questions. One clue: the word for 'ant' is *hormiga*.

1 What should you put on a wasp-sting, other than washing-blue?
2 What two things should you put on an ant-sting?
3 What's the Spanish word for 'to take out'?
4 How would you say to someone 'you shouldn't squeeze it'?
5 What should you do in serious cases?
6 What are the words for 'tongue' and 'mouth'?

> **En caso de picadura de insectos.**
> (Abejas, avispas y hormigas).
> Qué debo hacer: En casos leves.
> De abeja: Poner amoníaco en la picadura. Intentar sacar el aguijón evitando exprimirlo.
> De avispa: Poner en la picadura bicarbonato sódico o azul de lavar.
> De hormiga: Poner vinagre o jugo de limón en la picadura.
> En casos graves.
> Cuando hay colapso (desvanecimiento) o cuando la picadura ha sido en la lengua o el interior de la boca.
> Recurrir urgentemente al médico.

6 **There's a word missing** from each of these excuses. Choose the most suitable verb from the list below.

> vernos   aceptarlo   cambiar
> coger   recomendarle   cocinar

1 ¿Puedo pagarle mañana? Tengo que .... un cheque.
2 Me gustaría preparar la paella pero no sé ....
3 Tengo que irme ahora, quiero .... el tren de las once.
4 No podemos .... hoy, están en casa mis padres.
5 No los vendo aquí, pero puedo .... otra tienda.
6 Es un regalo magnífico pero no puedo ....

A PROPÓSITO

La cocina gallega   La cocina gallega tiene como base el pescado y los mariscos de sus costas. La merluza a la gallega como la describe (y la prepara) el señor Moncho Vilas vale le pena probarla. También hay platos a base de carne como, por ejemplo, el cabrito *(kid)* o el cocido gallego *(Galician stew)*. Éste es un plato muy fuerte que contiene patatas, berza *(a kind of cabbage)*, salchichas, costillas y tocino.

Lo que destaca de las comidas gallegas son las cantidades enormes que se sirven. El director de uno de los hoteles más importantes de Santiago dice: 'No somos como los canarios que se satisfacen con una hoja de lechuga y un tomate'. No sorprende que muchos extranjeros coman sólo el primer plato y no puedan terminar la comida.

¡Qué aproveche!   Cuando un español entra en un restaurante familiar donde hay gente comiendo, dice siempre: '¡Qué aproveche!', lo cual quiere decir 'buen apetito'. Vd. puede contestar: 'Igualmente'.

También vale la pena saber que es muy difícil para un español comer algo delante de otros sin ofrecer primero. Si Vd. viaja en el compartimiento de un tren español durante las horas de las comidas, cierto es que alguien le va a ofrecer algo de la comida que lleva, sea un bocadillo o un pedazo de pollo, diciéndole: '¿Vd. gusta?'. Vd. siempre rehusa, diciéndole: 'No, gracias. ¡Qué aproveche!'. La conversación va a continuar porque un español sigue insistiendo, y depende de cuántas veces y cómo insiste si finalmente Vd. acepta o no.

    sea   whether it be

Los brindis Un brindis equivale a la palabra inglesa 'toast'. El brindis más corriente es: '¡Salud!' o '¡A su salud!' ('cheers!'), y la otra persona responde: 'A la suya' o 'a la tuya'.

Hojas de reclamaciones Todos los hoteles, hostales, pensiones, restaurantes, bares, campings, estaciones de servicio y gasolineras, están obligados a tener a disposición de los clientes unas hojas de reclamaciones, donde los no satisfechos pueden presentar sus quejas. (Actualmente se usan hojas en lugar de libros.)

Si Vd. cree que le están cobrando demasiado dinero, o tiene cualquier otra queja, entonces debe pedir la hoja de reclamaciones y escribir la queja en la hoja. Es bueno recordar que todos los establecimientos tienen una lista de precios oficiales, y en esta lista puede ver si el precio es correcto o no. Si no tienen la lista, ésta es una justa queja.

La hoja de reclamaciones en verdad son tres hojas. La blanca es para Vd., la rosa para las autoridades y la verde para el establecimiento. Las instrucciones para escribir la queja en la hoja están en español, francés, alemán e inglés, así que no hay problemas.

    en verdad   in fact
    así que   so that

7 Cambios y reparaciones

> Explaining that something doesn't work
> Getting things repaired or changed
> Using the words *lo, los, la* and *las*, and *me, te, le*
> Different ways of saying 'again'

1 Anna wanted to put off her flight to Madrid for a day. She went to the busy *Iberia* office and asked the counter-clerk (who spoke very rapidly) if the ticket could be changed.

Anna	Buenos días.
La empleada	Buenos días.
Anna	Señorita, por favor, ¿puedo cambiar este billete para mañana?
La empleada	¿Para la misma hora?
Anna	Sí, por favor, a la misma hora.
La empleada	A ver, un momentito. Vamos a ver si quedan plazas. *(She finds the information)* Es que ese vuelo está completo, ¿eh?
Anna	¿Y para más tarde?
La empleada	Tiene un vuelo a las siete y cuarto y a las doce y media de la noche otro.
Anna	Pues, casi en el de las siete y cuarto.
	(The clerk checks the flight details)
La empleada	Vale, de acuerdo. Conforme.
Anna	¿Me da el billete, por favor?
La empleada	Sí. *(She gives Anna the ticket)* Tiene que estar tres cuartos de hora antes en el aeropuerto, ¿eh?
Anna	Muchas gracias.
La empleada	De nada. A Vd.

si quedan plazas	if there are any places left
casi en el de las siete y cuarto	perhaps on the quarter past seven (flight)

2 Sometimes you'll want to get something repaired but the first person you go to won't be able to get the job done in time, so you'll have to find somewhere else. This happened to Emilio when his watch kept stopping and he took it to *una relojería* in *la Rúa del Villar*.

Emilio	Buenos días.
El relojero	Hola, buenos días.
Emilio	Mire, ¿Vd. vende relojes?
El relojero	Sí, algunos, sí.
Emilio	¿Y hace reparaciones también?
El relojero	Sí, también.
Emilio	¿Me puede reparar éste?
El relojero	Vamos a ver. ¿Qué le pasa?
Emilio	Pues, no sé. Se para casi continuamente.
El relojero	Vamos a mirar, a ver . . . *(He looks at the watch)* Mire, esto hay que limpiarlo, ¿sabe?
Emilio	Entonces, ¿puede repararlo?

El relojero	Sí, puedo, sí.
Emilio	¿Y cuándo estará listo?
El relojero	Pues, dentro de quince días.
Emilio	Es que yo tengo que marcharme. No puedo estar tantos días.
El relojero	Bueno, aquí hay varias relojerías que tienen taller y, a lo mejor, se lo pueden hacer antes.
Emilio	¿Me puede recomendar otra relojería?
El relojero	Sí, ¿cómo no? Ahí enfrente en la misma calle, en la acera de enfrente, un poquito más abajo, tiene una que se llama '*Vivián*'. Ahí le pueden reparar.
Emilio	Y ¿cuánto me costaría hacer esta reparación?
El relojero	Bueno, yo por esta reparación cobraría quinientas pesetas. Ahora no sé lo que le cobrarán otras personas para repararlo, claro.
Emilio	Pero más o menos, en los otros lugares, ¿sobre quinientas pesetas?
El relojero	Sí, aproximadamente, sí.
Emilio	De acuerdo, señor, muchas gracias por su atención.
El relojero	De nada.
Emilio	Adiós.
El relojero	Adiós, muy buenas.

¿qué le pasa?	what's the matter with it?
¿cuándo estará listo?	when will it be ready?
a lo mejor	maybe, with any luck
se lo pueden hacer antes	they'll be able to do it for you sooner
¿cuánto me costaría?	how much would it cost me?
yo . . . cobraría	I would charge
lo que le cobrarán otras personas	what other people will charge you

3 Victorino Palacios is twelve years old and he was on holiday from school when Emilio talked to him about his hobbies. Victorino is very mechanically-minded but he leaves the electrical repairs to his mother.

Emilio	¿Qué tipo de reparaciones haces?
Victorino	Cojo coches estropeados, los abro, miro los motores . . . después lo vuelvo a montar, y lo pongo en el coche.
Emilio	¿Y después funcionan?
Victorino	Pues, a veces sí y a veces no.
Emilio	¿Qué problemas hay con los coches?
Victorino	Pues, a veces se rompen los cables, se rompe alguna pieza, o algún tornillo se le sale, o a veces la pila que está conectada se rompe o se gasta, y entonces hay que comprar una pila nueva y hay que volverla a soldar.
Emilio	A veces, ¿tú tienes que soldar los cables?
Victorino	Yo no los puedo soldar porque no tengo soldador, pero tengo un amigo que también me ayuda mucho y se lo llevo a él y me lo suelda.
Emilio	¿Y sólo arreglas coches?
Victorino	No, a veces algún reloj que no funciona, lo abro, lo limpio, le quito alguna pieza, y cuando yo no lo entiendo bien, cuando es bastante difícil, pues se lo llevo a mi amigo.

Emilio	Y aparte de trabajar con los coches y con los relojes, ¿tú además haces reparaciones de radios, de televisiones, de enchufes . . . o de una plancha?
Victorino	De esas cosas eléctricas ya . . . no trabajo mucho con ellas. Eso lo hace mi madre.
Emilio	O sea, Victorino, que tu mamá en casa es la que arregla los enchufes o la plancha, . . . ¿no?
Victorino	Mi madre lo que más suele hacer es los enchufes, los plomos, a veces los molinillos de café, pues los abre y les quita algún cable . . .
Emilio	Pero ¿tu padre no hace nada de eso?
Victorino	No, porque no sabe trabajar mucho con las manos, tiene unas manos muy grandes y se le caen muy pronto las cosas.
Emilio	¡A mí también me sucede esto! Y por eso lo arregla todo tu mamá, ¿no?
Victorino	Mi mamá y yo.
Emilio	Victorino, ¿tu papá tiene coche?
Victorino	Sí.
Emilio	Y ¿tú haces las reparaciones cuando está estropeado?
Victorino	No suelo hacerle muchas reparaciones. Lo que suelo hacer es mirar los niveles de los líquidos.
Emilio	Ah, los líquidos de agua, de aceite, el líquido del freno, ¿no?
Victorino	Sí.

algún tornillo se le sale	a screw comes out
hay que volverla a soldar	you have to solder it back on again
se lo llevo a él	I take it to him
se le caen muy pronto las cosas	things are always falling (out of his hands)

EXPLICACIONES

---

1 When things go wrong

● You've got a problem with your . . .

tengo un problema con mi	coche reloj hotel lavabo

● Explaining what's wrong

no funciona   it's not working
se para   it stops

está	estropeado averiado gastado roto equivocado	it's	damaged broken down worn out broken/bust wrong

2 Getting something done about it

● To ask if someone will or can assist you, use *¿puede?* followed by the infinitive of a suitable verb

¿puede	**reparar** mi coche? **cambiar** estos billetes? **arreglar** mi máquina fotográfica?

3 It and them

● To avoid repeating the name of an object, you can use the Spanish words for 'it', *lo* and *la*, and for 'them', *los* and *las*. *Lo* and *los* stand for masculine things, *la* and *las* stand for feminine things.

● Normally, the *lo, los*, etc., go in front of the verb

¿tienes el aceite?

sí, **lo** tengo

but when there's an infinitive in the phrase, they can be attached to the end of it, so you can say

¿**los** puede cambiar?

or   ¿puede cambiar**los**?

● The word *lo* can also mean 'it' when you're not referring to a specific object but to a whole idea

¿vas a **llamar a Pedro**?

sí, voy a hacer**lo** ahora mismo

4 *Me, te, le*

● *Me* can mean 'me', 'for me' or 'to me'

¿**me** puede reparar . . .?

¿puede recomendar**me** . . .?

Like *lo, los, la* and *las*, it goes before the verb, or can be attached to the end of the infinitive.

● Similarly, *te* means 'you', 'for you', 'to you'

tengo que dar**te** cien pesetas

sí, **te** oigo

● *Le* can mean 'him', 'her' or 'you' (if you're using *Vd.*), or 'for him', 'to her', etc.

yo **le** recomiendo éste

¿puede dejar**le** un recado?

● These short words (*me, lo*, etc.) are called pronouns. When you use two pronouns together, you mention the person before the object. For example, if you want to ask if someone will change the batteries in your radio for you

¿**me las** puede cambiar?

or   ¿puede cambiár**melas**?

But you can't put two pronouns beginning with the letter *l* together. The one referring to a person changes to *se*

le llevo el coche   I'll take *him* the car

but **se lo** llevo   I'll take *it to him*

5 Again

● To say 'again' you can use the phrase *otra vez*

¿puede decirlo **otra vez**?

¿puede firmarlo **otra vez**?

● Or you can use the verb *volver a*

vuelvo a hacerlo

¿quiere **volver a** decírmelo?

● 'Again and again' – to convey the idea of 'usually', use the verb *soler* followed by an infinitive

> lo que **suelo hacer** . . .
>
> los madrileños **suelen decir** . . .

Soler, like *volver*, is one of those verbs where the *o* changes to *ue*, except when it concerns *nosotros* or *vosotros*

suelo	solemos
sueles	soléis
suele	suelen

PRÁCTICAS

---

1 *Me, le, lo, los, la, las* **or** *se* – which word goes in each of the gaps?

1 No puedo abrir la lata de sardinas. ¿Puedes abrir........... tú?

2 El reloj está roto. ¿........... puede reparar?

3 Si no puede hacerlo, ¿........... puede recomendar otro taller?

4 Aquí está el recibo. ¿Quiere firmar...........?

5 ¿La calle del Franco? No, no .... conozco.

6 ¿Dónde están las llaves? No .... tengo aquí.

7 Tengo estos francos franceses. ¿........... ....puede cambiar?

8 No sé si he traído el champán. ¿........... tienes tú?

9 Tengo mucho trabajo, señor. No puedo ver........... hoy.

10 ¿Por qué no llevas el libro a Marcelino ahora? Ahora no, ...
   .... llevo a él mañana.

2 **Jacinto has just bought** a colour television set *(un televisor de color)* but the sound won't work properly. He rings Sr Cable, the electrician. What does Jacinto say?

Sr Cable	Dígame.
Jacinto	*(He says good morning and asks if that's Sr Cable the electrician)*
Sr Cable	Sí, soy yo.
Jacinto	*(He says he's got a problem with his television set, the sound doesn't work)*
Sr Cable	¿No funciona el sonido?
Jacinto	*(No, it doesn't work)*
Sr Cable	¿Es un televisor viejo?
Jacinto	*(No, it's a new set)*
Sr Cable	¿Es de color?
Jacinto	*(Yes, it's colour)*
Sr Cable	Bueno, ¿me da su dirección, por favor?
Jacinto	*(It's number ten, calle de la Cadena, second floor, door C)*
Sr Cable	¿Y su nombre?
Jacinto	*(His name is Jacinto Ventura)*
Sr Cable	Y ¿hay alguien en casa todo el día?
Jacinto	*(He's at home from two o'clock onwards)*
Sr Cable	En ese caso tiene que ser esta tarde. ¿Sobre las cuatro?
Jacinto	*(Can he come a bit earlier?)*
Sr Cable	¿Antes? Bueno, no sé . . .
Jacinto	*(It's very important because he wants to watch the football at half-past four)*
Sr Cable	¿Hay fútbol hoy? Pues, yo también quiero mirarlo.
Jacinto	*(Well, if he comes to repair the television set, he can watch the football there)*

Sr Cable	¡Estupendo! Entonces, voy sobre las tres y media.
Jacinto	*(Fine, he'll see him later then)*
Sr Cable	Hasta luego, adiós.

3 **Some of the words** from this conversation in a garage have got their letters scrambled. See if you can sort them out.

El cliente	Buenos días, señor. ¿Vd. hace *PERRACAONIES* de coches?
El garajista	Pues, depende. ¿Qué *OLPMERAB* tiene?
El cliente	No sé. Muchas veces cuando quiero arrancar *(start)* el motor, no *AAPS* nada.
El garajista	Quizás tiene la batería *AAGDAST*. Vamos a ver si *UCOIFNAN*. ¡Ah, sí! La batería está completamente gastada. Hay que *BMAIARC*la.
El cliente	¿Se *EUPED* cambiar aquí?
El garajista	No, aquí no tenemos baterías, pero le puedo *MENDORECRA* un taller donde las venden bastante baratas.

4 **What are they talking about?** Match the questions with the objects from the list below.

1 Está rota otra vez. ¿Puede volver a repararla?
2 Están sucias. ¿Me las limpia?
3 No entiendo. ¿Lo puede repetir?
4 Siempre está atrasado. ¿Puede arreglarlo?
5 Está cerrada. ¿Me puede recomendar otra?
6 Están fríos. ¿Me los cambia?
7 Todavía no funciona el motor. ¿Puede reparármelo?

| *calamares* | *una máquina fotográfica* | *un coche* |
| *un recado* | *dos camisas*   *una tienda* | *un reloj* |

5 **Sra Martínez rang the plumber**, Manolo, but he wasn't in. His son José was there to take a message. Can you put their conversation into the right order?

Sra Martínez	Bueno, sale un poco, muy sucia, en la cocina, pero no hay nada en el cuarto de baño. ¿Puede venir su padre hoy mismo?
José	Bien. He tomado nota. Hasta luego.
Sra Martínez	Sí, por favor, es urgente. No tenemos agua.

José	Dígame.
Sra Martínez	Por favor, antes, antes, ¿puede venir antes? Tenemos que cocinar.
José	¿Está completamente sin agua?
Sra Martínez	Adiós y gracias.
José	Bueno, bueno, esta tarde, pero no antes de las seis. ¿De parte de quién es?
Sra Martínez	Oiga, ¿está Manolo?
José	Mi padre está muy ocupado hoy pero puede venir mañana.
Sra Martínez	De parte de los señores de Martínez. Él sabe dónde vivimos.
José	No, mi padre no está. ¿Quiere dejarle un recado?

A PROPÓSITO

Iberia   *Iberia* es la compañía aérea más importante de España. Inicia sus vuelos en el año 1927, pero al dividirse España a causa de la guerra civil, tiene que empezar de nuevo en el año 1940. Se inician sus vuelos con siete viejos Junkers (de dieciséis asientos) y diecinueve empleados en la compañía, pero hoy son casi 20.000 los empleados que tiene. Desde el año 1970 utiliza varios Boeing 747 Jumbo en los vuelos intercontinentales, y en los vuelos europeos normalmente usa aviones de los tipos Boeing 727–200, y DC–9 o DC–10.

Existen otras compañías aéreas españolas. La más conocida es *Aviaco*, que existe desde el año 1948. *Aviaco* conecta vuelos de *Iberia* con algunas ciudades, pero no se sorprenda si en las oficinas de *Aviaco* le atiende personal con uniforme de *Iberia*, pues desde el año 1954 *Aviaco* es una filial de la Compañía *Iberia*. Las dos compañías aéreas *Spantax* y *Air Spain* se especializan en vuelos 'charters'.

de nuevo   all over again

¿Quién manda en casa?   Según una encuesta realizada por la revista española *Cambio 16*, los españoles jóvenes son casi los más liberales y progresistas de Europa. Sin embargo, otras estadísticas, de la revista *Cuadernos para el Diálogo*, demuestran que una cuarta parte de los españoles varones todavía cree que la mujer es inferior al hombre, un 66 por ciento opina que la mujer no debe trabajar fuera de la casa, y un 41 por ciento dice que debe ser el hombre quien tome las decisiones en la casa.

A pesar de la mentalidad del hombre tradicionalista, las mujeres con su propio esfuerzo avanzan constantemente, tanto en sus derechos legales como en su posición social, y cada vez la situación se presenta más optimista. A pesar de todo, hay muchas españolas tradicionalistas que dicen que, en verdad, las que mandan son ellas. De puertas afuera los hombres deciden, pero de puertas adentro ellas son las que mandan. La casa es terreno y jurisdicción de ellas. Como muchas dicen: 'En mi casa la que lleva los pantalones soy yo'.

Este poder de la mujer en la casa española es de larga tradición. Se dice que en el fondo, a pesar de las apariencias y los comentarios de los hombres, la sociedad española es una sociedad matriarcal.

a pesar de	in spite of
cada vez	increasingly, more and more
de puertas afuera	out of doors

El lampista, el fontanero y el electricista   La profesión de lampista *(handyman)* es una que sólo se encuentra en Cataluña, la región donde está la Costa Brava; esta profesión es desconocida en el resto de España y tampoco aparece en el diccionario español.

En otras partes del país si no funcionan las luces se llama al electricista, y si hay problemas con las tuberías o los grifos se llama al fontanero, pero en Cataluña se llama al lampista para que repare infinidad de cosas. El lampista catalán es un hombre muy útil.

Lo normal en España es pagar al contado y al acabar la reparación, y como no pasan factura es difícil luego hacer reclamaciones, así que si en su piso o casa tiene problemas, es bueno siempre preguntar por un buen lampista a los vecinos, y no olvidar nunca preguntar el precio antes de la reparación. Así se evitan los ataques de corazón. También, claro, se puede consultar las páginas amarillas.

para que repare	(in order) to repair
al contado	in cash
no pasan factura	they don't send a bill

Estaciones de servicio   Muchos españoles pagan dinero para no mancharse las manos, y no hacen cosas que saben y pueden hacer fácilmente. Una de estas cosas es inflar los neumáticos del coche. En las gasolineras y estaciones de servicio el hombre que pone la gasolina en su coche, por lo general le pregunta: '¿Hasta arriba?' (*'full right up?'*)

Una gasolinera

o '¿Se lo lleno?' o '¿Lleno?' (*'fill it up?'*), o raras veces 'Cuántos litros quiere?'. Luego, después de llenarle el depósito, le suele decir: '¿Le miro las ruedas?' (*'shall I check the tyres?'*). A veces no espera la respuesta, lo hace y luego espera una propina *(tip)*.

para no mancharse las manos	not to get their hands dirty

8 Cosas buenas y cosas malas

> Describing difficulties
> How to say 'quite', 'very', 'too'
> The uses of *bien, mal, mejor* and *peor*
> Getting irritated
> Being negative

1 Driving around Santiago's narrow streets can be frustrating, particularly if it's your job. Agustín works as a taxi-driver and, although he doesn't have any parking problems, other drivers and pedestrians try his patience to the limit.

'Son calles estrechas . . .'

Emilio	¿Vd. es taxista?
Agustín	Sí, soy taxista.
Emilio	¿Vd. es taxista aquí en Santiago?
Agustín	Sí, señor.
Emilio	Y dígame, ¿es muy difícil circular en la ciudad?
Agustín	Difícil, no. La palabra más correcta es incómodo.
Emilio	¿Por qué es incómodo?
Agustín	Son calles estrechas y el tráfico está muy mal regulado. Hay demasiados coches, así que la circulación es muy pesada, muy incómoda.
Emilio	¿Hay muchas caravanas de coches?
Agustín	Sí, demasiadas, sobre todo en horas puntas. En una hora determinada se forman largas filas de coches.
Emilio	¿Cuáles son precisamente las peores horas para conducir?
Agustín	Las horas a las que la gente acude al trabajo o sale del trabajo.
Emilio	O sea, dice por la mañana a las nueve, o a las ocho *(exactamente)* de la tarde . . .

Agustín	Y al mediodía, a la hora a que la gente va a sus casas a comer.
Emilio	Y me dice que hay muchos coches en la ciudad. Es muy difícil aparcar, ¿verdad?
Agustín	Bueno, nosotros los taxistas no tenemos problema. Tenemos nuestras paradas y, además, paramos tranquilamente en medio de la calle, interrumpiendo el tráfico y todo, si es necesario.
Emilio	¿Y los guardias no le ponen una multa?
Agustín	No, ¡qué va! Tenemos autorizado por el municipio hasta un máximo de quince minutos de interrupción del tráfico, debido a que no hay aparcamiento.
Emilio	Mire una cosa. ¿Vd. se irrita mucho con los malos conductores?
Agustín	Sí, hay momentos en que sí, porque es un trabajo bastante duro y, entonces, cuando los nervios no se pueden controlar, entonces uno naturalmente se tiene que irritar.
Emilio	Y ¿qué cosas dice cuando está enfadado?
Agustín	Palabrotas.
Emilio	¿Como por ejemplo?
Agustín	Bueno, les llamo cabrón, chulo, desgraciado, hijo de mala madre . . . lo que se me ocurre. En estos momentos no estoy irritado, no puedo improvisar.
Emilio	Pero tiene un buen repertorio, ¿no?
Agustín	Sí, y además muy extenso, ¿eh? Y a veces con ademanes bastante significativos.
Emilio	¿Y los otros conductores se enfadan con Vd.?
Agustín	Sí, claro, naturalmente. Algunos se enfadan y contestan. Alguno muy educado pide perdón, pero éstos son pocos.
Emilio	Y los peatones, ¿se comportan bien? ¿Hacen caso de los semáforos del paso de peatones?
Agustín	No, en absoluto. Los peatones circulan como podría circular Vd. por una playa . . . sin fijarse en nada, no respetan ni paso de cebra ni peatones. Es más, ¡confunden un paso de peatones con un paseo de peatones!

horas puntas	rush hours
¡qué va!	no way!, you must be joking!
debido a que no hay aparcamiento	because there's no parking space
lo que se me ocurre	whatever comes to mind
en estos momentos	right now
¿hacen caso de . . .?	do they take notice of . . .?
el paso de peatones	pedestrian crossing
en absoluto	certainly not
como podría circular Vd. por una playa	as you might walk around on a beach

2 María is a friend of Emilio's who lives in the coastal town of Noya and works as a teacher in a nearby village. As her husband works in Santiago and only goes home at weekends, María spends a lot of time looking after their three daughters. Emilio found out how she coped both with the children in her class and with her own children.

Emilio	¿Cómo se portan los niños en tu clase? ¿Se portan bien o son muy malos?

María	¡Son niños!
Emilio	¿Son niños?
María	Hay niños que se portan bien y otros menos bien. No hay niño malo.
Emilio	Mira una cosa, María. Al niño que, por ejemplo, no te atiende, que tú estás explicando una lección, y él está jugando o metiéndose con el compañero, o metiéndole el lápiz en la oreja, ¿tú qué le dices?
María	¡Cállate! o ¡presta atención! ¡Silencio! O le digo . . . José Manuel, o Francisco o María Luisa, te voy a poner un trabajo extra para casa. Termino no poniéndole nada, porque son niños y necesitan expansionarse.

María con una de
sus hijas

Emilio	Eh, María, ¿cómo es tu vida en Noya? ¿Te diviertes, lo pasas bien?
María	Bueno, yo lo paso bien porque soy feliz en cualquier sitio con tal de que tenga algo en que entretenerme. O sea, para mí el aburrimiento no existe. Se dice que se pasa bien cuando uno se está cómodo, puede ver la televisión con tranquilidad, hacer un trabajo manual con tranquilidad, hacer una . . . un trabajo casero también con tranquilidad . . . pero si tienes una niña que viene a molestarte terminas de mal humor y enfadada.
Emilio	Sí. Yo me refiero, por ejemplo, si sales allí al parque a pasear con tus niñas, o vas al cine, o te vas a una cafetería para que ellas tomen un refresco, o ahora en el verano si vas con ellas a la playa . . .
María	Si salgo, voy al parque por las niñas. A la playa me gusta . . . pero algunas veces me quedaría en casa, sin embargo voy por las niñas. Y no voy al cine, no voy a ningún lado, ningún sitio más, aparte de la casa de unos tíos que viven a diez kilómetros, a otra casa de unas tías que viven en el mismo pueblo, y a unas amigas.
Emilio	Pues, gracias, María. ¡Que pases muy bien estas vacaciones con tus tres hijas, y que . . . a ver si puede ir tu marido más a menudo a . . . a casa en vez de ir esos fines de semana!
María	Gracias a ti.

metiéndose con	interfering with
metiéndole el lápiz en la oreja	putting a pencil in his ear
¡cállate!	be quiet!
¡presta atención!	pay attention!
¿lo pasas bien?	do you have a good time?
con tal de que tenga algo en que entretenerme	provided that I have something to keep me busy
de mal humor	in a bad mood
para que ellas tomen un refresco	so that they can have a soft drink
me quedaría en casa	I would rather stay at home
a ver si	let's hope that
en vez de	instead of

1 If something is a problem . . .

- Use *es* with a suitable adjective

es	**difícil**	it's	difficult
	duro		hard
	incómodo		awkward, uncomfortable
	pesado		boring, annoying
	malo		bad
	imposible		impossible

Talking about a thing
la circulación **es pesada/imposible**

or doing something
es difícil/pesado conducir en el centro

- If it's temporary problem, you use *está* instead of *es*
la circulación hoy **está imposible**

2 Quite . . ., very . . ., too . . .

- To say how hard, difficult, etc., something is
es un trabajo **bastante** duro   it's *quite* a hard job
es **muy** difícil aparcar   parking is *very* difficult
es **demasiado** difícil   it's *too* difficult

- *Bastante* and *demasiado* can also be used as adjectives, in which case their endings change
hay **bastantes** mujeres que
   son taxistas   there are quite a lot of women . . .
hay **demasiados** coches   there are too many cars

- Another way of saying 'very' is by using the ending *–ísimo*
(or *–ísima, –os, –as*)
es **muchísimo** más barato
muchísimas gracias
la comida aquí es **buenísima**

3 *Bien, mal, mejor, peor*

- To say if someone is doing something well or badly
se portan **bien**
conducen **mal**

The phrase *pasarlo bien* means 'to enjoy oneself' or 'to have a good time'

yo lo paso bien
¿lo pasas bien?
¡que lo pases bien!   have a good time!

- *Mejor* means 'better' or 'best', and *peor* means 'worse' or 'worst'
  ¿las mujeres conducen **peor** que los hombres?
  Isabel conduce **mejor** que Miguel

- When used as adjectives, *mejor* and *peor* change their endings when used with a plural noun

  las | mejor**es** | horas para conducir
  | peor**es** |

4 Getting annoyed

- To say quite simply you're annoyed or angry, use *estar*

  estoy | **irritado,–a**
  | **enfadado,–a**

- And to say what it is that makes you angry
  me **irrita** este taxista
  ¿te **irritan** los malos conductores?
  me **molestan** los peatones

Another way of saying this is
  ¿**te irritas con** los malos conductores?
  me enfado con los peatones
In this case the verbs are reflexive (*irritarse* and *enfadarse*).

5 Being negative

- The simplest way is to put *no* in front of the verb
  no sé
  no le conozco
  no lo hace

- You might need to use one of these words, either on its own

  nada   nothing
  nadie   no-one
  nunca   never
  ninguno,–a none

or with a verb, in which case you need a *no* in front
  no sé **nada**
  no conozco a **nadie**
  no lo hace **nunca**
  no hay **ningún** problema

PRÁCTICAS

---

1 **You're sitting in a restaurant** and keep overhearing snatches of conversation from the people at the surrounding tables. They can't seem to agree about anything. Complete their disagreement by filling in the gaps with a suitable negative word.

1	*Un hombre*	Me gusta mucho esta sopa.
	Su mujer	A mí .... me gusta nada.
2	*Un hombre*	Tú vas todos los días al bar.
	Su hijo	No, yo no voy .... al bar.
3	*Una mujer*	Yo conozco a todo el mundo aquí.
	Su marido	Yo, por mi parte, no conozco a ....
4	*Una mujer*	¿Quieres tomar el postre también?
	Su hija	No, no quiero comer .... más.
5	*Una mujer*	¡Qué guapos son todos los hombres aquí!
	Su marido	Yo no veo a .... hombre guapo.

2 **The questions are all about** what something's like or how something's going. Pair them up with the answers below.

1 ¿Cómo es el trabajo?
2 ¿Cómo es el nuevo jefe?
3 ¿Cómo es el piso?
4 ¿Cómo está la comida?
5 ¿Cómo está el vino?
6 ¿Cómo está su hermano?
7 ¿Cómo va el coche?
8 ¿Cómo encuentras España?
9 ¿Cómo ha sido el viaje?

a) Es bastante grande pero no tiene mucha luz.
b) Demasiado duro y además mal pagado.
c) Muy malo, igual que el vinagre.
d) Bien, bien. Es muy rápido pero gasta mucha gasolina.
e) Duro, pero bastante justo.
f) Mucho mejor. Hoy sale de la clínica.
g) Peor en verano que en invierno.
h) Bastante largo, pero cómodo.
i) Sabrosa, pero hay demasiado aceite.

3 **Agreeing or disagreeing.** If you'd just given your opinion on something and received these reactions, would they be   a) in agreement or   b) in disagreement with what you'd said, or c) undecided?

1 ¡Qué va!
2 Claro.
3 A veces, pero . . .
4 Naturalmente.
5 De ninguna manera.
6 Depende.
7 Vd. tiene razón.
8 No es siempre así.
9 Estás equivocado.
10 En absoluto.

4 **You are telling a Spanish friend** about your job as an international lorry-driver *(un camionero)*. Fill in your part of the dialogue.

Tu amigo	Es un trabajo muy interesante, ¿no? ¿Lo pasas bien?
Tú	*(Say that normally you enjoy it, but not always)*
Tu amigo	¿Qué cosas no te gustan?
Tú	*(Basically, two things: rain and bad drivers)*
Tu amigo	Dime una cosa. ¿La gente conduce mejor en Inglaterra o en España?
Tú	*(Well, it depends. In both (the two) countries there are some who drive well and others who drive badly. Normally the lorry-drivers drive better than car-drivers* (automovilistas)*)*
Tu amigo	Y ¿qué haces cuando conducen mal?
Tú	*(Tell him that sometimes you get annoyed with them when they drive very badly)*
Tu amigo	Y los ingleses ¿son tan mal educados como los españoles?
Tú	*(Yes of course, but you don't understand the swear-words)*
Tu amigo	¿No te molesta conducir a la derecha aquí?
Tú	*(No, you lorry-drivers don't have any problem)*
Tu amigo	¿Qué es lo que más te gusta de tu trabajo?
Tú	*(You think that what you like most is travelling and seeing different countries)*
Tu amigo	¿Qué itinerario haces?
Tú	*(Normally you travel from Aberdeen to Valencia. From there you go to Santander and then you return to Aberdeen)*
Tu amigo	Y ¿cuánto tiempo dura el viaje desde Aberdeen hasta Valencia?
Tú	*(Say the journey takes five days more or less)*
Tu amigo	Pero ¿no te molesta estar lejos de tu casa y tu familia?
Tú	*(Say yes, sometimes it bothers you, but sometimes being far away is an advantage* (una ventaja)*)*

5 **Who would have said the following?** Match the exclamations with the most likely context.

1 ¡Silencio! ¡Presta atención!
2 ¡Cuidado! Viene otro coche.
3 ¡Árbitro, sinvergüenza! ¡Eso no es penalty!
4 ¡Fuera! ¡No quiero niños en mi despacho!
5 ¡Imbécil! ¡No sabes aparcar!
6 ¡Tranquilo, hijo! Ya viene papá.

a) Un padre irritado con su hijo pequeño.
b) Una maestra enfadándose con un alumno.
c) Un aficionado mirando un partido de fútbol.
d) Una madre calmando a su hijo.
e) Un conductor enfadándose en un aparcamiento.
f) Un peatón esperando en un paso de peatones.

Policías En España hay varios tipos de policías, y no es como en Gran Bretaña. Muchos de estos policías en realidad son militares actuando como policías.

Existen cuatro grupos en España que desempeñan las funciones que aquí realiza el *bobby* británico. La Policía Nacional y la Guardia Civil son dos secciones del Ejército que actúan como policías. Sus estructuras y organizaciones son militares. La diferencia entre estos dos cuerpos es que la Policía Nacional se ocupa de las ciudades, y la Guardia Civil de las zonas rurales. Los uniformes de los policías son marrones, y los de los guardias civiles son verdes, con un extraño sombrero, llamado el tricornio.

De izquierda:
Policía Nacional,
Guardia Civil,
Policía Municipal

El equivalente a la *CID* es el Cuerpo General de Policía, o como dicen en España, la Policía Secreta. No es como en este país que se pasa del uniforme a la *CID*, en España son dos cuerpos totalmente distintos (aunque, como consecuencia de la nueva Constitución, esta estructura va a cambiar).

La Policía Municipal, que suele vestir de azul en invierno y de blanco en verano, trabaja para los Ayuntamientos y se ocupa del tráfico, ruidos, higiene, y aspectos del orden ciudadano.

Tambien hay guardas (no son policías) que vigilan los parques y que pueden ponerle una multa si coge una flor o causa un escándalo público.

Schools La palabra inglesa *school* tiene varias traducciones al español, y varía de traducción según el tipo de enseñanza, y si es del Estado o no. La escuela es el centro escolar del Estado donde van los niños a recibir la educación primaria; si el centro es particular, no del Estado, entonces se llama el colegio. Los estudios de enseñanza secundaria se hacen en el instituto, si es un centro del Estado, y en el colegio si es particular.

Estas palabras se usan también con otros significados, relacionados generalmente con la enseñanza superior. Por ejemplo, la Escuela Superior de Ingenieros equivale a la Facultad de Ingeniería, Colegio Mayor significa Residencia de Estudiantes, y el Instituto de España es un centro de promoción de la lengua y la cultura española en Londres.

Aunque en principio la educación es gratuita y obligatoria durante
los ocho años de la Educación General Básica, desde los seis a los
catorce años, los padres tienen que comprar los libros y todo el
material. Peor todavía es que no hay escuelas o institutos para todos,
así que muchos tienen que ir a colegios particulares subvencionados
por el Estado, y otros tienen que quedarse en casa por falta de dinero
o de colegio.

por falta de   for lack of

Educación   A pesar de existir el Ministerio de Educación, la Ley de Educación, etc., la palabra 'educación' por lo general los españoles la usan en el sentido de 'buenos modales' *(good manners)*. Por ejemplo, 'María tiene mucha educación' significa que María es muy considerada, cortés, atenta y sabe cómo comportarse. 'Juan es muy educado' no significa que Juan sabe mucho, indica que es muy atento, amable, limpio, presentable, cortés, etc.

Para expresar el significado británico es necesario decir: 'María y Juan tienen muchos estudios'. Así que cuidado, en España no debe decir nunca 'No tengo educación'.

Palabrotas   El español, cuando se enfada (o por costumbre), usa con frecuencia las palabrotas. Naturalmente que hay muchos que nunca dicen palabrotas, aunque estas palabras feas y groseras hoy día empiezan a aceptarse tanto en la conversación como en las revistas y novelas.

Realmente las palabrotas son más frecuentes entre los hombres que entre las mujeres. Incluso es corriente que hombres que dicen palabrotas sin cesar en su conversación diaria, cambian totalmente el vocabulario ante la presencia de las mujeres.

La palabrota suele servir al español para relajar su violencia sin llegar a peores consecuencias. Después de un accidente de coches, por ejemplo, es corriente presenciar una discusión con abundante uso de palabrotas y gritos, que puede parecer va a terminar en una tremenda pelea, pero que por lo general concluye con un apretón de manos.

Muchas de las más corrientes palabrotas se emplean sin referirse a su significado sexual. Palabras como joder, por ejemplo, raramente se usa hoy día en el sentido grosero de hacer el amor. Suele ser utilizada indicando molestia, enfado, cansancio, etc. 'Estoy jodido' significa en verdad 'estoy muy cansado' o 'muy fastidiado'. 'No me jodas' significa 'no me molestes' o incluso 'no te creo'. Ejemplos como éstos se pueden citar a montones. Maricón no siempre significa 'homosexual'; a veces significa 'tonto'. Coño, una palabra muy grosera y muy frecuentemente dicha por los españoles, con frecuencia no significa nada. Cuando el español dice esta palabra, como insulto o expresión de enfado, rara vez (o nunca, mejor dicho) piensa en la fisiología de la mujer.

sin cesar	ceaselessly
un apretón de manos	a handshake
han perdido	have lost
a montones	in plenty, by the score
mejor dicho	rather

9 ¿Has estado en...?

> Talking about what's happened, what you've done
> Different ways of saying 'perhaps'
> Uses of the verbs *traer* and *llevar*
> The verb *salir*

1 María Teresa is a dedicated traveller and whenever she has time off from her job with Galician TV she visits a new country.

Emilio María Teresa, has viajado mucho, ¿no?

María Teresa Bastante. Reconozco que sí, que he viajado bastante.

Emilio Y ¿qué países has visitado?

María Teresa En primer lugar, Europa, te puedo decir que he visitado los siguientes países: Portugal, Francia, concretamente la Costa Azul, Italia, Inglaterra, Austria, Suiza, Hungría, Alemania, Checoslovaquia y Holanda. Luego he dado un salto y he estado en Asia, en la India, en Tailandia, en Hong Kong, en Macau, y también he estado en América, en Puerto Rico y en las Islas Vírgenes.

Emilio ¡Uf! Ya veo que has viajado mucho. Y ¿qué país te ha gustado más?

María Teresa Eso es muy difícil de contestar, porque tú sabes que es como preguntarle a un estudiante de Bellas Artes que entra en un museo, decirle '¿qué cuadro te gusta más?'. Pero cada país tiene su encanto, sus gentes son diferentes y cada una tiene un carácter que te puede agradar más o menos. No me puedo limitar a un país. Han sido muchos los que me han gustado y por muchas cosas diferentes.

Emilio ¿Qué te ha parecido Inglaterra, por ejemplo?

María Teresa Con Inglaterra me ha ocurrido una cosa muy curiosa. Ha sido la primera vez que, al tener que regresar a Santiago de Compostela, he llorado, porque Londres, Stratford, Windsor, me gustaron tanto, tanto, tanto . . . la campiña, la gente, las comidas y los espectáculos musicales que he visto, el espectáculo de la gente en, por ejemplo, Portobello o Piccadilly, que de verdad tengo unos tremendos deseos de regresar a Inglaterra.

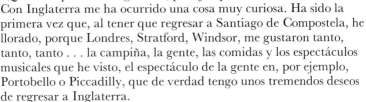

reconozco que sí	I realise I have
Bellas Artes	Fine Arts
. . . me gustaron tanto	I liked . . . so much

2 Anna had been staying in La Coruña for a few days and, when she came back to Santiago, Emilio met her at a rainy Santiago station.

Emilio ¡Hola, Anna!

Anna ¡Hola, Emilio!

Emilio ¿Qué tal? ¿Cómo ha sido el viaje?

Anna Bien, ha estado bien, pero quizá un poco aburrido.

Emilio ¿Por qué?

Anna Porque hemos salido con media hora de retraso.

Emilio Claro, porque yo llevo aquí esperando, pues, casi . . . casi una hora. ¿Te llevo las maletas?

Anna Sí, sí, que traigo muchas cosas.

Emilio	Vamos, que he traído el coche.
	(*They walk towards the car*)
Emilio	¿Qué has traído aquí? ¡Que pesan mucho las maletas!

Anna	Ya lo verás. Son unas sorpresas.
Emilio	¿Qué tiempo hacía en La Coruña?
Anna	Está lloviendo como aquí.
Emilio	Yo por eso he traído el paraguas, y ahora ya no se puede soltar.
Anna	Ya ha llegado el invierno.
Emilio	Por supuesto. Vamos a ver, voy a abrir el coche. Las maletas . . . (*He puts the suitcases in the car*) Pasa, Anna.

¿qué tal?	how's things?
con media hora de retraso	half an hour late
llevo aquí esperando	I've been waiting here
ya lo verás	you'll soon see
¿qué tiempo hacía?	what was the weather like?
no se puede soltar	you can't be without it
por supuesto	of course

3   Someone who travels for a living is Almudena Rodríguez. She's an air-hostess and Laura, the third of our interviewers, asked her about the job and about her favourite countries.

Laura	¿Cómo te llamas?
Almudena	Mi nombre es Almudena Rodríguez.
Laura	Y creo que eres azafata, ¿no?
Almudena	Sí, soy azafata de unas líneas aéreas españolas desde hace año y medio.
Laura	Y ¿por qué te has hecho azafata?
Almudena	Decidí trabajar como azafata porque es un trabajo que me llamaba mucho la atención, en primer lugar por el trato con el público, y también porque un día trabajas a lo mejor por la mañana, otro por la noche, pero no es el horario rígido que . . . que siempre odié.
Laura	Y una de las . . .de las razones no puede ser por viajar, ¿no?

Almudena	Ah, por supuesto que también es una de las razones.
Laura	¿Qué tipo de vuelos haces? ¿Qué países has conocido, por ejemplo?
Almudena	En la flota que yo estoy, hacemos vuelos dentro de España, vuelos europeos, y vuelos a África, cuatro o cinco puntos dentro de África. He conocido países dentro de Europa . . . bueno, aparte de España, ¿no? . . . dentro de Europa, pues, Alemania, Inglaterra, Francia, Italia, o sea varios.
Laura	¿Cuál es tu país favorito de éstos que has conocido?
Almudena	Bueno, es un poco difícil, ¿no? Quizás, dentro de mis países favoritos puedo decir Londres, a lo mejor porque he vivido año y medio allí y tengo un recuerdo muy agradable. Entonces cada vez que voy me gusta bastante ir a Londres.

¿por qué te has hecho . . .?	why did you become . . .?
decidí	I decided
me llamaba mucho la atención	appealed to me
a lo mejor	perhaps
que siempre odié	that I always hated

EXPLICACIONES

1   What has happened

¿es la primera vez que **ha estado** en Santiago?
sí, es la primera vez que **he estado** aquí

● To talk about what *has happened*, where someone *has been*, what they *have done*, you need two main ingredients

(i)   Part of the verb *haber* (this is the equivalent of 'to have' in English)

(yo)	**he**	(nosotros,–as)	**hemos**
(tú)	**has**	(vosotros,–as)	**habéis**
(Vd./él/ella)	**ha**	(Vds./ellos/ellas)	**han**

(ii)   Then you add the Spanish equivalent of the English 'happened', 'been', 'done', etc. This is called the past participle, and the endings are

–ar verbs	**–ado**
–er verbs ⎱	**–ido**
–ir verbs ⎰	

e.g.
visit**ar**	visit**ado**
conoc**er**	conoc**ido**
viv**ir**	viv**ido**
ir	**ido**

Putting it all together you get

¿**han visitado** España?
sí, la **hemos visitado** el año pasado
¿**has estado** en Inglaterra?
sí, **he vivido** allí tres años

Note   Do not confuse *haber* and *tener*. Virtually the only time you need *haber* is with the past participle.

2 *Dicho y hecho*

● There are a few past participles which do not follow the normal −*ado* or −*ido* pattern. The most common are

puesto   (poner)
visto   (ver)
vuelto   (volver)
dicho   (decir)
hecho   (hacer)

The expression *dicho y hecho* means 'no sooner said than done'.

3   Word order

● Words like *lo, la, me, te*, are put just in front of the *he, has, ha*, etc., and *no* goes in front of them all

¿Vd. **lo** ha hecho?
no, **no lo** he hecho todavía

¿**te** ha gustado la película?
no, **no me** ha gustado

● The same happens with reflexive verbs
¿**se** ha levantado Roberto?
no, **no se** ha levantado todavía

4   Perhaps

You can say, like Anna,
el viaje ha estado bien pero **quizás** un poco aburrido

Or you can use the phrase *tal vez*.

5   Bringing and taking away

● *Traer*, 'to bring', is like other −*er* verbs, except for
(yo) **traigo**

In the past
¿qué **has traído** aquí?
he traído el paraguas

● *Llevar* means 'to carry' or 'to take'
¿te **llevo** las maletas?
¿me **lleva** a Madrid?

It also means 'to have' or 'to take away'
me voy a **llevar** dos tabletas de chocolate dulce
un bocadillo para **llevar**   (a take-away sandwich)

'to wear'
lleva un vestido verde

or 'to have (as an ingredient)'
la merluza a la gallega **lleva** patata

It can also be used to say how long things have going on
llevo dos años en Madrid
llevo tres años trabajando como cartero
llevo una hora esperando aquí

6 The verb *salir*

- *Salir* means 'to leave' as well as 'to go out' or 'to come out'

  hemos salido con media   we left half an hour late
    hora de retraso
  el autobús/el tren/el avión **sale** a las ocho

It is also used to talk about prices
  sale muy barato
  ha salido muy caro

---

1 **Your memory isn't too good** so you've started writing down a list
   of the things you've got to do every day. One evening your friend
   Carlos is helping you check that you've done everything. Fill in the
   gaps in the dialogue.

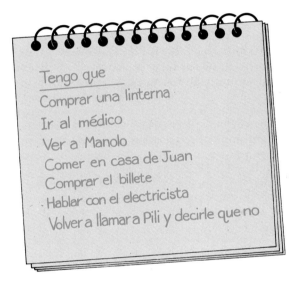

Tengo que

Comprar una linterna

Ir al médico

Ver a Manolo

Comer en casa de Juan

Comprar el billete

Hablar con el electricista

Volver a llamar a Pili y decirle que no

Carlos	¿ Lo has hecho todo hoy?
Tú	Creo que sí. .... la linterna.
Carlos	¿.. al médico?
Tú	Sí, y me .... *(dar)* unas pastillas.
Carlos	¿.. a Manolo?
Tú	Sí, claro.
Carlos	¿.. el billete?
Tú	Sí, para el próximo domingo.
Carlos	¿.. bien en casa de Juan?
Tú	Sí, en casa de Juan siempre se come bien.
Carlos	¿.. con el electricista?
Tú	Naturalmente que sí, no .... *(olvidar)* nada.
Carlos	Y ¿.. a Pili?
Tú	Sí, la he llamado y le .... que no podemos cenar allí.
Carlos	¡Estupendo! Tu memoria está mejorando.
Tú	Gracias a este papel.

2 **You're at a party in Seville** and people keep asking you what you're doing in Spain, whether you like it or not and so on. The party is rather noisy and you can't hear some of the words. What do you think they are?

1 ¿Lleva mucho .... aquí en Sevilla?

2 ¿Te gusta Sevilla? Es una .... muy bonita, ¿verdad?

3 Hace mucho .... aquí, ¿no? Hoy la temperatura ha llegado a los cuarenta grados.

4 ¿Qué haces aquí? ¿Estás de .... o estás trabajando?

5 ¿Vd. es de Liverpool? El Liverpool es un equipo de .... maravilloso. Ese Dalglish es estupendo.

6 ¿Quieres tomar algo? Tenemos vino blanco o .... fría. Aquí no bebemos cerveza caliente como lo hacéis vosotros.

7 ¿............................. subido la torre de la Giralda? Desde allí se ve una panorámica magnífica de Sevilla.

8 ¿Tienes algo que hacer este domingo? ¿............................. no vienes con nosotros a Jerez de la Frontera?

3 **Now try answering all the questions** you were asked in exercise 2. Imagine that you've been in Seville for two weeks (the Spanish say 'fifteen days', and use the verb *llevar*). You like Seville very much, above all the old quarter. You think it's very hot here, it's much hotter than in England. You're working here but at the moment you're on holiday. You're not from Liverpool, you're from Southampton, and Southampton has a good team too. Yes, you'd love a glass of wine, you never drink beer in Spain. No, you haven't been up the Giralda tower; perhaps tomorrow. No, you don't have anything to do this Sunday, you'd like to go to Jerez to see the famous *bodegas* where the sherry *(el jerez)* is made.

4 **Like their British counterparts**, Spanish newspapers sometimes take a bit of deciphering. See if you can work out what the jumbled words in this article should have been. The report concerns the visit of a Spanish industrialist to China.

Uno de los <u>sám</u> importantes representantes de la industria española ha <u>leuvto</u> a Madrid ayer por la tarde <u>usedéps</u> de un viaje a China donde ha <u>intedo</u> conversaciones con jefes de la <u>dustrinia</u> china.
    Entrevistado al aeropuerto de Barajas por nuestro corresponsal, don Ramón del Valle-Inclán, él ha <u>chodi</u> lo siguiente: – <u>em</u> ha impresionado enormemente lo que he <u>tosvi.</u> Los chinos han <u>cohhe</u> grandes progresos. He visitado <u>smuhca</u> regiones de China con mis colegas, <u>dseed</u> el norte hasta el sur, desde el oeste <u>thaas</u> el este, y en todas partes <u>sheom</u> sido acogidos con entusiasmo. Hemos <u>oddiop</u> hablar con todo el mundo. Hemos <u>datose</u> de acuerdo en que puede y debe producirse un comercio importante <u>treen</u> los dos países.

5 **You've been staying** at *el Hotel Torres Altas*, where you've spent a dreadful weekend. Things come to a head when you ask for the bill and find you've been overcharged.

El recepcionista	¿Vd. se marcha?
Vd.	*(Say yes, you're going right now, and you want the bill)*
El recepcionista	Sí, señor. Para cuatro noches, ¿no?
Vd.	*(No, three nights)*
El recepcionista	Ah, sí. Bueno, en total son tres mil trescientas quince pesetas.
Vd.	*(That is too much. Ask if you can see the bill)*
El recepcionista	¿Cómo no? Tenga Vd.
Vd.	*(Say you see that the room costs 3015 pesetas for the three nights, but ask why he has charged you these 300 pesetas)*
El recepcionista	Bueno, son tres desayunos a cien pesetas cado uno.
Vd.	*(But you haven't had breakfast* (desayunar) *in the hotel)*
El recepcionista	Lo siento, señor, pero estamos autorizados a cobrar el precio del desayuno, incluso si el cliente no lo toma.
Vd.	*(Say you're not going to pay the 300 pesetas. This weekend has been a disaster* (un desastre). *You haven't slept because of* (a causa de) *the noise from the room opposite, it's rained continually so that you haven't been able to go to the beach, that fat man in room 319 hasn't left you in peace* (dejar en paz), *and now there's this bill. Tell the receptionist you want the complaints book)*
El recepcionista	Pero, señor . . .
Vd.	*(And what's more the shower hasn't worked and it's been impossible to close the window* (la ventana). *You've never been in a hotel like this one!)*
El recepcionista	Pero, señor . . .
Vd.	*(You want the complaints book!)*
El recepcionista	Sí, señor, muy bien, señor . . . pero está todo lleno, no queda ni una hoja . . .

A PROPÓSITO

Turismo de españoles Hace unos años la palabra turismo en España significaba 'extranjeros que visitan España'. Hoy día significa 'viajeros que entran y salen', porque ahora los españoles viajan en número considerable. En el año 1978 han sido más de ocho millones los españoles que han salido de vacaciones al extranjero, aunque no

Santiago: el
aeropuerto

87

todos han sido turistas en el auténtico sentido de la palabra. Muchos han ido de compras, porque ahora está de moda ir a Londres a comprar, especialmente durante las rebajas.

Muchos españoles se quejan de que les sale más caro veranear en España a ellos que a los extranjeros, porque ellos no pueden aprovecharse de los precios bajos negociados por los 'tour operadores'.

Santiago: La Oficina de Turismo

Viajando en tren Si Vd. es de los que viaja en tren con frecuencia por España, es importante saber que la RENFE (Red Nacional de Ferrocarriles Españoles) ofrece varios tipos de tarifas especiales con los que puede ahorrarse unas pesetas.

El tipo de tarifa más práctico para los que hacen viajes de negocios, sobre todo si son enviados por una compañía en la que trabajan, es el 'chequetrén' o 'abono de viaje', porque puede ser utilizado por diferentes personas de la empresa, con una reducción del 15 por ciento, y puede ser utilizado siempre que se necesita y sin límite de tiempo.

Finalmente, para excursiones de grupos, compañeros de clase, alumnos, clubs o 'familias supernumerosas', la RENFE ofrece también buenas reducciones. Si viajan juntos diez o más personas se obtiene una reducción del 20 por ciento, y a partir de veinte personas la reducción es del 25 por ciento.

de los que	one of those who
siempre que se necesita	as often as necessary

FEVE Si viaja por el norte de España en tren puede sorprenderle que, en lugar de viajar con la RENFE, algunos de los itinerarios tiene que hacerlos con FEVE (Ferrocarriles Españoles de Vía Estrecha), que es un grupo de compañías ferroviarias, explotadas por el Estado donde hay déficit, y privadas en zonas de mucho tráfico.

La costa cantábrica es un área donde con frecuencia Vd. no tiene otra alternativa que viajar con FEVE, y aunque sus trenes no se parecen en nada al TALGO, viajar en ellos merece la pena, porque el paisaje que cruzan estos trenes es realmente majestuoso. Vd. puede ir desde San Sebastián, pasando por Bilbao, Santander y Oviedo, hasta El Ferrol, cerca de la ciudad de La Coruña, bordeando toda la costa norte de España.

En Barcelona y Valencia hay trenes de FEVE que viajan a pueblos de las cercanías. En Barcelona, FEVE controla parte del 'Metro', y dos viajes en los que puede usar estos trenes con mucha utilidad son desde el mismo aeropuerto hasta el centro de la ciudad, y desde el centro hasta el famosísimo Monasterio de Montserrat.

Franchutes En el idioma español *alien* y *foreigner* se traducen ambas palabras como extranjero, porque no existen los diferentes significados que estas palabras para muchos tienen en inglés.

En España, como en otros países, la idea de que los extranjeros son gente rara va desapareciendo, pero hay siempre ciertas imágenes estereotipadas. Todavía para muchos españoles los británicos son todos altos, muy delgados, rubios, pálidos, muy muy serios, muy muy educados, eternos bebedores de té y llevan un paraguas consigo hasta cuando van a la cama casi.

Los británicos llaman *frog* o *froggy* a los franceses, y los españoles les llaman franchutes o franchutas, pero como para muchos españoles un francés es tan extranjero como un británico o un alemán, es normal que utilice la palabra franchute al referirse a cualquier extranjero. Y que nadie se ofenda, porque hay otra manera para describir a los extranjeros, también usada con frecuencia, y ésta es bichos raros (*strange creatures*). No obstante, franchutes o no, la amabilidad de los españoles con los extranjeros es bien conocida y siempre comentada por los que visitan España con frecuencia.

no obstante	nevertheless

10 Repaso

> There are no conversations and no *A propósito* section in this chapter. Instead there's a detailed summary of the language introduced in chapters 1–9 and a number of revision exercises.
>
> **Note** If you want to check up on verb endings, these are covered in the language summary in chapter 20.

EXPLICACIONES

1 *Ser* and *estar*

The existence in Spanish of two verbs for 'to be' is a constant source of difficulty for foreigners (and sometimes for Spaniards as well).

● Broadly speaking, you use *estar* to say *where* someone or something is
    mis hijos **están** en Escocia
    Madrid **está** en el centro de España

or even
    estamos de vacaciones   we're on holiday

while you use *ser* to say *what* someone or something is
    soy ingeniero
    mi padre **es** muy rico
    soy de Londres

● You also use *estar* with an adjective to describe what someone or something is like *temporarily*
    la tienda **está** cerrada (ahora)
    estoy cansado (hoy)

but if you use *ser* with an adjective it shows that whoever or whatever you're talking about is *always* like that
    las rosas **son** bonitas
    él **es** muy guapo

So you can make subtle distinctions. You might tell someone
    estás muy amable (for once)
or   **eres** muy amable (as usual)

or to soften a complaint in a hotel you might say
    normalmente la comida aquí **es** buenísima pero hoy **está** muy mala

There are occasions when you can only use *estar*, although *ser* seems more suitable, e.g. when you're talking about madness, death or marriage.
    está loca
    está muerto
    están casados

2 Questions

● Words you can use for starting a question, apart from *¿dónde?* and *¿qué?* are

¿cuándo?	when?
¿por qué?	why?
¿cómo?	how?
¿quién?	who?
or **¿quiénes?**	if you are asking about more than one person
¿de quién?	whose? e.g. *¿de quién es este perro?*
¿cuál? ⎫	which?
¿cuáles? ⎭	
¿cuánto,–a?	how much?
¿cuántos,–as?	how many?

Spaniards often use the informal

¿qué tal?	how are you doing?/how's things?
or **¿qué tal** el agua?	what's the water like?

Note that all these question words have an accent when written.

● A question to which you'd expect a 'yes' or 'no' answer is often expressed just by the pitch of your voice, or by gestures or facial expression. (Try wrinkling your brow while saying *¿vive aquí?* and it'll come out like a question.)

● A more emphatic way of asking a question is to make a statement and ask for confirmation by adding *¿no?* or *¿verdad?*

Vd. es gallego, **¿no?**
no tienes coche, **¿verdad?**

3 Exclamations

● The words *cuánto*, *cómo* and *qué*, also with accents when written, can be used as exclamations

¡**cuánto** cuesta!
¡**cómo** la está mirando!
¡**qué** bonito!

4 No, never, no-one, etc.

● To make a statement negative you just put *no* before the verb
no soy alemán
mi marido **no** está conmigo

● To say 'never', 'nothing', etc., you keep the *no* and add *nunca*, etc., after the verb
no me baño **nunca**
no ha venido **nadie**
no me ha dado **nada**
no encuentro a mi hija en **ninguna** parte

● You can put *nunca* or *nadie* before the verb and leave out the *no*. This emphasises the negativity
nunca me baño
nadie ha venido

5 Any, some, none

● *Algún, alguna, algunos, algunas*
These words are used in a similar way to *un, una, unos, unas*, to give the idea of 'some', but they give a bit more emphasis to the idea of 'a few' or to the fact that the 'some' referred to is rather vague and unspecified. For example

tengo **algún** dinero para comprar un regalo, pero muy poco
tiene **algunos** amigos en Cádiz; no les conozco
¿dónde está mi pasaporte? debe estar en **alguna** parte

● *Ningún, ninguna, ningunos, ningunas*
These are the negative versions of *algún*, etc.

no tengo **ningún** amigo en Cádiz
no encuentro su pasaporte en **ninguna** parte

● All these words can be used on their own, i.e. the noun can be left out if it is understood

¿ha visitado **muchas partes** de España?   – **algunas**
¿cuántos **cheques de viaje** tienes?   – **ninguno**

● *Algo* – 'anything'

¿te ha dicho **algo**?   no me ha dicho nada

6 Comparing

● To say something is dear*er*, *more* difficult, use *más*, and for 'less' use *menos*

en esta boutique todo es **más** caro
estos cigarrillos son **menos** fuertes

● If you want to add a comparison with another thing, use *más* or *menos* with *que*

llueve **más** en Londres **que** en Sevilla
el Vesuvio es **menos** alto **que** el Everest

● 'Better', 'worse'
There are special words for these, so you don't need to use *más* or *menos*, though you still use the *que*

las carreteras inglesas son **mejores que** las españolas
hace **peor** tiempo hoy **que** ayer

● 'The most', 'the least'
To say that something is not just cheaper but the cheap*est* you put *el* or *la*, or *los* or *las*, in front, as appropriate

esta camisa es **la más barata** que tenemos
estos coches son **los más rápidos** que fabrican aquí

Use *lo* if you are not referring to a particular item or person but to a whole idea

lo mejor es que el vino es tan delicioso aquí
lo más importante para la salud es comer bien y hacer ejercicios

● To say that someone or something is the same as someone or something else you should use *igual que*

la camisa azul cuesta **igual que** la marrón

- To say that a person or thing is as good/cheap/pretty as someone or something else use *tan . . . como*

 la comida en este restaurante es **tan** buena **como** en el otro

 esta camiseta no es **tan** bonita **como** la otra

- But if you want to compare quantities, use *tanto . . . como*
(if the next word is a noun, use *tanto,–a,–os,–as*)

 tiene **tantas** mujeres **como** un príncipe árabe

 no hace **tanto** calor **como** ayer

 yo no tengo **tanto** dinero **como** Rothschild

7 Adjectives

Adjectives change their ending depending on the word they're describing. This is called 'agreeing', but they don't all change in the same way.

- All adjectives ending in *–e* add an *s* if they're referring to more than one thing

 es calient**e**   son calient**es**

 es muy amabl**e**   son muy amabl**es**

 es verd**e**   son verd**es**

- With adjectives ending in *–o*, like *blanco, amargo*, etc., you also have to take into account whether the noun they're describing is masculine or feminine

 el reloj está rot**o**   **los** relojes están rot**os**

 la máquina está rot**a**   **las** máquinas están rot**as**

- Adjectives which end in *–án, –ón* or *–or* add *a* if they're referring to something feminine

 la casa es encantad**ora**

There are exceptions, e.g. *marrón, mejor, peor, mayor, menor,* and some others like *inferior, exterior,* etc.

Adjectives describing nationality also add *a*

 él es gal**és**, ella es gal**esa**

 Juan es andal**uz**, María es andal**uza**

- Adjectives ending in *–l* don't change in the singular

 lleva una camisa **azul**

although you add *–es* in the plural

 prefiero los pantalones azul**es**

- In Spanish you usually start with the thing and then go on to describe or qualify it. So most adjectives come after the noun

 me gusta el cinturón **verde**

Some adjectives always come before the noun, e.g.

cada	each
demás	rest
otro,–a	other
tal	such
primero,–a	first
segundo,–a	second etc.

and when you're talking about quantity

mucho,–a	much, many
poco,–a	few
alguno,–a	some
cuanto,–a	how much etc.

● Some adjectives can come before or after the noun

| un **buen** vino | or | un vino **bueno** |
| un **mal** chico | or | un chico **malo** |

Notice that *bueno* and *malo* lose the *–o* when they come before the noun. The same applies to *primero, tercero, alguno* and *ninguno*, and *grande* becomes *gran*.

● A few adjectives have different meanings depending on their position

un **gran** líder	a great (distinguished) leader
un líder **grande**	a tall leader
un coche **nuevo**	a brand-new car
un **nuevo** coche	a new/another car

8 Nouns

El or *la*

● Most nouns ending in *–o* are masculine and are preceded by *el* (except *la mano* and *la radio*), and, as a general rule, you can reckon that most nouns ending in *–l* and *–r* will also take *el* (exceptions are *la flor* and *la mujer*).

● Similarly, most nouns ending in *–a* take *la* (except *el día, el artista, el problema, el programa, el clima*). Again as a general rule, most words ending in *–d* and *–ión* (except *el avión, el camión*) are feminine.

● There are a few feminine nouns beginning with *a* or *ha* which take *el* instead of *la*, e.g. *el ala* (wing), *el hambre* (hunger), but they are still feminine

el agua está **fría**

9 Pronouns

● When you're not using a noun but a pronoun, like *lo, le, me*, etc., it goes directly in front of the verb

lo quiero
los he visto

but if there's an infinitive in the phrase, you can either put the pronoun at the front

lo voy a comprar

or add it to the infinitive

voy a comprar**lo**

● When you have two pronouns, e.g.

te lo compro

the one referring to the person comes first, and the thing second. And a *no* goes in front of them both

no te lo compro, es demasiado caro

● If the two pronouns both begin with *l*, the first one changes to *se*

> **se** lo voy a vender
> voy a vendér**se**lo

In this case the *se* could be referring to 'him', 'her', 'you', 'them' or 'you' in the plural. You can usually tell from the context who's being referred to. If not, you can add *a Vd., a Vds., a él, a ella, a Juan, a ellos, a ellas*, etc., and this makes it clear

> se lo doy **a Vd.**

● 'Him' and 'her' – *le* and *la*

> *le* is 'him'   **le** he visto
> *la* is 'her'   **la** he visto

but when there's the idea of something being given or said *to* him or *to* her, then you use *le* for both

> **le** he dado el libro (a él)
> **le** he dicho (a ella)

● 'It' – *lo*

Lo can refer either to a masculine object

> ¿tienes el dinero?   sí, **lo** tengo

or to an abstract idea

> **lo** he entendido

● 'Myself', 'yourself', etc.

When the person referred to is directly affected by the verb, you use *me, te, nos, os, se*

> **me** llamo Miguel
> ¿**te** marchas?
> **nos** hemos despertado temprano

● Otherwise, when there's a word like *para, con*, etc., in front, you use *mí, ti, él, ella; nosotros,–as, vosotros,–as, ellos, ellas*, or *sí* ('oneself' or 'oneselves')

> la he comprado **para mí**
> es **para ti**
> viven cerca **de nosotros**

But notice that *conmigo, contigo* and *consigo* are used to mean 'with me', 'with you' and 'with him/her/you/them'

> no tengo mi permiso de conducir **conmigo**
> ¿no tienes a tu marido **contigo**?
> siempre lo lleva **consigo**

● Whenever a person is directly affected by an action, you show this by putting *a* in front of the person referred to

> Juan ha visitado **a** Juana
> siempre la ha querido **a** ella
> ¿has visto **a** la nueva cocinera?

When the *a* is followed by *el*, it becomes *al*

> ¿has visto **al** nuevo cocinero?

This also happens when *a* means 'to' or 'towards'

> voy **al** bar

1 **Fill in the gaps** with the appropriate parts of *ser* and *estar*.

1 No quiero ir a la playa hoy porque .... muy fría el agua.
2 Sé que .... español, pero ¿en qué parte de España vives?
3 Dicen que los españoles .... muy perezosos *(lazy)*, pero yo creo que no .... verdad.
4 Yo .... de Southampton. Southampton .... al sur de Inglaterra.
5 El señor Gómez .... periodista; la oficina donde trabaja .... en las afueras de la ciudad.
6 Sus llaves no .... aquí. Quizás .... en su habitación.
7 Yo .... taxista. Mi taxi .... aparcado en la plaza.

2 **What do you suppose** were the questions that elicited these answers? Start the questions with a question word.

1 El tren para Madrid sale a las once.
2 Estoy triste porque tengo que marcharme mañana.
3 Ha venido Pilar y te ha dejado este recado.
4 He venido a España en el barco.
5 Mi marido está en Escocia.
6 Hemos pasado nuestras vacaciones aquí tres veces.
7 Hoy no he hecho nada.

3 **What are the exclamations about?**

1	¡Qué antipático!	a)	Tu novio
2	¡Qué amable!	b)	Un conductor mal educado
3	¡Qué fea!	c)	La hija de un amigo
4	¡Qué bonita!	d)	Los bares en el centro de Santiago
5	¡Qué preciosos!	e)	Una vieja fábrica de jabón
6	¡Cuántos hay por aquí!	f)	Los jardines de la Alhambra
7	¡Cómo te quiero!	g)	Un señor que le ofrece su asiento en el autobús

4 **Comparisons.** You are comparing the prices of the dishes on the menu. Complete the sentences with the appropriate Spanish words for 'more than', 'less than', and so on.

LA CARTA			
SOPAS		**HUEVOS**	
Sopa del día	60 ptas	Tortilla española	80 ptas
Sopa de fideos	60 ,,	Tortilla francesa	70 ,,
		Tortilla de espárragos	
PESCADO		**CARNE**	
Merluza a la gallega	300 ptas	Chuleta de ternera	300 ptas
12 sardinas asadas	175 ,,	Chuleta de cordero	300 ,,
6 sardinas en mayonesa	150 ,,	Biftek	370 ,,
Langosta (500 gr.)	850 ,,	Pollo asado	245 ,,
Mejillones (500 gr.)	200 ,,	Conejo	245 ,,

1   La tortilla francesa cuesta .... la tortilla española.

2   Hay .... sardinas asadas .... sardinas con mayonesa.

3   La sopa de fideos cuesta .... la sopa del día.

4   La chuleta de cordero es .... cara .... la chuleta de ternera.

5   La langosta es de todos los platos .... caro.

6   Se sirve a los clientes .... langosta .... mejillones.

7   El biftek cuesta .... el pollo, pero el pollo cuesta .... que el conejo.

5   Now try asking the waiter the following questions about the menu.

1   How many eggs does the French omelette have?

2   How much does the asparagus omelette cost?

3   Can you bring me only six sardines, please? Twelve are too many.

4   Is the roast chicken with garlic?

5   Can you bring me the bill, please?

6   A typical day:

Hoy te levantas a las ocho. Vas a la tienda. Trabajas muy poco por la mañana, pero por la tarde llegan muchos clientes. El dueño te dice que no haces nada. Vuelves a casa de mal humor. Pones un disco y escribes una carta. Entonces tienes una sorpresa. Pepe viene a visitarte. Salís al restaurante y después veis una película muy buena. Cuando vuelves te sientes mucho mejor.

Now, before you go to bed, you tell your friend all about the day. Start off: *Me he levantado . . ..*

7   Complete these sentences using the correct words.

1   Es una chica muy amable, es | *irlandés.*
                                  | *irlandesa.*
                                  | *irlandeses.*

2   ¿Sabes que este chico ha robado la cartera a un policía?

     Es muy | *estúpido* | ¿no?
            | *estúpida* |
            | *estúpidos* |

3   Ella es | *andaluz.* | Creo que es de Jaén.
             | *andaluza.* |
             | *andalucía.* |

4   Es un | *buena* | político. De esos hay muy | *pocos.*
           | *bueno* | | *poco.*
           | *buen* | | *pocas.*

5   Ellas no tienen problemas. Son | *inteligente* | y además
                                     | *inteligentes* |
                                     | *inteligentas* |

     son | *guapa.*
         | *guapos.*
         | *guapas.*

8 **Here are some statements** to do with the weather. Decide if they are correct or not and put a tick in the appropriate column.

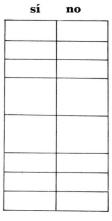

	sí	no
1 El paraguas se utiliza más en invierno.		
2 En Galicia apenas llueve en invierno.		
3 El clima español varía según las regiones.		
4 En la Costa del Sol siempre hay nubes en verano.		
5 En Córdoba y Sevilla hace mucho calor en verano.		
6 En las playas de Tenerife nieva en verano.		
7 En Sevilla nieva mucho en primavera.		
8 En Santiago no hay ninguna fábrica de paraguas.		

9 **Little words** – pick the correct one to fill in each gap.

1 ¿ | *Esto / Este / Esta* | hombre? No | *le / les / lo* | he visto nunca.

2 No me gustan | *este / estas / estos* | pantalones. Son demasiado largos

para | *me. / mi. / mí.*

3 Ahora estoy ocupado. | *Se / Le / Lo* | lo doy mañana.

4 Es un regalo, lo he comprado para | *ti. / te. / tú.*

5 Nunca he visitado Chile, y nunca voy a hacer | *la. / le. / lo.*

6 Yo no tengo la dirección, la tienen | *los. / ellos. / vosotros.*

7 Pero ¿cuál de los tres prefiere? Yo prefiero | *el / la / las* | pequeño,

aunque me gusta bastante | *la / el / las* | más grande.

8 Entonces, si no puedes ver al médico

hoy, ¿cuándo puedes ver | *lo / les / le* | ?

11 ¿Qué hizo Vd.?

> Talking about the past – what you did, what happened
> Saying how you felt
> More about reflexive verbs

1 Like many Galician men, Sr López spent a lot of time working abroad, while his family remained in Galicia. He told Laura about his work in England.

Laura   ¿Cómo se llama, por favor?

Sr López   Santiago López Vilar.

Laura   Y ¿creo que Vd. ha estado trabajando fuera?

Sr López   Sí, estuve trabajando en Inglaterra.

Laura   En Inglaterra. Y ¿en qué parte de Inglaterra?

Sr López   En el sur de Inglaterra primero, en una ciudad que se llama Eastbourne, y luego me vine a Londres donde estuve el resto del tiempo, que en total serían unos doce años.

Laura   ¡Mucho tiempo! Y ¿se fue Vd. solo a trabajar o con su familia?

Sr López   Primero fui con mi mujer, pero estuvimos allí tres meses y volvimos aquí, y luego ya me fui solo otra vez. Trabajé al principio, como no sabía hablar el inglés, trabajé fregando platos . . . 'washing-up'. Y luego, cuando ya supe defenderme con el inglés, empecé a trabajar como camarero, primero en Eastbourne y luego en Londres, donde estuve todo el tiempo hasta que me vine, hace cuatro o cinco años.

estuve	I was
me vine	I came back
serían unos doce años	must've been about twelve years
estuvimos	we were
no sabía hablar	I didn't know how to speak
supe defenderme	I knew how to get along

2 María Teresa, who talked about her love of travelling in chapter 9, describes the nastiest thing that happened to her on her journeys.

Emilio   ¿Has tenido experiencias desagradables en estos viajes?

María Teresa Afortunadamente . . . digo afortunadamente porque sólo puedo referirme a una experiencia desagradable. Concretamente, me ocurrió en la capital de Tailandia, en Bangkok. Y, efectivamente, en Bangkok a las ocho y media de la tarde, en una de las calles más céntricas, al lado prácticamente del hotel más importante de Bangkok, dos chicos desde una moto me robaron el bolso.

Emilio   ¿Y la gente no . . . no hizo nada?

María Teresa No hizo nada, y además, como el asa de mi bolso estaba enrollada en mi muñeca, los chicos me tiraron al suelo y fui arrastrada por la calle varios metros.

Emilio   ¿Te hiciste daño al ir a rastras por el suelo?

María Teresa No, afortunadamente sólo me lesioné un poquito, me hice unas heridas en las rodillas y en los pies.

Emilio   Y ¿qué hiciste? ¿Fuiste a la Policía, al médico?

María Teresa	Pues, no. Me fui . . . me llevaron directamente mis compañeros al hotel, y no fui a la Policía porque allí la Policía no hace caso de los extranjeros que van a denunciar robos de cualquier tipo. Te dicen: 'Olvídese de lo que ha perdido y vuelva a su país, y menos mal . . . menos mal que Vd. tiene aún su pasaporte'.

María Teresa

Emilio	Pero en Asia, ¿todo fue desagradable?
María Teresa	No, no, no, no. Eso sólo fue en Bangkok, concretamente, en Tailandia. Por ejemplo, en la India o en Hong Kong, en Macau, todas fueron experiencias agradables.
Emilio	¿Cómo encontraste la India?
María Teresa	La India me sorprendió muchísimo . . . la dulzura y la bondad de los hindús, y a lo mejor es porque practican mucho yoga y todas esos . . . esas meditaciones orientales que nos han llegado a Europa.
Emilio	¿Fue fácil para ti hablar con la gente?
María Teresa	Sí, utilizando un poco el francés, un poco el inglés, e incluso muchos hindús sabían español. Aunque ocurre una cosa en la India, concretamente en Nueva Delhi, . . . todos los turistas se limitan a vivir un poco fuera de la miseria, de la pobreza de la India. Se . . . se van a los hoteles de lujo y se aislan un poco de la pobreza.
Emilio	Y ¿qué sentiste allí entre tanta pobreza?
María Teresa	Pues, sentí pena, sentí vergüenza, y sentí incluso un poco de odio hacia las personas que dirigen estos países tan inmensos con tanta riqueza, y que realmente viven en una tremenda pobreza.
Emilio	Y ¿tú crees que el turismo puede mejorar la vida de estos países, o todo al revés?
María Teresa	Yo creo que no mejora nada. A pesar del turismo, la situación permanece igual. Pero sin embargo, yo no digo que la gente no vaya a visitar estos países, porque no me gusta vivir como un avestruz que hunde su cabeza en la arena para no ver lo que le rodea.

| *Emilio* | Muy bien, María Teresa, muchas gracias. ¡Que sigas viajando mucho y que no te marees! |
| *María Teresa* | Muchas gracias. Afortunadamente, ¡ni en avión, ni en barco, ni en tren, me suelo marear! |

el asa . . . estaba enrollada en mi muñeca	the handle . . . was wound round my wrist
¿te hiciste daño al ir a rastras por el suelo?	did you hurt yourself when you were dragged along the ground?
me hice unas heridas	I cut myself a bit
olvídese de lo que ha perdido y vuelva . . .	forget what you have lost and go back . . .
menos mal que	it's just as well that
todo al revés	just the opposite
que la gente no vaya	that people shouldn't go
¡que sigas viajando mucho y que no te marees!	carry on travelling and don't get travel-sick!

EXPLICACIONES

---

1   What happened

● To talk about something that *happened* and is over and done with, Spaniards use a special form of the verb, e.g.

trabajé fregando platos	I work*ed* washing dishes
volvimos aquí	we return*ed* here
me **ocurrió**	it happen*ed* to me

In a question or a negative sentence this form of the verb is often the equivalent of the English 'did . . .?' or 'didn't . . .'

¿se **fue** Vd. solo a trabajar?	*did* you go away to work on your own?
¿te **hiciste** daño?	*did* you hurt yourself?
no **volvimos**	we *did*n't return

● This form of the verb is sometimes called the past definite and it does indeed describe actions that are definitely past, whereas the past tense with *haber* (see chapter 9) is used to talk about what *has* happened recently. The past definite tense is used to talk about things that have now become part of history, whether they happened yesterday, last year or 5,000 years ago.

Often you'll find Spaniards start with a question in the perfect tense (the one with *he, has, ha*, etc.) but carry on in the past definite – we do the same in English

¿**has tenido** experiencias desagradables?	*have you had* any nasty experiences?
sí, me **ocurrió** en Bangkok	yes, *it happened* to me in Bangkok
¿**ha estado** trabajando fuera?	*have you been* working abroad?
sí, **estuve** trabajando en Inglaterra	yes, *I was* working in England

The distinction is often difficult to make. In fact Spaniards themselves don't often use the perfect tense, they use the past definite even to talk about what's just happened.

2 Recognising the past definite tense

- The endings to watch out for are these

	–ar verbs	**–er** and **–ir** verbs			
(yo)	**–é**	**–í**	e.g. trabaj**é**	volv**í**
(tú)	**–aste**	**–iste**		
(Vd./él/ella)	**–ó**	**–ió**		
(nosotros,–as)	**–amos**	**–imos**		
(vosotros,–as)	**–asteis**	**–isteis**		
(Vds./ellos/ellas)	**–aron**	**–ieron**		

- Needless to say, the most commonly used verbs do not follow the above pattern, e.g. the verb *hacer*

hice	**hicimos**
hiciste	**hicisteis**
hizo	**hicieron**

- *Ir* and *ser* have the same past definite tense

fui	**fuimos**
fuiste	**fuisteis**
fue	**fueron**

This looks confusing but you can tell from the rest of the sentence which is meant

mi mujer **fue** a Inglaterra	my wife *went* to England
pero en Asia, ¿todo **fue** desagradable?	*was* everything nasty in Asia?

3 How did you feel?

- Use the past definite tense of the verb *sentir*, 'to feel'

¿qué	**sentiste?** **sintió?**	**sentí**	pena	sorrow
			lástima	pity
			vergüenza	shame
			odio	hate
			amor	love

- And how did it affect you?

me sorprendió		surprised	
me impresionó	it	impressed	me
me dio asco		disgusted	
me encantó		delighted	

- To talk about how you are feeling, just use the present

¿qué **siente** Vd.?	**siento** pena	
	me **sorprende**	etc.

4 More about reflexive verbs

- In this chapter are examples of the many different ways in which Spanish makes use of reflexive verbs (those with an added *me, te, se,* etc.).

a) Sometimes, both the Spanish and its English equivalent have a reflexive pronoun

(lesionarse) **me** lesioné un poco I hurt *myself* a bit

b) Some must have a reflexive pronoun in Spanish but not in English

(marearse) **me** mareo   I get seasick

c) Sometimes, adding a reflexive pronoun alters the meaning of the verb or gives a different emphasis

(irse) **me fui** solo   I went *away* alone

but   fui solo   I went alone

PRÁCTICAS

---

1 Pair up these descriptions of how the speakers felt with an appropriate reaction from the list below. *Dije* means 'I said'.

1 Sentí un odio tremendo hacia ellos y les dije: '...................
2 Sentí un amor tremendo y le dije: '...................
3 Sentí vergüenza y dije: '...................
4 Sentí pena y dije: '...................
5 Me irritó tanto el hombre que le dije: '...................
6 Me impresionó tanto la película que dije: '...................
7 Fue tan mala la comida que dijo mi tío: '...................
8 Fue tan malo el tiempo en Marruecos que dijeron mis compañeros: '...................

a) 'No puedo comer ni una cucharada más.'
b) 'Vamos a verla otra vez mañana.'
c) 'No quiero verle nunca más.'
d) 'Vds. me dan asco.'
e) 'Te quiero mucho.'
f) 'Lo siento mucho, la culpa es mía.'
g) '¿Cuándo volvemos a Galicia?'
h) '¡Qué lástima! Acepte mis condolencias.'

2 Here are the biographical details of Carlos Castaño, a writer and philosopher. Can you put the sentences in the correct chronological order?

1 Durante la Guerra Civil, que duró desde 1936 a 1939, Carlos fue republicano y luchó contra Franco.
2 En 1930 empezó sus estudios en la universidad de Granada.
3 Volvió de Austria en 1933 y escribió su primer libro, *Mal tiempo*, y se casó con Juana Nuez.
4 Recibió un premio póstumo de la Sociedad de Filósofos Republicanos.
5 De niño asistió al seminario San Roque hasta cumplir los dieciocho años.
6 Después de la guerra se fue a París donde escribió su última obra, sobre la inmortalidad.
7 Nació en Soria en el año mil novecientos once.
8 Al obtener su licenciatura *(degree)* se marchó a Viena, donde trabajó como camarero y encontró a Wittgenstein.
9 Murió en Provenza en 1947.
10 Antes de terminar la guerra emigraron a Francia.
11 Su primer hijo nació en 1934.

3 How would Sr Castaño have described his life? Refer to the
verb endings on page 102 and change the verbs into the *yo* or *nosotros*
form, as appropriate. For reasons which should be obvious, you will
have to leave out two of the statements.

4 *Documentos.* You're being given advice on what documents you
need. Match the things you want to do with the document required.

1 Para salir del país le hace
   falta . . .
2 Para alquilar un coche le hace
   falta . . .
3 Para excavar en los restos
   pre-romanos le hace falta . . .
4 Para cambiar este cheque le
   hace falta . . .
5 Para pescar aquí le hace
   falta . . .

a) una autorización del Club de
    Pesca.
b) una carta de recomendación
    del director del museo.
c) un carnet internacional de
    conducir.
d) un pasaporte.
e) un telegrama de su banco en
    Inglaterra.

5 Fill in the gaps in this letter with the appropriate parts of the past
definite. The verbs to use are: *ser, ir* (4 times), *comprar, hacer, comer,*
volver.

Querida Dolores:
Ayer .... a Málaga con Miguel. .... un
día maravilloso. Nosotros .... allí por la mañana y
.... muy tarde. Miguel me .... un regalo y
por la tarde .... a un restaurante donde ....
todas las especialidades de la región. ¿Tú qué ....
ayer? ¿..................... al cine con Paco o no?

Un fuerte abrazo,

Lola

Gallegos emigrantes   Para conocer gallegos no tiene que ir a
Galicia; en cualquier parte de España y del mundo los encuentra,
sobre todo en Londres. Y el sitio donde encontrarlos es en los bares y
restaurantes, no porque pasan toda la vida bebiendo y comiendo, sino
porque el trabajo que suelen hacer es el de camarero.
    Los gallegos emigraron desde siempre. En los siglos pasados
emigraron a otras partes de España y América del Sur.
Posteriormente, países como Argentina recibieron gallegos con la
misma rapidez que los Estados Unidos aceptaron a los irlandeses.
Bastante más de la tercera parte de los emigrantes españoles entre

1946 y 1962 procedieron de las cuatro provincias gallegas, y casi la totalidad de estos gallegos partió hacia los Estados Unidos, Cuba y Venezuela.

A partir del año 1962, cuando se 'organizó' y 'promocionó' la emigración por parte del Gobierno, los gallegos empezaron a venir a Gran Bretaña en grandes números. El motivo de la promoción fue reducir el desempleo y también recoger divisas extranjeras, y no sorprende que el Gobierno español cuide con mucho esfuerzo a sus emigrantes.

La ayuda que reciben los 50.000 emigrantes españoles, casi 35.000 de ellos gallegos, en este país no es sólo de consejos laborales. Ségun los datos informatives existe una guardería infantil en Londres, un colegio español donde estudiar la Educación General Básica, e incluso becas de estudio para ir a estudiar a España, colonias de verano, reducción de un 40% del precio de los viajes en avión a España, etc.

La mayoría de estos que emigran lo hacen sólo por unos años. Son con frecuencia hombres casados que dejan a sus esposas solas cuidando de los hijos, del campo y del ganado.

divisas extranjeras   foreign exchange

Una mujer
campesina

Si pierde algo   Con frecuencia las vacaciones se estropean cuando uno pierde el bolso, con el dinero, el pasaporte y el billete de regreso. El mejor consejo, aparte de tener mucho cuidado, es no tener las tres cosas en el mismo bolso. También vale la pena estar atento para que no le roben con el tirón, que está de moda ahora. El robo del tirón, la mayoría de las veces, se practica desde una moto. Una motocicleta con dos jóvenes se acerca despacio, el que va detrás tira de su bolso, y antes de poder Vd. reaccionar ya la motocicleta ha desaparecido.

Si pierde o le roban el pasaporte debe ir en seguida a *la comisaría*, si está en una capital de provincia o ciudad de más de 30.000 personas; o a *la casa-cuartel* de la Guardia Civil, si ocurre en un pueblo, en la playa o en el campo.

En el hotel siempre saben dónde está la comisaría o casa-cuartel más cercana, pero si no está en un hotel no importa, porque es fácil; puede preguntar a alguien: 'Por favor, ¿dónde está la . . .?', o puede ir a la cabina telefónica más cercana y leer la dirección. No tiene que perder el tiempo buscando a un policía (aunque en las ciudades son fáciles de encontrar porque siempre hay dos en la Oficina Central de Correos, en la Telefónica, en el Banco de España y muchos otros edificios importantes). En la comisaría puede preguntar por el número de teléfono y dirección del consulado británico más cercano, porque es bueno siempre informarles.

Tome Vd. nota del número 091, porque éste es el número de teléfono de la Policía para casos de urgencia en las grandes ciudades.

para que no le roben	so that they don't rob you
el tirón	snatch
en seguida	right away

Bar típico de emigrante regresado

12 ¿Cómo fue?

> When things happened
> More on the past definite tense
> This and that; here and there
> Dates
> Remembering and forgetting
> Marital status

1 For Diotino Suárez, emigration wasn't a necessity but a family
tradition. He talked to Emilio about the time he spent in South
America and about the difficulties he had adapting to the Venezuelan
way of life.

Emilio ¿Cómo se llama Vd.?
Diotino Mi nombre es Diotino Suárez Feijóo.
Emilio Don Diotino, ¿de dónde es Vd.? ¿Dónde nació?
Diotino Yo nací en Ramiranes, provincia de Orense.
Emilio ¿Y Vd. es emigrante como tantos, tantos gallegos?
Diotino Sí, yo soy emigrante, como por tradición de familia. Nuestra familia,
o sea mis antepasados, fueron todos emigrantes, y yo también seguí el
mismo camino. Soy hijo de campesinos, campesinos que tienen una
posición económica bastante buena . . .
Emilio ¿Vd. trabajaba en las labores del campo antes de . . . de emigrar?
Diotino Sí, efectivamente. Yo trabajé siempre en labores del campo. Hice mi
servicio militar aquí en España, y luego emigré a la Argentina en
octubre de mil novecientos cuarenta y nueve en el vapor *Cabo de
Hornos*, que ya no existe, y llegué allá el cuatro de noviembre de mil
novecientos cuarenta y nueve.
Emilio Veo que se acuerda muy bien de las fechas.
Diotino Pues sí, algo.
Emilio ¿Qué hizo? ¿Qué hizo Vd., don Diotino, allá en la Argentina?
Diotino Cuando llegué, empecé trabajando unos pocos meses en una fábrica,
y luego a los pocos meses, empecé a trabajar en la fábrica más grande
en la Argentina, que se llama *Fábrica Argentina de Alpargatas*. Está
situada en el barrio de la Boca.
Emilio Don Diotino, ¿cuánto tiempo estuvo Vd. en la Argentina?
Diotino Bueno, en total estuve seis años y medio.
Emilio Bien. Después se marchó a otros países, me parece.
Diotino Pues sí. Efectivamente, yo tenía un hermano por aquel entonces en
Venezuela y decidí marcharme. Luego, ya una vez en Venezuela,
pues tardé un poco en acostumbrarme a aquellas costumbres que
había en aquel país. Luego con el tiempo me fui acostumbrando, eh . . .
Emilio ¿Cómo son esas diferencias, por ejemplo, en la comida?
Diotino Pues, la comida difiere bastante de la europea. La comida típica de
Venezuela consiste en lo que ellos llaman caraotas negras, que esas
caraotas se traducen en buen español en alubias. Después, les gusta
mucho el hervido de gallina que equivale a un cocido en España,
pero difiere mucho porque aquello es hecho en base únicamente de
gallina, ¿no?

Emilio	¿Le gustó a Vd. esa comida?
Diotino	Bueno, en principio no, en principio no. Después, me fui acostumbrando, porque estuve allí muchos años y . . . bueno, alguna de las comidas, no todas, por ejemplo las caraotas negras no me gustan. El hervido de gallina sí, me gusta mucho.
Emilio	Y las dificultades, don Diotino, para hablar con las mujeres nativas, ¿existen? ¿Es muy difícil hablar con estas mujeres?
Diotino	Pues, no. Yo creo que la mujer nativa prefiere al emigrante por una sencilla razón, que ellas dicen muy frecuentemente que es trabajador, no es gran bebedor como son los del país, y a final de cuentas le da una vida mejor. Por eso las venezolanas, a mi modo de ver, prefieren a los extranjeros.
Emilio	Vd., entonces, ¿se casó en Venezuela?
Diotino	Bueno, yo me casé en Venezuela, y mi mujer es canaria, no venezolana.
Emilio	Su mujer, entonces, ¿fue emigrante también?
Diotino	Sí, ella emigró para Venezuela, por cierto siendo muy jovencita. Tenía concretamente catorce años.
Emilio	¿Cómo conoció, don Diotino, cómo conoció Vd. a su mujer?
Diotino	Pues, la conocí en la fábrica donde trabajábamos ambos.
Emilio	¿Coincidieron por lo tanto los dos en el trabajo?
Diotino	Sí, efectivamente.
Emilio	Mire una cosa. ¿Cómo reciben los nativos, por ejemplo, de Venezuela a los emigrantes? ¿Bien? ¿Mal? ¿Cómo?
Diotino	Bueno, hay un cierto recelo por parte de los nativos, pues ellos afirman, y con razón, de que los extranjeros les quitan los puestos de trabajo. Con los años se ha ido mejorando la situación y hoy creo que existe ya bastante fraternidad entre ambos.
Emilio	¿Cuánto tiempo Vd. estuvo en Venezuela?
Diotino	Veintidós años.
Emilio	Veintidós años. Al regresar, ¿cómo encontró su tierra, España, en general?
Diotino	Bien, las diferencias que encontré han sido muy grandes. Cuando yo me fui, pues, no había luz eléctrica en la mayoría del campo aquí en Galicia, que es la parte de España que yo mejor conozco. Sin embargo, cuando vine el sesenta y nueve, pues, me encontré que hasta el último poblado tenía luz. También yo veo que la gente hoy tiene un nivel de vida muy superior, porque tiene unos ingresos mayores, aunque la vida está más cara, pero lo que sí es muy cierto es de que la gente vive mucho, pero mucho mejor que antes.

Vd. trabajaba	you used to work
a los pocos meses	after a few months
yo tenía un hermano por aquel entonces	I had a brother around that time
costumbres que había	customs that there were
me fui acostumbrando	I began to get used to it
a final de cuentas	when all's said and done
a mi modo de ver	to my way of thinking
donde trabajábamos ambos	where we both worked
se ha ido mejorando la situación	the situation has been getting better

1 When things happened

● You use the past definite tense if you're referring to *when* something happened

emigré en octubre de 1949
llegué allá el cuatro de noviembre

or to say *how long* it lasted

estuvimos allí tres meses
¿cuánto tiempo **estuvo** Vd. en la Argentina?

● Even if a specific date or time is not mentioned, there may be a word or phrase that suggests a time or a time limit

primero **al principio**	**trabajé** como camarero	first
luego, emigré		then
conocí a mi mujer **antes de** la guerra		before
después del servicio militar, ¿Vd. **se marchó?**		after
estuve allí **desde** 1948 **hasta** 1951		from . . . until
vine hace cuatro o cinco años		ago

● *Al* followed by an infinitive is another way of saying 'when . . .'

al regresar,   when you returned,
    ¿cómo encontró España?   how did you find
                             Spain?

2 More on the past definite tense

● Here once again is the basic pattern. The endings for both *–er* and *–ir* verbs are the same

	emigr|**ar**	volv|**er**	viv|**ir**
(yo)	emigr**é**	volv**í**	viv**í**
(tú)	emigr**aste**	volv**iste**	viv**iste**
(Vd./él/ella)	emigr**ó**	volv**ió**	viv**ió**
(nosotros,–as)	emigr**amos**	volv**imos**	viv**imos**
(vosotros,–as)	emigr**asteis**	volv**isteis**	viv**isteis**
(Vds./ellos/ellas)	emigr**aron**	volv**ieron**	viv**ieron**

Notice that, with *–ar* and *–ir* verbs, the endings with *nosotros,–as* are the same for the past as for the present tense. It's usually obvious which is meant.

● Other commonly used verbs which are irregular in the past definite

venir		tener	
vine	**vinimos**	**tuve**	**tuvimos**
viniste	**vinisteis**	**tuviste**	**tuvisteis**
vino	**vinieron**	**tuvo**	**tuvieron**

The past definite of *estar* is like that of *tener* with *es –* on the front

estuve	**estuvimos**
estuviste	**estuvisteis**
estuvo	**estuvieron**

3 Contrasting

● This and that

este/esta; estos/estas	this; these
ese/esa; esos/esas	that; those
aquel/aquella; aquellos/aquellas	that; those – usually referring to something further away

volví a **este** país dos años después
¿cómo son **esas** diferencias?
tardé un poco en acostumbrarme a **aquellas** costumbres en
aquel país

Note that *esto, eso* and *aquello* are used to refer to an idea, not to a specific thing (which of course would be masculine or feminine).

● Here and there

aquí	here
allí ⎫	(over) there
allá ⎭	

Allá refers to something further away, e.g. in another country
hice mi servicio militar **aquí** en España
estuve **allí** muchos años
¿qué hizo **allá** en la Argentina?

4 Dates

● The day of the month
Just use the ordinary number. The first of the month can be *el uno* or *el primero*

el primero de mayo
el catorce de octubre

● The year

mil novecientos setenta y nueve
mil ochocientos cinco

Instead of 'nineteen hundred . . .' you say 'one thousand nine hundred . . .'. The *y* ('and') goes between the tens and units, not between the hundreds and tens, or hundreds and units.

● To ask what date it is
¿a cuántos estamos (hoy)?
or **¿qué fecha es?**

5 Remembering and forgetting

● *Acordarse de* and *recordar* both mean 'to remember'.
¿**se acuerda** muy bien **de** las fechas?
recuerdo todo
● *Olvidarse de* and *olvidar* both mean 'to forget'
me olvido de su nombre siempre
olvidé el pasaporte

6 *Estado civil* (**marital status**)

- **soltero/soltera** bachelor/spinster
- **novio/novia** { boyfriend/girlfriend
                    { fiancé/fiancée
- **casado,–a** married
- **divorciado,–a** divorced
- **viudo/viuda** widower/widow

Novia and *novio* also mean 'bride' and 'groom'.

PRÁCTICAS

1 **You and a friend went on a package holiday** to Jerez de la Frontera. Here's what you wrote in your diary about the first day. At the time you couldn't remember how to put the verbs in the past tense, but you can now . . .

Desde Londres hasta Madrid nosotras *(ir)* en un avión de *Iberia. (Salir)* de Londres a las doce cinco y *(llegar)* a Madrid a las quince, hora española. Durante el vuelo yo *(hablar)* en español con las azafatas. En el aeropuerto de Barajas en Madrid nosotros *(tener que esperar)* dos horas. *(Ser)* muy pesado, pero el viaje de Madrid a Jerez *(ser)* muy bonito. El avión *(aterrizar)* en Jerez a las diecisiete veinticinco y el representante de la compañía *Vinotours* nos *(llevar)* al hotel. *(Cenar)* en el hotel y *(acostarse)* muy temprano.

2 **Back at work in England** after your holiday, you have a chat with the Spaniard who works in the sandwich bar where you always go for lunch.

El camarero	¿Te gustó Jerez?
Tú	*(Say yes, you liked it a lot)*
El camarero	¿Fuiste sola?
Tú	*(No, you went with a friend)*
El camarero	Ah, la chica, la rubia que viene a comer aquí contigo.
Tú	*(Yes, you went together, you don't like travelling alone)*
El camarero	¿Qué cosas visteis allí?
Tú	*(Say you saw lots of things. You visited churches, palaces and of course the bodegas)*
El camarero	Ah sí, las famosas bodegas donde se fabrica el vino. ¿Os gustó?
Tú	*(Yes, it was very interesting)*
El camarero	¿Probasteis los vinos de Jerez?
Tú	*(Yes, of course, we drank quite a lot)*
El camarero	Y ¿tú compraste muchas cosas en España?
Tú	*(Yes, you bought two plastic bulls and your friend bought a very pretty guitar* (la guitarra). *You've also brought something for him, a bottle of dry sherry)*
El camarero	Ah, muchísimas gracias. ¡Eres muy amable!
Tú	*(Don't mention it)*
El camarero	Y ahora, ¿qué vas a tomar hoy?
Tú	*(Ask him what kind of sandwiches he has today)*

111

El camarero	Bueno, tenemos bocadillos de todo . . . anchoa, huevo, tomate, rosbif, lechuga . . . .
Tú	(*You'd like an egg and tomato sandwich*)
El camarero	¿Y para beber? ¿Té, café, leche?
Tú	(*A glass of your dry sherry, please*)

3 **Read the sentences** and decide how these people would describe their marital status *(el estado civil)*.

1 Vamos a casarnos en octubre.
2 A mi mujer y a mí nos gusta mucho ir al teatro.
3 ¿Casarme? ¡Hombre, nunca! Prefiero la vida tranquila y libre.
4 Mi ex-marido vive en el sur y yo vivo en el norte.
5 Antes de la muerte de mi mujer vivimos en Murcia.

4 **The London correspondent** of a Spanish newspaper has sent in this story of a Galician cook who has won the English football pools. Below is part of the transcript of his interview with the lucky winner. Using the newspaper cutting you should be able to fill in the gaps in the transcript.

COCINERO GANA 20.000.000 DE PESETAS EN LONDRES
De nuestro enviado especial

LONDRES, 15 de marzo, 1979. – Una famosa actriz británica entregó ayer en el Dorchester Motel un cheque de 120.000 libras esterlinas (20 millones de pesetas) al cocinero gallego, Rogelio Fonseca, por haber ganado el premio máximo en «The Pools » (las quinielas británicas).

Rogelio, que nació en Fonsagrada, provincia de Lugo, trabaja como cocinero desde su llegada a Londres, hace 10 años. Rogelio, casado con cuatro hijos (Rogelio, Lorenzo, María y Eugenia), vive en el antiguo barrio de Forest Gate, al este de Londres.

«Vine solo a trabajar – dice Rogelio. – Mi familia llegó dos años más tarde. »

Cosa curiosa: la hija más pequeña de Rogelio y Rosalía es inglesa; nació en Londres el año pasado.

Le pregunté «¿Esto le va a cambiar la vida? »

«Claro que sí – me dice, abriendo una botella de champán. – Vamos a volver a Galicia, a comprar un restaurante en Santiago de Compostela. »

Los padres de Rogelio le esperan con ilusión.

El periodista	Hola, Rogelio. ¿Cuándo llegaste a este país?
Rogelio	....
El periodista	¿De dónde eres?
Rogelio	....
El periodista	¿Viniste solo?
Rogelio	....

El periodista	Estás casado, entonces. ¿Cuántos hijos tienes?
Rogelio	....
El periodista	¿Niños o niñas?
Rogelio	....
El periodista	¿Nacieron en España o aquí?
Rogelio	....
El periodista	Entonces la pequeña es inglesa, ¿no?
Rogelio	....
El periodista	¿Dónde vivís aquí?
Rogelio	....
El periodista	¿Qué profesión tienes?
Rogelio	....
El periodista	¿Viven tus padres?
Rogelio	....
El periodista	¿Qué vais a hacer ahora?
Rogelio	....
	....

5 **Read the *A propósito* section** and then decide whether the statements below are true or false.

		verdad	falso
1	*La mili* significa el Servicio Militar.		
2	Todos los reclutas son enviados a la Marina.		
3	A las que hacen el Servicio Cívico Temporal les pagan muy bien.		
4	Algunas de las mujeres que hacen el Servicio Cívico trabajan en los hospitales.		
5	Los garbanzos no se comen tanto como antes.		
6	Una tortilla a la francesa lleva patatas.		
7	Las judías se comen sólo en Asturias.		
8	En todos los países de Latinoamérica se habla español.		
9	El Premio Nobel de Literatura nunca lo ganó un escritor chileno.		
10	Miguel Ángel Asturias es asturiano.		

A PROPÓSITO

La mili   Todos los españoles tienen que hacer obligatoriamente el Servicio Militar, o *la mili*, como normalmente se dice. El Servicio Militar 'activo' tiene una duración de dieciocho meses, aunque en la práctica suele durar quince. Al llegar a los diecinueve años todos los jóvenes tienen que presentarse a un examen médico, para que los médicos decidan si son aptos o no, y muchos jóvenes inventan todo tipo de enfermedades para no ir.

La mili se empieza a los veinte años, pero muchos prefieren hacerla voluntariamente antes, para así poder tener más oportunidades de trabajo. Aunque la ley establece que al ir al Servicio Militar no se pierde el trabajo, y al volver le tienen que admitir de nuevo, no obstante muchas empresas en los anuncios piden 'Servicio Militar cumplido'.

La mili tiene un poco de lotería, porque hay un sorteo y los reclutas son enviados o a la Marina, o a la Aviación o al Ejército de Tierra. En la Marina hacen cuatro meses más. También es posible ser enviado a una de las dos provincias españolas del norte de África. Hasta febrero de 1976 los que no tenían mucha suerte con el sorteo iban al desierto del Sahara, que era parte de España.

Los estudiantes pueden pedir prórroga y retrasar su entrada en la mili durante cinco años, hasta que acaban sus estudios o, si pasan ciertas pruebas, hacer la mili en tres períodos sin tener que interrumpir sus estudios.

para que los médicos decidan	so that the doctors can decide
o . . . o	either . . . or
iban	went

Servicio Cívico   Los objetores de conciencia lo pasaban muy mal durante los tiempos de Franco. Hubo casos de españoles que estuvieron en la cárcel durante catorce años, porque al negarse a ir a la mili eran encerrados en una prisión militar durante dos años. Luego, al salir y negarse de nuevo a hacerlo, volvían a ser encerrados, etcétera.

Ahora existe la posibilidad de hacer el Servicio Cívico, sin tener que ir a la cárcel o emigrar hasta los 28 o 30 años. Los que hacen este Servicio Cívico se dedican a actividades sociales durante el servicio.

lo pasaban muy mal	had a very bad time of it

Las judías y alimentos por el estilo   Hoy día el español, al aumentar su nivel económico, va cambiando poco a poco sus comidas. Se puede notar ahora una clara reducción en la dieta de los españoles de productos antes muy corrientes en las mesas españolas: el pan, las patatas, los garbanzos *(chickpeas)* y las judías *(beans)*.

Estos cuatro alimentos se consumían tanto en España que se puede decir forman parte de la cultura española. Por el simbolismo de la Eucaristía, nadie debe sorprenderse al ver a un español que, al caer un trozo de pan al suelo, lo recoja veloz, lo besa, y lo vuelve a poner en la mesa o lo come. 'El pan no se tira', como ellos dicen, porque 'es sagrado'. Cuando un español quiere decir que alguien es muy bueno, dice: 'Es más bueno que el pan'.

Las tortillas de patatas no son para los españoles simplemente *Spanish omelettes*, sino que las patatas son las que 'le dan vida a una tortilla'. Una tortilla sin patatas es una tortilla 'a la francesa'. Los garbanzos, la parte integral del cocido castellano o madrileño, durante años era la comida que se comía en España, de tal manera que para decir 'en todos lados' *(everywhere)*, el español dice 'en toda tierra de garbanzo', indicando 'en todo sitio habitado', ya que para los españoles donde hay seres humanos, hay garbanzos para comer.

Y finalmente las judías, o como se las llama en otras regiones habichuelas, frijoles, chícharos, fabas en Asturias, feixos en Galicia o mongetes en Cataluña. Son de bastante más valor nutritivo que los garbanzos y casí tan comunes como éstos en las comidas españolas; de tal manera que cuando un español dice que tiene que trabajar, dice que lo hace 'para ganarse las habichuelas'.

por el estilo	of that sort
se consumían	were eaten
se comía	was eaten
de tal manera que	so much so that

Hispanoamérica Aunque Cristóbal Colón no era español, fueron los españoles los que 'descubrieron' América en el año 1492, y los que iniciaron la colonización del Nuevo Mundo. Desde la mitad de los Estados Unidos hasta el extremo sur del continente americano, a excepción del Brasil, conquistado por los portugueses, toda esta inmensa área del mundo formó parte del imperio español durante los siglos XVI a XIX. A partir de los primeros años del siglo XIX España va perdiendo las colonias, y en el año 1898 perdió la última de ellas que fue la isla de Cuba. Sin embargo, el idioma común, la religión católica y los lazos de sangre han mantenido una especie de Commonwealth entre España y los países de la América Central y del Sur, que los españoles llaman Hispanoamérica.

En el siglo XX cada país ha ido buscando su propia identidad, tanto en la política revolucionaria como en la cultura. Hoy día se conoce y se respeta internacionalmente el cine boliviano, la poesía del chileno Pablo Neruda, las novelas del guatemalteco Miguel Ángel Asturias (estos dos han ganado el Premio Nobel de Literatura), las novelas de Gabriel García Márquez, los cuentos de Jorge Luis Borges, etc.

| Cristóbal Colón | Christopher Columbus |

13 Iban y venían

Saying what things used to be like
Comparing now and then
What you were doing
The imperfect tense – verb endings
Tardar

1 Laura and Sr López carried on the conversation they began in
chapter 11 about what it was like to be an immigrant in England.

Laura El trabajo que hacía allá, ¿no le resultaba muy difícil?

Sr López Sí, me resultaba muy difícil. Lo más difícil era vivir separado de mi
familia, porque yo en Inglaterra, pues, la vida que hacía era ir del
trabajo a casa y de casa al trabajo.

Laura Y ¿cómo vivía en Inglaterra? ¿Qué clase de vida llevaba?

Sr López Pues, la clase de vida típica del emigrante, tratar de ahorrar y de
ahorrar y de ahorrar. Y entonces, pues, no salía por la noche a los
whisky-clubs ni me divertía demasiado porque, claro, estaba
pensando en mi familia.

Laura ¿Y conocía a más emigrantes, y sobre todo a gallegos?

Sr López Sí, a muchísimos gallegos. Íbamos al centro gallego que está situado
en una calle de Londres que ahora no me acuerdo, y nos reuníamos
algún domingo o algún día que estábamos libres, o íbamos a comer
unos a las casas de otros, y salíamos algunas veces juntos, pero, como
digo, no tratábamos de gastar mucho dinero porque si no, no nos
llegaba mucho para mandarle a nuestra familia a España.

Laura Y ¿qué ha sentido al volver a Galicia?

Sr López Pues, lo que siento es un cambio muy grande, y aun hoy, que hace
cuatro años que volví, siento nostalgia por Inglaterra, porque a pesar
de quererle mucho a mi país siento que Inglaterra está muy bien
organizada, todas las oficinas públicas están muy bien organizadas,
mientras que en España me hacen dar cuarenta y cinco vueltas, ¡o
más!, *(sí)* para arreglar una simple cuestión. Otra cosa que noto yo
como una gran diferencia es el cuidado de parques y el cariño que se
les tiene en Inglaterra a los animales y todo eso, mientras que aquí
somos muy descuidados para todas estas cosas.

Laura Entonces, por lo que está diciendo, ¿le gustaría volver a Inglaterra?

Sr López Claro que me gustaría mucho, ya que tanto a mí como a mi mujer
nos gusta Inglaterra muchísimo.

me hacen dar cuarenta y cinco vueltas	they send me round and round in circles
ya que tanto a mí como a mi mujer nos gusta	since both my wife and I like

2 Jesús Precedo is a canon of Santiago cathedral and he's very
knowledgeable about the religious traditions of Santiago. He told
Emilio about the early history of the famous pilgrimages along *el
camino de Santiago*.

Emilio	¿En qué año empezaron a venir los peregrinos a Compostela?
Don Jesús	Sería difícil decir en qué año empezaron a venir, pero podemos decir desde el siglo nueve.
Emilio	El siglo nueve. Y ¿por qué venían aquí?

Don Jesús Precedo

Don Jesús	Bien, los peregrinos venían a Santiago en busca de un sepulcro apostólico, y el sepulcro apostólico de Santiago es el que corresponde al Apóstol Santiago el Mayor.
Emilio	¿Es decir que venían buscando la tumba del Apóstol Santiago?
Don Jesús	Sí, sí.
Emilio	¿De dónde venían, don Jesús? ¿De todas las partes de Europa?
Don Jesús	Sí, la historia de las peregrinaciones nos da noticias de peregrinos que venían de todos los países de Europa, de Francia, de Alemania, de Inglaterra. Son muy célebres las peregrinaciones que venían de Inglaterra porque sus barcos arribaban generalmente a La Coruña, y desde La Coruña, que era en aquel momento el puerto principal de Galicia, se acercaban a Santiago, pienso yo que en carros o caballos y muchos de ellos a pie.
Emilio	Don Jesús, a mí me interesa mucho saber ¿cuánto tiempo tardaban en llegar los peregrinos?
Don Jesús	En cuanto a los que venían por tierra, porque la peregrinación a pie era muy frecuente, se puede decir que hacían una media de unos quince a veinte kilómetros diarios, con algunos días que se tomaban como descanso.
Emilio	¿Venían estos peregrinos muy cargados?
Don Jesús	Había peregrinos ricos y había peregrinos pobres. Los peregrinos ricos venían a Santiago con mucha impedimenta, pero generalmente traían carros, traían caballos, traían criados que eran los que conducían todas estas cosas de los peregrinos. El peregrino pobre generalmente traía muy pocas cosas porque ni siquiera traía ropa para cambiarse.
Emilio	¿Cómo vestían? ¿De forma muy pobre, por ejemplo?
Don Jesús	Hubo una vestimenta propia del peregrino que no la usaban todos pero la usaban muchos. Esta vestimenta del peregrino consistía en un vestido largo, y luego una capita corta, una esclavina, y en esta esclavina llevaban generalmente cosidas dos conchas de peregrino, una a cada lado, las conchas de la vieira.
Emilio	¿Por qué tenían las conchas?

Don Jesús	La concha es un distintivo muy antiguo de la peregrinación a Santiago. La concha por un lado pertenecía a una especie marina muy abundante en nuestras costas, la vieira. Y por otro lado, es un instrumento útil del que se servían los peregrinos para tomar el agua de los manantiales y beber por ella.
Emilio	Una vez que los peregrinos llegaban a Santiago, ¿qué hacían aquí?
Don Jesús	El peregrino, al llegar a Santiago, lo primero que hacía era visitar la catedral.
Emilio	La catedral no era como está ahora, ¿no?
Don Jesús	Bien, hasta el siglo doce y trece la catedral no era exactamente como está ahora. Era el hotel, la pensión, ya que los peregrinos pobres se quedaban a dormir dentro de la basílica, y aunque salieran de ella para comer, para visitar lugares, volvían allí por la noche, ya que con una manta y el calor de los otros muchos que dormían en la catedral podían ahorrar el dinero de la pensión en unos tiempos en los que la economía era también muy baja.
Emilio	¿Vienen muchos peregrinos actualmente con motivo del Año Santo?
Don Jesús	Vienen en el Año Santo muchos, y fuera del Año Santo también bastantes. Lo que pasa es que los peregrinos de hoy, como es natural, se han adaptado a los nuevos tiempos. Todavía hay peregrinos a pie, en bicicleta y a caballo, pero la mayor parte de los peregrinos vienen en coche, en avión, en tren, por los nuevos medios de locomoción que resultan mucho más rápidos y además son los que exigen los tiempos modernos, ya que la gente no puede dedicar a la peregrinación el tiempo que dedicaba siglos atrás.

sería difícil	it would be difficult
en busca de	in search of
nos da noticias de	tells us of
ni siquiera	not even
por un lado	on the one hand
lo primero que hacía	the first thing he would do
aunque salieran	although they might go out
con motivo de	on the occasion of

EXPLICACIONES

1 In the old days

● To talk about the old times you can of course just say

entonces   then

or you can say

anteriormente
en tiempos anteriores } previously

● If you want to be less vague about dates you can say

en el siglo once	in the eleventh century
a principios del siglo veinte	in the early twentieth century

So you will hear tourist guides saying

hace dos siglos	two centuries ago
desde el siglo trece **hasta** el siglo diecinueve	from the thirteenth until the nineteenth century

● Nowadays
You can simply say
> **hoy**   or   **ahora**
> or   **hoy día**   or   **hoy en día**
> or   **actualmente** which means 'at present' and *not* 'actually'

2   How things used to be

● To talk about what *used* to happen or what you *used* to do regularly, you use a special set of verb endings. Here are some examples from Sr López's description of what he used to do in London

> **íbamos** al centro gallego
> **nos reuníamos** algún domingo o algún día que
> **estábamos** libres

● You often use this tense, called the imperfect, to contrast the past and the present

> **había** un bar por aquí pero **ahora no hay**

The word *había* ('there was', 'there used to be', 'there were') doesn't change however many things you're talking about

hace cinco siglos **había** más peregrinos que hoy
> five centuries ago there *were* more pilgrims than (there are) today

3   What you were doing

● To say what *was going on* or what you *were doing*, you also use the imperfect tense

> la conocí en la fábrica donde **trabajábamos** ambos

4   Verb endings

● It's very easy to form the imperfect. The endings to watch for are
–aba (*–ar* verbs) and *–ía* (*–er* and *–ir* verbs). The pattern is

	–ar verbs	**–er** and **–ir** verbs
	qued**ar**	hac**er**
(yo)	qued**aba**	hac**ía**
(tú)	qued**abas**	hac**ías**
(Vd./él/ella)	qued**aba**	hac**ía**
(nosotros,–as)	qued**ábamos**	hac**íamos**
(vosotros,–as)	qued**abais**	hac**íais**
(Vds./ellos/ellas)	qued**aban**	hac**ían**

● Only two verbs behave irregularly in the imperfect. They are

ser	ir
era	**iba**
eras	**ibas**
era	**iba**
éramos	**íbamos**
erais	**ibais**
eran	**iban**

● *Ver* retains an extra *e: veía, veías,* etc.

5 Combinations

You can combine the imperfect with certain other verbs and endings, e.g.

- With infinitives (−*ar*, −*er*, −*ir* endings)
  íbamos a comer *we were going* to eat
  iba a marcharme *I was going* to leave

- With −*ando* and −*iendo*
  estaba pensando en mi familia *I was thinking* of my family
  venían buscando el sol *they used to come looking for* the sun

- With −*ado* and −*ido*, in which case it refers to what *had* happened
  había sido ingeniero *I had been* an engineer
  habían venido aquí antes *they had come* here before

6 The verb *tardar*

- *Tardar (en)* means 'to take time', 'to be a long time'
  ¿cuánto tiempo **tardaban en** llegar?
  tardé mucho **en** acostumbrarme a aquellas costumbres
  ¿vas a **tardar** mucho?

PRÁCTICAS

---

1 **Read the conversation** between don Jesús and Emilio about the pilgrimages to Santiago and decide which one of each groups of statements is correct.

1 a) Hace muchos siglos que vienen peregrinos a Santiago de Compostela.
   b) Los peregrinos venían cada nueve siglos a Santiago de Compostela.
   c) Las peregrinaciones a Santiago de Compostela se iniciaron en el siglo XI.

2 a) Los peregrinos venían a buscar al Apóstol Santiago que vivía en esta ciudad.
   b) Los peregrinos venían a rezar ante la sepultura del Apóstol Santiago.
   c) Los peregrinos buscaban al Apóstol Santiago que se había perdido.

3 a) Desde La Coruña iban en barco los peregrinos a Inglaterra.
   b) Los peregrinos llegaban al puerto de La Coruña desde Inglaterra en sus carros y caballos.
   c) Venían los peregrinos desde todas las partes de Europa, incluso en barco desde Inglaterra.

4 a) Los peregrinos solían andar unos quince o veinte kilómetros al día.
   b) Todos los peregrinos traían carros y caballos para vender.
   c) Los peregrinos caminaban a quince o a veinte kilómetros por hora.

5 a) Los pobres venían muy cargados.
   b) A los peregrinos ricos les llevaban sus criados.
   c) Los ricos solían viajar en carro o a caballo.

6 a) Las conchas las llevaban los que venían por la costa.
   b) Utilizaban las conchas para beber durante el viaje.
   c) Las conchas de los peregrinos eran distintas a las antiguas.

7 a) Si no encuentra hotel en Santiago puede dormir en la catedral.
   b) La catedral era lo último que visitaban los peregrinos.
   c) Al llegar a Santiago en seguida visitaban la catedral, y muchos peregrinos dormían dentro si no tenían dinero.

8 a) Hace siglos los peregrinos no llegaban en avión porque eran demasiado pobres.
   b) Algunos peregrinos todavía van a pie, pero la mayoría van en coche, en avión o en tren.
   c) Hoy día se dedica más gente a peregrinar, porque así lo exigen los tiempos modernos.

2 *¡Cómo has cambiado!* You meet an old friend in the street and go for a drink with him; he used to drink a lot and to your surprise he says he prefers an orange juice. You ask why and then you begin to discover he has changed a lot. Complete the conversation using the correct parts of the verbs: *beber* (used three times), *fumar*, *ir* (used three times), *acordarse, ser, leer, escribir*.

Vd.	No lo entiendo, chico. ¿Que no bebes vino nunca?
Su amigo	Nunca, nunca, nunca.
Vd.	Y antes .... a todas horas.
Su amigo	Sí, antes .... mucho, y también .... dos paquetes diarios. Ahora ni .... ni fumo.
Vd.	¿Y qué tal el Real Madrid?
Su amigo	No me ocupo del fútbol ahora. Antes .... a todos los partidos, pero ahora no .... nunca.
Vd.	Yo tampoco voy mucho ahora. ¿Te acuerdas de cuando .... juntos?
Su amigo	Sí, que me ...., ... buenos tiempos aquéllos.
Vd.	¿Lees mucho estos días?
Su amigo	No tanto como .... antes.
Vd.	¿Y escribes?
Su amigo	Sí, mucho más de lo que .... antes.

3 **You're staying with a friend** in Madrid and one Sunday you go out to the *sierra* to visit a small town she hasn't been to for years. When you get to the main square your friend is amazed to see how it has changed.

Tu amiga	¡Qué barbaridad! ¡Cómo ha cambiado la plaza! Antes era muy distinta.
Tú	(*Ask her what it was like before*)
Tu amiga	Pues, mira, en el centro había un monumento a Franco, con una fuente enfrente.
Tú	(*And now there's a car-park with a telephone box in the middle*)

121

Tu amiga	También han cambiado todos los edificios.
Tú	*(But the church was there before, wasn't it?)*
Tu amiga	Sí, todavía queda la iglesia, pero era más pequeña cuando yo venía aquí.
Tú	*(How strange* (raro). *Ask her if the Post Office was beside the church then)*
Tu amiga	¡No, hombre! Estaba entre el banco y la Telefónica.
Tú	*(Say there are three banks now and ask how many there were before)*
Tu amiga	Uno solamente. ¡Cómo ha cambiado todo!
Tú	*(It doesn't surprise you. Everything changes)*
Tu amiga	Sí. Mira, allí en la pared, también han cambiado el nombre de la plaza. Ahora se llama Plaza de la Constitución.
Tu amiga	*(Ask what it was called before)*
Tu amiga	Plaza del Generalísimo.
Tú	*(And ask what the town was called when she used to come here)*
Tu amiga	Fuentes de la Sierra. ¿Por qué?
Tú	*(Well, this isn't Fuentes de la Sierra. Tell her to look at the signpost, it's called Cuervos de Abajo!)*

4 **Un pequeño misterio.** The following story was read to a group of people. They had to solve the mystery by asking the questions with a yes/no answer. Read the story and then put the questions in Spanish.

Un hombre vivía en la octava planta de una torre. Todos los días, a las ocho en punto, salía de su piso, cerraba la puerta, metía las llaves en su cartera y bajaba en el ascensor a la planta baja. Saludaba al portero y se marchaba a trabajar. Todos los días a las seis en punto volvía al edificio, el periódico bajo el brazo, entraba en el ascensor y subía a la quinta planta. Allí, salía del ascensor y subía a pie por la escalera hasta la octava planta. ¿Por qué? ¿Cuál era el motivo?

Las preguntas	*Las respuestas*
1 Did he do the same every day?	Sí
2 He always went up from the fifth floor to the eighth on foot, did he?	Sí
3 Did he visit someone who was living on the fifth floor?	No
4 Did he talk to anyone when he was walking up the stairs?	No
5 Did the lift work properly *(bien)* in the evening?	Sí
6 Did he want to get some exercise *(ejercitarse)*?	No
7 Did he go into his flat when he got to the eighth floor?	Sí
8 What was he like? Was he very short?	Sí
9 He couldn't push *(pulsar)* the button for the eighth floor, could he?	No

5 **Nasty moments.** Match the descriptions of what the people were doing with the unexpected things that happened to them.

1 Yo me duchaba cuando . . . a) se movió una de las gambas.
2 Yo pensaba que llegábamos a Madrid cuando . . . b) me dijo una mujer: '¿Conoces a mi marido?'

3 Doblábamos una curva a ochenta cuando . . .	c) vino el fontanero a reparar el baño.
4 Hablaba con este hombre muy guapo cuando . . .	d) me di cuenta de que había olvidado mi cartera.
5 Había gastado cuatro mil pesetas cuando . . .	e) dijo uno de los otros pasajeros: 'Mire, allí está Barcelona'.
6 Estábamos en el comedor mirando un plano del banco cuando . . .	f) se rompió un neumático y salimos de la carretera.
7 Iba a comer el plato de mariscos cuando . . .	g) llamó a la puerta un policía.

A PROPÓSITO

El camino de Santiago   El Apóstol Santiago es el santo patrón de España, y su festividad se celebra el 25 de julio. Según la tradición, Santiago visitó España, y después de su muerte unos monjes trasladaron su cuerpo a España y le enterraron en el lugar que hoy ocupa la catedral de Santiago de Compostela. Nada se sabe con

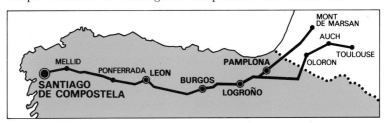

certidumbre sobre esto, ni sobre el lugar donde le enterraron. Sin embargo varios siglos después, una noche del siglo IX un obispo vio una estrella nueva en el cielo y un resplandor que salía de la tierra debajo de la estrella. Excavaron la tierra, descubrieron una tumba y decidieron que era la de Santiago. (De esto procede también el nombre de la ciudad; *Compostela* significa 'campo de la estrella'.) En seguida se iniciaron las peregrinaciones y los 'milagros', y poco después construyeron la hermosa catedral.

Hay cínicos que dicen que la auténtica razón del descubrimiento del sepulcro del Apóstol fue para dar categoría al reino de Galicia. Además, para muchos era más fácil ir en peregrinación al noroeste de España que cruzar áreas en guerra para llegar a Roma o a Jerusalén; pero lo que nadie puede negar es que, con Santiago de Compostela convenientemente situada en el extremo norte de España, se inició la primera cadena de hoteles en España, porque a prudentes distancias se inauguraron monasterios y albergues donde los peregrinos podían comer y dormir. Todavía hay muchos hoy día que siguen el camino desde los Pirineos a Santiago de Compostela, un hermoso paseo de unos doce días de duración, por lo menos.

nada se sabe	nothing is known
poco después	shortly afterwards

123

Santiago:
la catedral

El Año Santo Compostelano   Si decide visitar la hermosa ciudad de Santiago de Compostela, antes de hacer los preparativos debe mirar si ese año el 25 de julio es domingo o no; porque si lo es, encontrará difícil hallar alojamiento, y no será muy tranquila la visita a la catedral. Pero si desea ganar indulgencias, ése es el año para ir. Desde hace muchos siglos, por privilegio concedido por el Vaticano, el año que el día de la festividad del Apóstol Santiago cae en domingo es considerado Año Santo, y ese año los que visitan la tumba del Apóstol ganan más indulgencias; lo que hace de Santiago de Compostela la tercera Ciudad Santa de la Iglesia Católica en el mundo, después de Roma y Jerusalén.

      encontrará   you will find

Siete vidas, no nueve   El hecho de que en España se celebran corridas de toros no quiere decir que los españoles son crueles con los animales. En España, al igual que en Gran Bretaña, existe una Socieded Protectora de Animales y Plantas, aunque con muchísimo menos socios. No obstante, probablemente los animales españoles deben preferir vivir en Gran Bretaña, a pesar del clima.

    Son muchos los españoles que guardan pájaros en sus casas, y muchas ciudades tienen mercados de domingos adonde ir a comprar o cambiar pájaros o palomas, y es corriente encontrar en estos sitios a españoles que son verdaderos amantes de los animales. Sin embargo, hay tres frases españolas que tal vez indican mejor que nada la situación de los animales en España. Una es 'tener una vida de perros', que significa 'vida dura y mala', y otra es 'decir perrerías', que significa 'decir cosas malas y duras de alguien'; y finalmente en España se dice 'las *siete* vidas de un gato' en vez de las 'nueve', como en Inglaterra.

      tal vez   perhaps
      mejor que nada   better than anything

14 Cuentos y leyendas

Reporting what was said
The difference between the past tenses
Saying what you think
Getting places
More irregular past definites

1 Antonio Rielo is a great raconteur and his job as manager of *el Hotel Peregrino* in Santiago gives him plenty of material for his anecdotes. He told Emilio about some of the problems experienced by country people when they came to his hotel, and how the tables were turned when he went into the country.

Antonio Rielo,
director del
Hotel Peregrino

Emilio Supongo que a veces vienen campesinos gallegos. ¿Cómo se comportan ellos aquí en el hotel?

Antonio Bien, yo diría que hay dos tipos de campesinos gallegos que pueden venir al hotel, uno el campesino que tiene algo de dinero, y el otro que se suele venir en su noche de bodas.

Emilio Y ¿cómo se comporta este hombre, este campesino, el día de su noche de bodas?

Antonio Bueno, yo pienso que la noche de bodas debe de ser muy importante, yo no lo sé porque estoy soltero. Pienso que debe ser muy importante, y a la vez se encuentran en un medio que no están acostumbrados a desenvolverse.

Emilio ¿Qué suele pasar, entonces?

Antonio	Bueno, yo de eso tendría muchísimas anécdotas. Por ejemplo, que te pregunten ¿dónde está el restaurán?, suban al restaurán, y una vez sentados pidan, como nos ha ocurrido una vez, dos bocadillos de jamón y una botella de champán 'del tiempo'. Otra vez, cuando teníamos unos ascensores que no eran automáticos, una pareja de recién casados de un pueblecito cerca de aquí de Santiago, de la costa, me preguntó en qué piso estaba su habitación. Le contesté que en el quinto y me despreocupé. Los vi meterse en el ascensor y yo me fui a la sala de televisión. Veinte minutos después, pasé por el ascensor para subir a mi apartamento que está en la última planta, y me los encontré cruzados de brazos dentro del ascensor. Les pregunté si subían o bajaban, y me dijeron que ni subían ni bajaban porque aquello no se movía. ¡No le habían dado al botón!
Emilio	Pero ¿eso es verdad?
Antonio	¡Por supuesto que es verdad, totalmente!
Emilio	Pero si Vd., don Antonio, va al campo, todo está al revés. Encuentra con que el campesino en su ambiente es un hombre decidido.
Antonio	Por supuesto, y siento en esos momentos lo que creo que debe de sentir él cuando viene aquí. Ahí el extraño soy yo, y él que no sabe si está haciendo una cosa bien o mal, ése soy yo. Yo me acuerdo una vez que estaba por un monte, iba con unos amigos de caza, y me encontré a un campesino y le pregunté que a qué distancia, o cuánto tiempo me llevaría llegar a un pueblecito que se veía al fondo, y no me contestó. Entonces, me acerqué a este campesino y le dije: 'Por favor, ¿a qué distancia está, o cuánto tiempo me llevaría llegar al pueblecito de allí abajo?', y este hombre me miró y no me dijo ni una palabra, ni mu. Le volví a repetir la pregunta un poco más alto, pensando quizá si era sordo: 'Oiga, por favor, pero ¿me puede decir a qué distancia o cuánto tiempo me lleva llegar a ese pueblecito de allí abajo?' Nuevamente, ni una palabra. Entonces, ya un poco enfadado se lo repetí una vez más. Como no me contestó, empecé a andar hacia el pueblecito ese, y cuando había dado veinte pasos o treinta, el paisano, dándome un grito, me dice: '¡Oiga! ¡Quince minutos!' Dije: '¡Pero hombre!' ¿Vd. cómo no me contestó antes?' Dice: '¿Cómo le voy a contestar, si yo no sé a qué velocidad anda Vd.?'

yo diría	I would say
noche de bodas	wedding night
a la vez	at the same time
yo de eso tendría muchísimas anécdotas	I could tell lots of stories about that
'del tiempo'	at room temperature
recién casados	newly-weds
los vi meterse en el ascensor	I saw them get into the lift
cruzados de brazos	with their arms folded
si subían o bajaban	if they were going up or coming down
¡no le habían dado al botón!	they hadn't pressed the button!
el extraño soy yo	I'm the stranger
iba . . . de caza	I was going . . . hunting
cuánto tiempo me llevaría	how long it would take me
que se veía al fondo	that could be seen in the distance
ni mu	not a peep

2 Galicia is very rich in legends and folklore. María José, a tourist guide on one of the very popular excursions to *las Rías Bajas*, told Emilio the story behind the discovery of the medicinal spring on the island of La Toja.

Emilio	¿Qué hay en la Isla de La Toja?
María José	Bueno, esta isla es un complejo turístico, en este momento de los más importantes de España, y aparte de lo que es el complejo turístico hay unas aguas medicinales, y en esta zona concretamente, pues, hay leyendas muy bonitas que les explicaremos a los turistas al llegar a esta isla.
Emilio	¿Nos podrías relatar alguna leyenda?
María José	Bueno sí. La más interesante de esta Isla de La Toja es que hace setenta y cinco años esta isla era desierta. Es una isla que es totalmente un paraíso, o sea en cuanto al clima y en cuanto a la vegetación, las panorámicas, todo. Y un señor del pueblo vecino tenía un burro y este burro estaba enfermo. Entonces el señor le tenía mucho cariño, pero no quería matarlo, o sea no quería dejarlo morir así, y lo llevó a esta isla para abandonarlo allí.
Emilio	El burro, ¿no?
María José	Sí, porque al burro como ya decía le tenía mucho cariño y no quería matarlo, pero estaba el pobre animal muy enfermo. Entonces dejó allí el burro, y al cabo de un mes aproximadamente este señor estaba pescando en las cercanías de la isla, y vio el burro, pero que estaba totalmente curado, o sea que ya no . . . no tenía enfermedad alguna. Se extrañó muchísimo y al acercarse vio que este burro se había bañado en una especie de charcas . . . sea, unas aguas que había, y que esas aguas se descubrió a partir de entonces que eran medicinales, contenían unos ciertos . . . sustancias que podrían curar sobre todo enfermedades de la piel.
Emilio	Estas aguas, ¿las utiliza ahora mucha gente?
María José	Sí, estas aguas se utilizan principalmente para enfermedades de la piel y enfermedades reumáticas.
Emilio	¿Hay gente que padece de reumatismo en esta excursión?
María José	Pues sí, hay gente que padece de reumatismo, y otros están un poco neuróticos. ¡Esto ya no lo cura el agua!

explicaremos	we will explain
al cabo de un mes	a month later

EXPLICACIONES

1 Reporting what was said

● The easiest way to report what someone said is to start with the past definite of a verb like *decir*, *preguntar*, etc., and then add the actual words spoken, e.g.

le **pregunté:** '¿Cómo te llamas?'
me **dijo:** 'No he comprado nada'
les **contestamos:** 'Somos extranjeros'

● Often you make it all into one sentence and put what was said into the imperfect

le **pregunté** cómo **se llamaba**
me **dijo** que no **había** comprado nada
les contestamos que **éramos** extranjeros

● If there are alternatives use *si . . . si,* 'whether . . . or'; or *ni . . . ni,* 'neither . . . nor'

les pregunté **si** subían o **si** bajaban
y me dijeron que **ni** subían **ni** bajaban

● After *decir* you need *que,* although it's often left out in English

me **dijeron que** ni subían ni bajaban
they told me (that) they were neither going up nor coming down

2 **Describing what happened** – the difference between the past tenses

● When setting the scene use the *imperfect*

a) To talk about what something used to be like, or what was going on over a period of time

cuando **teníamos** unos ascensores
él **tenía** un burro
la isla **era** desierta

b) To describe what was happening, where you were, etc.

estaba por el monte, **iba** con unos amigos
estábamos en el ascensor
este señor **estaba** pescando

● To describe the background against which an action occurred use the *imperfect* plus the *past definite*

iba con unos amigos y **encontré** a un campesino
el señor **estaba** pescando y **vio** el burro
estaba mirando la televisión cuando **sonó** el teléfono

● For an action which has just happened, or where you'd use 'have'/'has' in English, use the *perfect* tense (i.e. *he, has, ha,* etc., + a past participle)

¿qué **has hecho**?
¿cómo **ha sido** el viaje?

● And to say what *had* happened, use the imperfect of *haber*

había	**habíamos**
habías	**habíais**
había	**habían**

followed by a past participle

no le **habían dado** al botón
vio que este burro **se había bañado**

3 **Saying what you think**

● Use *pienso que* followed by any statement

pienso que	es muy importante es verdad	I think	it's very important it's true

● Other verbs you can use instead of *pienso*, all of which are followed by *que*

creo	I believe/think
digo	I say/maintain
diría	I'd say
supongo	I suppose
calculo	I reckon
me parece	I think/it seems to me

● You can just put *sí* or *no* after any of these

creo que sí	I think so
supongo que no	I don't suppose so/I suppose not

4 Getting places

● To ask

where a place is	**¿dónde está . . .?**
how to get there	**¿cómo se llega a . . .?**
how far it is	**¿está lejos?**
or, more precisely	**¿a qué distancia está?**
and how long it'll take you to get there	**¿cuánto tiempo me lleva llegar a . . .?**

5 More irregular past definites

● *Decir* has an unexpected *j*

dije	**dijimos**
dijiste	**dijisteis**
dijo	**dijeron**

● *Poder* and *poner* have *u* instead of *o*, and *poner* has an unexpected *s*

poder		poner	
pude	**pudimos**	**puse**	**pusimos**
pudiste	**pudisteis**	**pusiste**	**pusisteis**
pudo	**pudieron**	**puso**	**pusieron**

6 'There was'/'there were'

● *Hay* means 'there is' or 'there are'. When talking about the past, (i.e. to say 'there was' or 'there were') you use the past of *haber*

perfect tense	**ha habido**
past definite	**hubo**
imperfect	**había**

Like *hay*, these do not change, no matter who or what they're referring to.

PRÁCTICAS

---

1 **You're waiting at the airport** in Palma, Mallorca, for your flight home after your first holiday abroad. A talkative fellow-traveller engages you in conversation.

El hombre Palma no está mal, pero no puede compararse con el Brasil.

Vd. (*Ask him if he has been to Brazil* (use *estar en*))

El hombre	Sí, claro. He estado allá varias veces. Yo me acuerdo de la primera vez que fui a Brasilia. Una maravilla arquitectónica, Brasilia. Fue en el año sesenta y dos, cuando asesinaron a Kennedy.
Vd.	*(But that was in sixty-three)*
El hombre	Sí, y después cazamos tigres en el Uruguay.
Vd.	*(But there aren't any tigers in Uruguay)*
El hombre	Y también visité Méjico. Me ocurrió una cosa increíble.
Vd.	*(Ask what happened to him)*
El hombre	Me encontré con un viejo indio que me contó unas historias increíbles.
Vd.	*(Ask what stories he told him)*
El hombre	Me preguntó: '¿Vd. quiere encontrar a una tribu de fantasmas que vive en la sierra?'
Vd.	*(Very weird. What did he say to the Indian?)*
El hombre	Yo le dije que sí, claro. Me dio una pipa llena de unas hierbas extrañas. Yo sentí una sensación extraña y . . .
El altavoz	Iberia anuncia la salida del vuelo IB 4321 a Nueva York . . .
Vd.	*(Say you're sorry, you've got to go. You're going to New York to buy a couple of banks)*

2 **Match each of the questions** with a suitable answer from the right-hand column.

1	¿Dónde están los documentos?	a)	Le dije que me había cobrado demasiado.
2	¿Habéis ido a ver la película?	b)	Lo terminé hace dos días.
3	¿Qué dijiste al tendero?	c)	Los puse allí en la mesa.
4	¿Cuánto tiempo te llevó ir a Tomalín?	d)	Ayer no pudimos ir.
5	¿Dónde estuvieron tus tíos?	e)	Fue un viaje de cinco horas.
6	¿Cuándo terminaste el trabajo?	f)	Se habían ido a visitar a mis primos.

3 **The scene: a car on a country road** somewhere in Extremadura. You and Pablo are trying to get to Badajoz . . .

Pablo me dijo: 'La cosa va muy mal.' Le pregunté: '¿Qué podemos hacer?' Contestó: 'No sé qué hacer.' Entonces yo le pregunté: '¿Qué hora es?' Me dijo: 'Son las nueve, es muy tarde.' Al fin llegamos a un pueblo y preguntamos a un policía: '¿Cómo se llega a Badajoz?' Él nos dijo: 'Hay que coger la carretera nacional. Badajoz está a cincuenta kilómetros.'

Imagine you're telling someone about your journey to Badajoz, without quoting the actual words spoken each time. Start off: *Pablo me dijo que la cosa iba muy mal . . .*

4 **There's been an explosion** at *la cafetería de la Paz*. A policeman is questioning someone who was seen in the café. Put the policeman's questions into Spanish and then fill in the missing parts of the answers.

El policía	*(When did you arrive at the café?)*
El joven	.... sobre las seis.
El policía	*(How long did you stay?)*
El joven	.... una hora más o menos.
El policía	*(Where exactly did you sit down?)*
El joven	.... allí al fondo.
El policía	*(Did you speak to anyone?)*
El joven	.... con nadie, excepto con el camarero.
El policía	*(Did you see anyone carrying a parcel?)*
El joven	.... a nadie llevando ningún paquete.
El policía	*(Do you remember how many people there were?)*
El joven	.... alrededor de una docena.
El policía	*(And when exactly did you leave?)*
El joven	.... sobre las siete.

5 *¡Qué sorpresa!* Complete this woman's story by putting each of the verbs into the most suitable past tense.

Cuando yo *(llegar)* a casa, *(llover)*. *(Abrir)* la puerta y *(entrar)*. Todo *(ser)* silencioso. De repente *(haber)* un golpe. *(Ir)* a la cocina. La ventana *(estar)* abierta y la lluvia *(entrar)*. *(Cerrar)* la ventana y *(ir)* al comedor. Mi marido no *(estar)* allí pero *(ver)* una taza de café, todavía caliente, en la mesa. Yo *(llamar)* en voz alta pero nadie *(contestar)*. Entonces *(oír)* el sonido de voces. *(Salir)* del comedor y *(ir)* hacia la sala de donde *(venir)* las voces. *(Entrar)* en la sala. Mi marido *(estar)* sentado en el sofá y *(mirar)* un partido de fútbol en la televisión . . .

A PROPÓSITO

La caza   Al viajar por los montes y las partes menos pobladas de España, Vd. verá escrito en señales o en piedras *COTO* o *COTO DE CAZA*, lo cual quiere decir que es terreno de caza privada. La caza es un deporte muy popular en España pero es muy distinta del 'hunting' inglés. A los españoles les sorprende el que los británicos, montados a caballo, persigan a un zorro para matarlo. La caza española se parece mucho más al 'shooting' inglés.

La caza se divide en dos clases, la caza menor y la caza mayor. Entre las especies más codiciadas de la caza mayor destacan los osos, que se encuentran en la cordillera cantábrica, y los ciervos, que abundan en varias regiones montañosas. Dos especies protegidas son la cabra montesa y el lobo, que está prohibido cazarlo desde 1970. La caza menor incluye todo tipo de pájaros y animales pequeños como conejos y liebres.

Vd. verá   you will see

Fiestas gallegas   A una región con unas costumbres y un folklore tan rico como el gallego, es bueno ir de vacaciones aprovechando las fiestas que tanto abundan en los pueblos y ciudades. Fiestas hay durante todo el año, pero durante los meses del verano hay varias que merecen tener en cuenta al preparar el itinerario de las vacaciones.

A principios de junio es de destacar la celebración del Corpus Christi en Puenteáreas, en la provincia de Pontevedra, donde construyen alfombras con pétalos de flores por las calles donde va la procesión. Muy famoso es el festival de 'A rapa das bestas' en San Lorenzo de Sabucedo (La Estrada), también en Pontevedra, donde el primer domingo de julio, por la mañana temprano, los mozos del pueblo van a las montañas a capturar caballos salvajes; los traen a la plaza del pueblo, y a la mañana siguiente los rodean en un corral detrás de la iglesia, domándolos y cortándoles la melena uno a uno. Pocos días después, el 11 de julio, se celebra la Fiesta de San Benitiño de Lerez, en la ciudad de Pontevedra. Es una peregrinación al santuario, acompañada, como suelen ser todas las peregrinaciones, de una gran comida al aire libre y con danzas típicas con la música de las gaitas. Durante estos días se celebra el Festival de Música Gallega.

El mes siguiente, el mes de agosto, es un buen mes para recorrer Galicia. El primer domingo se celebra el Festival de San Lorenzo, en Foz, de la provincia de Lugo. Otra vez hay procesión, danzas y música, pero esta vez la procesión es por el mar. Para los aficionados al pescado, en Carballino, en la provincia de Orense, se celebra el Festival del Pulpo *(octopus)*, como siempre con música, danzas, gaitas y la gran comida, esta vez lógicamente con pulpos. Y hacia finales del mes, en Sada, muy cerca de la ciudad de La Coruña, celebran con las típicas danzas y música 'la Sardiñada', dando a los visitantes gratuitamente sardinas asadas, cachelos, pan de maíz y vino.

'A rapa das bestas'	'The trimming of the animals'
uno a uno	one by one
al aire libre	in the open air

Casinos   En la Isla de La Toja se encuentra uno de los nuevos casinos españoles. En febrero de 1978 el Gobierno dio permiso para abrir casinos de juego en España, después de haber estado cerrados desde el año 1924. Según los cálculos de algunos expertos España ha perdido más de 200.000 milliones de pesetas en la industria turística por estar prohibidas en España las salas de juego.

Existen ahora dieciocho casinos y, como era de esperar, dieciséis de ellos están en las costas de España, que es donde hay más turistas y veranean los españoles, excepto un casino a 29 kilómetros al norte de Madrid, en la carretera de La Coruña, y otro a 18 kilómetros de Zaragoza. Cuidado pues, que como ve, están a la caza de su dinero.

Una buena cosa de los casinos de juego es que los impuestos obtenidos gracias a ellos se usan para ayudar a los minusválidos y ancianos. Debe servir de consolación saber que el dinero que uno pierde beneficia a éstos que lo necesitan.

En las ciudades y pueblos puede encontrar 'casinos', pero éstos son simplemente lugares donde los hombres se encierran para charlar, beber, leer el periódico, discutir de fútbol y escapar de las mujeres.

| como era de esperar | as was to be expected |

15 ¿Qué hacer?

> Planning what you're going to do
> Making suggestions
> Asking why and giving reasons; weighing up
> the pros and cons
> The verb *caber*
> *Gustar*

1   Anna was thinking of going to Madrid but wasn't sure whether to go by train or plane. Emilio was happy to advise her.

Anna   Francamente, no sé qué hacer. Tengo que hacer un viaje a Madrid y no sé si ir en tren o en avión.

Emilio   Y ¿cuándo tienes que estar en Madrid?

Anna   Tengo que estar allí el día dieciséis, por lo que tendría que salir el día quince.

Emilio   ¿Y qué prefieres, ir en tren o en avión?

Anna   No lo he decidido todavía. ¿Tú qué me aconsejas?

Emilio   Que vayas, por supuesto, en avión. Es más rápido, es más cómodo. En cambio en el tren, pues, son nueve horas de viaje. Llegas cansadísimo . . . no sé . . . agotado.

Anna   Pero en avión es más caro, ¿no?

Emilio   ¿Tú tienes por allí los precios del avión?

Anna   Sí, yo tengo un folleto aquí con los horarios de avión y los precios.

Emilio   Y ¿cuánto vale a Madrid?

Anna   El billete a Madrid vale dos mil novecientas ochenta y siete pesetas.

Emilio   Ah, pues, yo pienso que no habrá mucha diferencia de precio entre el tren y el avión. Y mirando los horarios, ¿qué avión te gustaría coger?

Anna   Por ejemplo, aquí hay uno de las quince cero cinco, hay otro a las diecinueve veinticinco, hay otro a las veinte quince, y otro a las veintiuna cincuenta. Con lo cual tengo bastantes para elegir. Pero también podría coger el tren por la noche en literas.

Emilio   Sí, sí, no cabe duda, pero tampoco te lo aconsejo. Mira, la litera es bastante dura, hay que compartir a lo mejor la habitación con otras personas, siempre el ruido del tren es molesto. En cambio el avión . . . bajas elegante. Es de otra manera, vamos. Y además, si coges el vuelo este de la noche que hay a las doce y media, ya resulta más barato. Por ejemplo, a la mañana, de día, te vale dos mil novecientas ochenta y siete pesetas, mientras que a la noche te cuesta dos mil doscientas cuarenta pesetas. ¿Por qué no coges éste?

Anna   Sí, podría cogerlo, pero aunque es setecientas pesetas más barato, cuando llego a Madrid a las dos de la mañana no hay autobuses para ir a la ciudad. Entonces, tengo que coger un taxi y son muy caros, y las setecientas pesetas que ahorraría por una parte es lo que me podría costar el taxi, y luego tendría dificultades para encontrar habitación en algún hotel ya que es muy tarde.

Emilio   Ya lo de la habitación lo comprendo, pero si vas de día también tienes que coger un taxi.

Anna	No, hay unos autobuses que te llevan del aeropuerto al centro de Madrid y son muchísimo más baratos.
Emilio	Ah, no lo sabía. Entonces, te irás de día.
Anna	Sí, a primera hora de la tarde creo que es la hora más indicada.
Emilio	Sí, yo creo que es lo más conveniente, o también puedes ir en autostop.
Anna	¡Hombre! ¡Sería lo más barato!

'Puedes ir en autostop . . .'

que vayas	that you should go
en cambio	on the other hand
podría coger	I could take/get
no cabe duda	there's no doubt about it
que ahorraría	that I'd save
tendría dificultades	I'd have problems
lo de la habitación	the thing about the room
ir en autostop	hitchhike
sería	it would be

2 Ángeles and Javier are a young married couple who live in Santiago. They'd just come back from holiday near Vigo when Emilio talked to them. Although they'd had a good time they'd have preferred to have gone to the Mediterranean.

Emilio	¿Habéis ido a la playa?
Ángeles	Pues sí, porque en Vigo hay unas playas muy buenas, y además están todas muy cercanas.
Emilio	Dices que en Vigo hay unas playas muy buenas. ¿Cómo son?
Ángeles	Pues, son unas playas grandes, con arena blanca, muy fina, el agua está limpia, se ve el fondo, hay mucho sol . . .
Emilio	¿No está la playa contaminada?
Ángeles	No, no, en absoluto.
Emilio	¿Y no hay playas con muchas rocas?
Ángeles	Hay playas con rocas, pero esas rocas están separando unas playas de otras, y tú puedes pasar por esas rocas para ir a otra playa.
Emilio	¿Van muchos turistas a estas playas?
Ángeles	Muchos. Vigo, concretamente, en la época de julio y agosto, los hoteles están hasta los topes, y en el camping no cabe ni una tienda más.

Emilio	Cerca de la playa ¿hay muchos hoteles? ¿Hay muchos bares?
Ángeles	Sí, hay hoteles, bares, fondas, hostales, hay camping con restaurán . . .
Emilio	¿Hay pinares, lugares de árboles?
Ángeles	Sí, hay mucho árbol, mucho pino, con mucha sombra, para poder comer allí.
Emilio	Javier, ¿a ti también te gusta la playa?
Javier	Sí, por supuesto, me gusta por muchas razones.
Emilio	¿Qué razones?
Javier	Una, poder disfrutar del agua. Otra, poder disfrutar del sol, poder disfrutar de la pesca que hay en el mar, y poder disfrutar también practicando la pesca submarina.
Emilio	¿Eres aficionado a la pesca, muy aficionado?
Javier	Soy aficionado, no muy aficionado. Me gusta pescar por el placer de pescar, pero lo que no me gusta es comer lo que pesco.
Emilio	¿Por qué no?
Javier	Por dos motivos fundamentales: uno, porque la mayoría de las veces, al regresar de pescar suelo venir mareado.
Emilio	Y ¿por qué te sucede eso?
Javier	Porque me mareo en cualquier tipo de barcos.
Emilio	¡Ah! O sea que tú, la pesca ¿la realizas, la haces a bordo de una barca, no desde la costa, desde la orilla?

Javier y Ángeles

Javier	No, desde una barca. Y después, la otra razón por la que no me gusta lo que pesco es porque suele ser pescado denominado del tipo blanco que no me gusta.
Emilio	Una cosa. ¿Qué te gusta más, la playa o la montaña?
Javier	Prefiero la playa y preferentemente playa mediterránea caliente, aunque considero que es más sana la montaña.
Emilio	O sea que las playas de Galicia ¿te gustan poco?
Javier	No, las playas de Galicia me gustan mucho porque tienen unas ventajas con respecto a otras playas que hay en España; el verde, el campo y los pinares.
Emilio	Ángeles, ¿tenéis problemas, soléis discutir o no poneros de acuerdo a la hora de elegir el lugar de veraneo?

Ángeles	No. Indudablemente los dos elegimos la playa. Lo que ocurre es que a Javier no le gusta bañarse cuando el agua está fría, y en Galicia, al estar al lado del Atlántico, el agua es más fría que en el Mediterráneo. Sin embargo, a mí me gusta más bien el agua un poco fría. Pues, he estado en Venecia bañándome en el Adriático y parecía que me estaba bañando en caldo.
Emilio	¿Un caldo gallego?
Ángeles	Un caldo gallego. ¡Más rico el caldo gallego, por supuesto!
Emilio	O sea que ¿en ese punto no estáis de acuerdo con respecto al agua?
Ángeles	No es que estemos de acuerdo o no. Yo me baño en agua fría, él no.
Emilio	Y por lo que veo, tú siempre te sales con la tuya. ¿Te vas a las playas de Galicia en vez de irte a las playas del Mediterráneo?
Ángeles	No, no, es que este año queríamos haber ido a las playas del Mediterráneo, pero no pudimos ir.

hasta los topes	full to the brim
mucho árbol	a lot of trees
no es que estemos de acuerdo o no	it's not whether we agree or not
¿tú siempre te sales con la tuya?	you always get your own way?

EXPLICACIONES

1 Planning

● What you're going to do

pienso	I'm thinking of
tengo ganas de	I feel like
voy a	I'm going to

These expressions are all followed by infinitives

pienso comprarlo
tengo ganas de ir a Madrid
voy a coger el avión

2 Uncertainty

● If you don't know what to do

no sé qué | hacer
decirle a mi jefe

You can also use *no sé* followed by *dónde, cómo*, etc.

no sé dónde ir
no sé cómo hacerlo

Note the accent in writing on *dónde*, etc.

● If you don't know whether to do something or not

no sé si | ir o quedarme
comprarlo o no

● To say you're not sure

no estoy seguro,–a

But if you are sure about something

estoy seguro,–a
no cabe duda
sin duda

3 Making suggestions

● Why don't you/we . . .?

¿por qué no	coges el tren?
	vais en autostop?
	vamos al bar?

● To suggest what someone *could* do (if they had a mind to)

(yo)	**podría**	
(tú)	**podrías**	
(nosotros)	**podríamos**	coger el avión
(Vds.)	**podrían**	

● Asking if someone agrees

¿está(s) de acuerdo?

● To recommend or advise someone to do something you can use
recomendar or *aconsejar* followed by the infinitive

| te **recomiendo** | **hacer**lo |
| te **aconsejo** | **viajar** en tren |

4 Asking why and giving reasons

● *¿Por qué?* asks the question 'why?', and you can begin an answer
with the word *porque*, 'because', or give your reasons, introduced by
the word *por*

¿por qué no le gusta el pescado?
por dos motivos fundamentales: **porque** suelo venir
mareado y **porque** no me gusta el pescado blanco

5 Weighing up the pros and cons

● To weigh up the relative merits of two things you can use
connecting expressions like

en cambio	on the other hand
sin embargo	however, nevertheless
mientras que	while
aunque	although

e.g.
sólo hay dos trenes; **en cambio** en avión hay varios vuelos
es más grande, **sin embargo** cuesta menos
a la mañana te vale 2987 pesetas **mientras que** a la noche te
cuesta 2240 pesetas
aunque es 700 pesetas más barato, cuando llego no hay autobuses

6 *Caber*

● This verb means literally 'to fit in' or 'to be room for'

| no **cabemos** todos en el coche | we don't all fit into the car |
| no **cabía** ni una tienda más | there wasn't room for a single tent more |

The phrase *no cabe duda* means 'there's no doubt (about it)'.

7 ¿Le/te gusta . . .?

● When asked if you like something or like doing something, you can answer using *gustar* (which literally means 'to please')

me gusta mucho el campo
me gustan las playas mediterráneas

Or you can use a phrase like

soy partidario de	I'm very keen on
or **soy aficionado a**	I'm a fan of

PRÁCTICAS

1 **¿Qué hacer?** The people who made the statements in the left-hand column are in need of advice. Suitable suggestions are in the right-hand column – match them up.

1	No estoy segura dónde pasar mis vacaciones este verano.	a)	Podríamos simplemente quedarnos en casa.
2	No sé qué hacer. Nunca funciona.	b)	¿Por qué no va a otro hotel?
3	Tengo ganas de dormir más tranquilamente.	c)	Te aconsejo que compres un nuevo coche.
4	No sabemos si es más barato hacer el viaje en el barco o en el tren.	d)	No cabe duda. Es la hora más indicada.
5	No sé qué vamos a hacer este fin de semana.	e)	Podríais ir en autostop.
6	Pienso visitarte mañana a las cuatro de la tarde. ¿Qué te parece?	f)	Te recomiendo que vayas a Tailandia.

2 **You go along to hire a car** in Bilbao. You want a small car but the man at the agency keeps trying to persuade you to have a large one. Fill in your part of the dialogue.

El empleado ¿Por qué no alquila Vd. un coche grande?

Vd. (*Say but you want to hire a small car*)

El empleado Pero hombre, es mucho más rápido, y además no tenemos coches pequeños.

Vd. (*Well, what kind of cars has he got?*)

El empleado Teníamos de todos los tipos, pero ahora nos queda sólo éste, el grande.

Vd. (*So, how much does this one cost for a week?*)

El empleado La semana, le va a costar diez mil pesetas, más la gasolina y cinco pesetas el kilómetro.

Vd. (*Well, you and your mother are thinking of going to Madrid. Ask if it's far from here*)

El empleado De aquí a Madrid son quinientos kilómetros aproximadamente.

Vd. (*500 kilometres at five pesetas a kilometre, plus the petrol, it's too expensive. Ask him if he can recommend another agency*)

El empleado ¿Otra agencia? Pues, mire Vd., es posible que pueda alquilar un coche pequeño. Si quiere esperar un momentito, no sé si lo habrán reparado todavía . . .

3 **Two women are talking at the bus stop**,
but we've left some of the verbs out of their
conversation. Fill in the blanks with an
appropriate verb in the correct form.
The verbs you need are listed at the end.

	Estos autobuses son terribles. Nunca...............
Sra Queja	a tiempo. Sabe Vd., señora Fisgona, el otro día tuve que .... más de cuarenta minutos.
Sra Fisgona	¡Dios mío! Y lo peor es que cuando llegan, siempre .... llenos. Y los jóvenes de hoy no .... nunca su asiento a las señoras.
Sra Queja	¡Qué mal educados ....! Hablando de jóvenes, ¿cómo .... su pequeño Panchito?
Sra Fisgona	Mire, no tiene apetito. No .... casi nada. Ayer .... que llevarle al médico.
Sra Queja	¡Pobrecito! ¿Y qué .... el doctor?
Sra Fisgona	Me .... unas pastillas y me .... que el niño tiene que .... en la cama tres días.
Sra Queja	Pues, mi marido también ha .... enfermo.
Sra Fisgona	No me diga.
Sra Queja	Sí. El médico dice que .... muy cansado y que tiene que .... menos. Anoche le .... una buena sopa de pollo pero no .... comerla.
Sra Fisgona	¿No quería? ¡Qué lástima! Con el precio del pollo y todo.
Sra Queja	¡Ay! No me hable de los precios. Hoy .... una botella de tinto, una barra de pan y dos chuletas. ¿Sabe Vd. cuánto ....?
Sra Fisgona	Quinientas pesetas por lo menos.
Sra Queja	¡Quinientas siete pesetas!
Sra Fisgona	¡Ay! Esta inflación es terrible. Mire, anoche yo estaba .... la televisión – no la veo mucho a causa de mi pobre marido – y el locutor .... que este año los precios .... en un cincuenta por ciento.
Sra Queja	Sí, pero .... mucha gente que tiene dinero.
Sra Fisgona	Mire, ¿............................ Vd. a mis vecinos, los Martínez?
Sra Queja	Sí, los conozco de vista.
Sra Fisgona	Bueno, pues la señora Concepción – una buena mujer y todo, y yo no quiero oír nada malo de ella – pero ¡............................ a otro bebé el mes que viene!
Sra Queja	El séptimo, ¿no?
Sra Fisgona	No. ¡El octavo!
Sra Queja	¡Dios mío! Mire, aquí .... el autobús. Vamos a .... antes que estos jóvenes.

The verbs you need are:

comer	esperar	ofrecer	subir
comprar	estar	preparar	tener
conocer	gastar	quedarse	trabajar
dar	hay	querer	venir
decir	llegar	ser	ver

Some of them are used more than once.

4   **Ángeles and Javier** ended up taking their holiday at a hotel in
Skegness. Below are some of the discussions that took place in the
course of one day. Put their discussions into the form of a
conversation, changing the parts in italics into what they actually
said, like this:

Javier: No quiero té y huevos ....

At breakfast Javier said *he didn't want tea and eggs like all the other days.
He felt like having something else* (otra cosa). His wife asked *why he didn't
ask for bread and coffee.* Then she said *she was going to the beach and was he
going to go with her* (acompañar). He said *yes, but he didn't feel like
swimming.* She asked *why not* and he said *for two reasons: because the water
was too cold and because, what's more, he was tired.*

After lunch Javier said *he was thinking of having a nap* (tomar una
siesta). His wife said *she didn't know whether to go with him or to stay in the
lounge to watch the tennis on television.*

In the evening Ángeles said *she didn't know what they were going to do
that night. She was thinking of going to bingo again.* He wasn't sure if he felt
like going to bingo so he said *why didn't they go to the cinema to see 'The Good,
the Bad and the Ugly'.* She agreed.

5   **Pablo is always contradicting Pedro.** Fill in the gaps so that what
Pablo says is the opposite of what Pedro says.

1	*Pedro*	Es muy difícil.
	Pablo	No, hombre, es ....
2	*Pedro*	Hace mucho frío hoy.
	Pablo	¡Qué va! Hace ....
3	*Pedro*	Este libro no me gusta nada.
	Pablo	A mí ....
4	*Pedro*	La biblioteca está a la izquierda.
	Pablo	Está equivocado, está ....
5	*Pedro*	El ascensor está subiendo.
	Pablo	No, ...
6	*Pedro*	Estas naranjas son muy dulces.
	Pablo	No, son sevillanas, son ....
7	*Pedro*	Yo tomo un jerez seco.
	Pablo	Para mí ....
8	*Pedro*	A mí me gustan las chicas delgadas.
	Pablo	A mí no, las prefiero ....
9	*Pedro*	Este hotel es bastante barato.
	Pablo	Bueno, yo lo encuentro muy ....
10	*Pedro*	Arsenal es un buen equipo.
	Pablo	No digas disparates. Es un equipo muy ....

A PROPÓSITO

Vamos a la playa   Desde la muerte de Franco son muchas las cosas
que han cambiado en España, según algunos para mal, según otros
para bien; pero tanto en un caso como en otro, lo cierto es que en
muchas cosas España está irreconocible.

El bikini lo trajeron a España las extranjeras, y al principio las
españolas se negaron a ponérselo. Pero cuando ellas vieron que los

españoles ponían sus ojos sólo en las extranjeras, o cruzaban la frontera en dirección a la Costa Azul francesa, optaron por el bikini, muy a pesar de los moralistas patrióticos. Hubo un tiempo en que la presencia de la Guardia Civil en las playas, hacía vestirse de prisa a las españolas, ocultando avergonzadas sus bikinis; pero los tiempos fueron cambiando, España fue europeizándose, y el bikini empezó a considerarse como pieza anticuada, y en su lugar vino el microbikini. Luego, con la democracia, tras la muerte de Franco, algunas mujeres empezaron a quitarse los sujetadores y algunos hombres lo único que podían quitarse. No fue fácil. Los guardias civiles, con sus verdes y calurosos uniformes, obligados a pasear por las playas de España, no soportaron este cambio de costumbres tan radical. Sin embargo, actualmente está permitido el naturismo en varias playas españolas y se han legalizado ya cuatro asociaciones de naturistas.

de prisa   hurriedly

Nieve   Para muchos, España significa sol y playa solamente, y aunque es verdad que abunda el sol y son muchas las playas hermosas de España, también pueden disfrutar los que les gusta esquiar.

Treinta son las estaciones de invierno que hay en España, y están repartidas de tal manera que desde cualquier ciudad española se puede ir a esquiar sin tener que viajar más de doscientos cincuenta kilómetros. Incluso en el sur de España, en Sierra Nevada, junto a Granada, a sólo hora y media en coche de la Costa del Sol, se encuentra nieve donde esquiar.

Ahora bien, hay cosas que sólo ocurren en España. En Granada hay ahora un pleito *(court case)*, porque según parece en los años treinta un señor, que poseía una fábrica de hielo, compró toda la nieve que había en Sierra Nevada, y toda la que caerá en los años futuros. Así que ahora resulta que está permitido esquiar, pero no llevarse la nieve.

según parece   apparently

Taxis   Los taxis suelen ser bastante fáciles de reconocer en España, porque cada ciudad tiene un color o estilo específico además de la señal de *taxi*. Por las noches en las grandes ciudades hay taxis a todas horas y, aparte de encontrarlos en las paradas de taxis, es fácil ver venir por la calle un taxi libre porque, al estar libres, llevan una pequeña luz verde encendida a un lado de la parte delantera. Barcelona y Sevilla con sus taxis pintados con los colores amarillos y negros tienen los taxis más reconocibles. Madrid y muchas otras ciudades tienen taxis negros con una línea horizontal roja.

Los taxis y micro-taxis o mini-taxis, todos con plazas limitadas, tienen precios con tarifas oficiales. Las cargas extras por equipaje también están reguladas en las tarifas oficiales, y todos los taxis llevan y tienen que llevar la tarifa en sitio visible.

En España puede notar que todos los taxis, coches de alquiler con chófer, autobuses, autocares, etc., llevan detrás una pequeña señal blanca con las letras SP en negro. No son todos de la misma compañía; significa 'Servicio Público'.

Microbuses Además del servicio de autobuses muchas ciudades tienen también un servicio de microbuses para los que prefieren pagar un poco más y viajar con comodidad y rapidez. Todos los viajeros en estos microbuses viajan sentados, y por lo general los microbuses no tienen más de veinte asientos, con frecuencia unos quince. Los microbuses paran en las paradas si hay algún viajero que quiere bajar o alguien que hace señas de que quiere subir, pero sólo paran si hay plazas libres. Normalmente estos servicios tienen un itinerario paralelo a los autobuses normales.

Un microbús

16 El futuro

> Talking about what you're going to do, or what
> you will do
> The future tense
> This year, next year, sometime, never
> Going to the doctor, explaining your symptoms
> Whereabouts?

1   Almudena Rodríguez, the air-hostess you met in chapter 9, tells
Laura where the crew will be going when they leave Santiago airport,
and what preparations they'll be making for the flight.

Laura   ¿Qué vas a hacer ahora? ¿Te vas a marchar? ¿Tienes algún vuelo
previsto?

Almudena   Sí, dentro de aproximadamente una hora y media iremos al
aeropuerto. Tenemos que estar tres cuartos de hora antes del
despegue. Entonces, lo primero que haremos será revisar el avión,
mirar las emergencias y luego prepararemos todo el servicio para dar
al pasaje.

Laura   Y ¿qué haréis durante el vuelo?

Almudena   Como éste es un vuelo corto, vamos a Madrid, durará como cuarenta
y cinco, cincuenta minutos, entonces en ello le ofreceremos al pasaje
un refresco o una bebida y nada más. Después, iremos a Lisboa,
volveremos a Madrid, y de Madrid iremos a Sevilla, en Sevilla
descansaremos hasta mañana y otra vez volveremos a empezar.

Laura   Es una vida muy agitada, ¿no?

Almudena   Sí, realmente es una vida muy agitada y se trabaja bastante.

Laura   ¿Te gusta?

Almudena   Sí, por supuesto que me gusta mucho mi trabajo, y estoy muy
satisfecha.

las emergencias = las salidas de emergencia

2   Emilio hurt his knee while he was playing basketball and he went to
see the doctor, who decided to give him a thorough examination.

El médico   ¿Cómo se llama?

Emilio   Emilio Navaza González.

El médico   ¿Qué edad tiene?

Emilio   Treinta años.

El médico   ¿Casado, soltero, viudo?

Emilio   Casado.

El médico   ¿Domicilio?

Emilio   En la calle Nueva 18, 5° D, en Santiago.

El médico   Muy bien. ¿Qué es lo que le pasa a Vd.?

Emilio   El otro día, pues, hice un poco de deporte allí en el campo de la
Residencia, y me empezó a doler mucho la rodilla. El dolor lo tengo
en la parte de abajo de la rodilla.

El médico   ¿Y es un dolor muy intenso?

Emilio   Bastante.

El médico	¿Le impide caminar ese dolor?
Emilio	A veces, a veces, sí, sobre todo bajando las escaleras.
El médico	Muy bien, vamos a ver. Y además de eso, anteriormente ¿Vd. ha padecido alguna otra enfermedad . . . del estómago?
Emilio	No, gracias a Dios, no.
El médico	¿Del aparato respiratorio? ¿Tiene dificultades para respirar?
Emilio	No, tampoco, tampoco.
El médico	¿Dolores de cabeza?
Emilio	Sí, de cabeza sobre todo me da con bastante dolor.
El médico	¿Son hacia la parte de delante de la cabeza o hacia la parte de atrás?
Emilio	Preferentemente, hacia la parte de atrás de la cabeza.
El médico	¿Son cefaleas, de tipo migrañoso?
Emilio	Sí, sí.
El médico	¿Le molesta la luz? ¿Problemas en la vista?
Emilio	Bueno, ya ve que tengo gafas, soy miope, pero no sé . . .
El médico	Pues, vamos a hacer una exploración clínica.

Cola de enfermos

Emilio	¿Y qué va a hacer, doctor?
El médico	Bien, va a ser una exploración sencilla. Se tendrá que sacar los zapatos, calcetines y pantalón. Se acostará a la camilla. Le percutiremos en la rodilla, haremos una exploración de su rodilla, le tomaremos la tensión para ver cómo está su estado general, y posteriormente haremos una serie de movimientos en su rodilla para ver cuál es su grado de lesión.
Emilio	¿No será cosa mala?
El médico	No, no, no tiene ninguna importancia. *(They go over to the couch)* Muy bien. Acuéstese en la camilla; tranquilo, déjese flojo. Enfermera, ¿me trae el martillo de reflejos? *(The nurse brings the reflex hammer and the doctor carries out the examination)*

¿qué es lo que le pasa a Vd.?	what's the matter with you?
me da con bastante dolor	gives me quite a bit of pain
cuál es su grado de lesión	how bad the injury is
acuéstese en la camilla	lie down on the couch
déjese flojo	relax

3 Juan Casal is a wandering street entertainer who tells people's fortunes with the assistance of his trained budgerigars. He also tells jokes and does animal impressions. Mick Webb, the course producer, spoke to him.

Juan Este animalito va a cantar lo mismo que el gallo. A ver cómo cantas como el gallo, Pepiño. *(Juan does an impression of a cockerel and the budgerigar chirps)* A ver cómo le das la suerte a este señor. Venga a ver cómo le da la suerte. Venga, rápido; muy bien, Pepiño.

Mick Y ¿qué me va a pasar? ¿Voy a tener buena suerte?

Juan Este señor va a tener muchísima suerte, porque basta que venga con el aparato para tener mucha suerte. Canta otra vez, Pepiño. *(Juan does his impression again and Pepiño chirps)* Señores, en este momento voy a hacerle el disco de la risa. *(He laughs madly)*
Yo ser muy humorista. Me gustarme mucho que se ría la gente.

Mick ¡Que tenga Vd. mucha suerte también!

Juan Muchísimas gracias, muchísimas gracias. A ver si Vd. me hace alguna cosa que me valga también la pena.

Mick Claro que sí. *(He gives him some money)*

Juan Muchas gracias.

Mick De nada.

venga a ver	come and see
basta que venga con el aparato	he only has to come with his machine (i.e. tape recorder)
yo ser = yo soy	
me gustarme = me gusta	
¡que tenga Vd. . . .!	I hope you have . . .!
a ver si	I wonder if
alguna cosa que me valga también la pena	something to make it worth my while as well

145

1   ¿Qué haces manana?

● If you want to talk about what you're going to do, you can often, as in English, just use the present and rely on the rest of the sentence to make it plain you're talking about the future

¿qué **haces** mañana?	what *are you doing* tomorrow?
¿dónde **vas** para tus vacaciones?	where *are you going* for your holidays?

2   ¿Qué va a hacer?

● You can also use the Spanish equivalent of the phrase 'going to'

¿**voy a** tener buena suerte?	am I *going to* have good luck?
¿qué **vas a** hacer ahora, te **vas a** marchar?	what are you *going to* do now, are you *going to* leave?
este señor **va a** tener muchísima suerte	this gentleman is *going to* have lots of luck

3   ¿Qué pasará? – What will happen?

● There is also a Spanish equivalent of the English '*will* happen', the future tense. You can usually get round using it but you need to be able to recognise it. For example, Almudena the air-hostess says

iremos al aeropuerto	we *will go* to the airport
entonces, lo primero que **haremos** **será** revisar el avión	then, the first thing we *will do* *will be* to check the plane

● It's easy to form the future. Take the infinitive, whether it be an –*ar*, –*er* or –*ir* verb, and add these endings

(yo)	**–é**	e.g.	iré
(tú)	**–ás**		irás
(Vd./él/ella)	**–á**		irá
(nosotros,–as)	**–emos**		iremos
(vosotros,–as)	**–éis**		iréis
(Vds./ellos/ellas)	**–án**		irán.

empezaré a trabajar pronto
¿cuándo **volverás**?
mañana **será** otro día
ofreceremos una bebida a los pasajeros
irán a Francia para sus vacaciones

● There are, as always, some exceptions. In these cases, the endings are regular but they are not added to the infinitive. The most common are

poder	**podr**é, **podr**ás, etc.		decir	**dir**é
poner	**pondr**é		hacer	**har**é
tener	**tendr**é		querer	**querr**é
salir	**saldr**é		saber	**sabr**é
venir	**vendr**é			

To say 'there will be', i.e. the future equivalent of *hay*, use *habrá*.

4 This year, next year, sometime, never

● If you ask *when* something will happen, e.g.
¿cuándo estará listo mi coche?　　when will my car be ready?

you may be told
mañana　　tomorrow (though this should not always be
taken literally!)

or, more exactly

mañana por la	**mañana** **tarde** **noche**

● Some other possibilities

pasado mañana　　the day after tomorrow
en seguida　　straightaway
pronto }
luego }　　soon

dentro de	**poco** **algunas horas** in **tres semanas**	a short time a few hours three weeks

● Next week, etc.

la semana **el mes** **el año** **el lunes**	**que viene** next	week month year Monday

● Brace yourself for the worst
su coche **nunca** estará listo　　your car will *never* be ready

5 Going to the doctor

● What's the matter?
¿qué tiene?

¿qué le	**pasa** (a Vd.)? **ocurre** (a Vd.)?

● To say what the matter is you can use *tener*

tengo un dolor	de cabeza de garganta de estómago

or *doler*

me duele	la cabeza la garganta el estómago	my	head throat stomach	hurts

and if more than one thing hurts

me duelen	los ojos los pies las orejas

147

6 Whereabouts?

● To explain where a pain or an object is located, the simplest way is to use *aquí* followed by one of these words

aquí	**arriba**	up	
	abajo	down	
	adelante	in front	here
	atrás	back	
	adentro	inside	

● These words can also be used after

allí	allí arriba	up there
más	más abajo	further down
hacia	hacia adelante	towards the front

---

1 **Here's a letter written by John** to his friend Jesús, outlining his holiday plans. He has put all the verbs in the present tense, but can you put them all into the future?

> Querido Jesús:
> Este año *voy* de vacaciones a España. *Viajo* con mi familia. *Vamos* en avión hasta Alicante y allí *tomamos* el tren hasta Fuengirola. Allí nos *quedamos* en una casa de unos amigos. *Alquilamos* un coche y *viajamos* por la región. Desde Fuengirola *visitamos* Granada. Después de la semana *partimos* hacia la capital de España. *Pasamos* una semana en Madrid, donde mi padre *asiste* a un congreso. Así, pues, te *visito* en Madrid y me *enseñas* el Museo del Prado. *Es* bueno visitar un museo con un pintor como tú, que me lo *explica* todo. También me *llevas* a Toledo, como me has prometido tantas veces. Me *gusta* mucho visitar Toledo, y también allí *puedo* conocer a toda tu familia. Luego *marchamos* a Santiago de Compostela en tren, *hacemos* la peregrinación 'andando desde el hotel', y allí *cogemos* el avión de regreso a Londres. *Son* unas vacaciones maravillosas. *Estamos* en la playa, donde *nado* y *tomo* el sol, *visitamos* varias ciudades, y sobre todo te *veo*.
>
> Hasta pronto.
> Un abrazo,

2 **Imagine you're Jesús** talking to John on the phone. How would you ask him:

1 When he'll arrive in Spain
2 How long he'll spend in Madrid
3 If he'll be coming to Madrid with his family
4 How he will travel to Santiago de Compostela
5 If he'll catch the plane from Santiago or from La Coruña.

3 **Something went wrong** with the switchboard and these snatches of eight telephone conversations have got muddled. Match each question with the answer it should have got.

1 Vivías antes en Sevilla, ¿no?
2 ¿Jugarás mañana al fútbol?
3 ¿Has comido ya?
4 ¿Vendrás con nosotras mañana?
5 ¿Qué vas a hacer pasado mañana?
6 ¿No perdiste la cartera ayer?
7 Estabas hablando con Pedro, ¿no?
8 Tú trabajabas en Madrid el año pasado, ¿verdad?

a) No puedo acompañaros, no tengo tiempo.
b) Sí, pero la encontré esta mañana.
c) No, nos han eliminado de la Copa.
d) No, allí no trabajé nunca.
e) Sí, pero ahora vivo en Madrid.
f) Sí, comí muy temprano.
g) A partir de mañana no voy a hacer nada en absoluto.
h) No, él no vino.

4 **Horóscopo semanal**

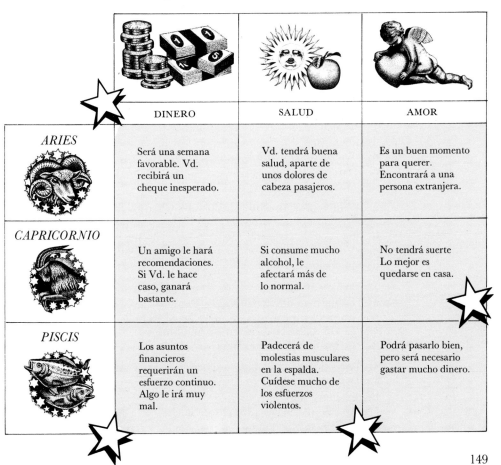

	DINERO	SALUD	AMOR
ARIES	Será una semana favorable. Vd. recibirá un cheque inesperado.	Vd. tendrá buena salud, aparte de unos dolores de cabeza pasajeros.	Es un buen momento para querer. Encontrará a una persona extranjera.
CAPRICORNIO	Un amigo le hará recomendaciones. Si Vd. le hace caso, ganará bastante.	Si consume mucho alcohol, le afectará más de lo normal.	No tendrá suerte Lo mejor es quedarse en casa.
PISCIS	Los asuntos financieros requerirán un esfuerzo continuo. Algo le irá muy mal.	Padecerá de molestias musculares en la espalda. Cuídese mucho de los esfuerzos violentos.	Podrá pasarlo bien, pero será necesario gastar mucho dinero.

Eduardo, Luis and Dolores have planned the coming week on the basis of their horoscope. Complete their plans by putting all the verbs into the future. Which star sign does each of them have?

Eduardo   No *(jugar)* a tenis, ni *(salir)* a bailar. *(Gastar)* mucho dinero, lo malo es que no sé si lo *(tener)*.

Dolores   Lo *(pasar)* muy bien. *(Esperar)* al cartero todas las mañanas, y por las noches *(ir)* a la discoteca donde *(encontrar)* a un chico francés o inglés.

Luis   *(Pasar)* una semana tranquila, *(beber)* muy poco, *(esperar)* a que venga a verme un amigo. *(Tener)* suerte financiera, pero de amor nada.

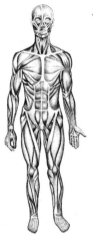

5 **The doctor noted down** his patients' descriptions of their symptoms, but his handwriting was so bad even he couldn't read which parts of their anatomy his patients were concerned about. Help him out by filling in the gaps with the appropriate parts from this list:

los pies   *la mano derecha*   *los nervios*   *la piel*
la cabeza   *el estómago*   *la garganta*   *los ojos*

1 Me siento muy mal estos días, tengo fiebre y me duele ....
2 Creo que necesito gafas, me duelen mucho ....
3 Tocando la guitarra me lesioné ....
4 Estos días apenas duermo, deben ser ....
5 He pasado todo el día en el Prado y me duelen ....
6 Creo que no debo de comer más, me duele ....
7 Necesito algo para ...., tengo una tos tremenda.
8 He estado mucho tiempo en la playa y tengo .... muy quemada.

6 **Odd one out.**

1   Which of these isn't an offer to pay for the meal?
a) Pago yo.
b) Por favor, ¿me trae a mí la cuenta?
c) Vd. es el invitado aquí.
d) No me queda dinero.

2   Which of these didn't the fortune-teller tell you?
a) Recibirá buenas noticias.
b) Se casará y será feliz.
c) Vd. desayunará mañana por la mañana.
d) Le tocará la lotería.

3   Which of these mechanics wouldn't you let repair your car?
a) Lo haré un día de éstos.
b) Empezaré a trabajar en su coche en seguida.
c) Le cambiaré el aceite en cinco minutos.
d) Lo terminaré muy pronto.

4   Which of these wouldn't an ethical doctor ask you?
a) ¿Dónde le duele?
b) ¿Tiene dolores fuertes?
c) Dolores, ¿qué vas a hacer esta noche?
d) ¿Le duele mucho?

5   If you wanted to arrange an exact time to meet someone, which one
    of these wouldn't you say?
    a)   Nos veremos a las cuatro exactamente.
    b)   Hasta las cuatro en punto.
    c)   Te veré a las cuatro sin falta.
    d)   Iré probablemente alrededor de las cuatro.

A PROPÓSITO

Los gitanos *(gypsies)*   A pesar de que el flamenco de los gitanos es
una de las atracciones turísticas y más hermosas facetas de España, la
vida de los gitanos en España es una vida muy dura. Los
500.000 gitanos que viven en España forman una de las minorías
raciales más oprimidas del país. 400.000 de ellos son analfabetos y
120.000 gitanillos carecen de puestos escolares; la esperanza de vida
media del gitano es de 42 años y el 75 por ciento de ellos vive en
chabolas en los suburbios. Ante esta situación causada por la pasión

Gitanos

de la raza gitana por mantener su estilo de vida independiente y por
la incomprensión e intolerancia del resto de los españoles, el gitano
continúa viviendo en un estado de 'apartheid' del que será difícil
salir. Sólo un 15 por ciento de los gitanos tiene un trabajo estable, el
resto hace trabajos temporales en la agricultura o se dedica a oficios
independientes como son la reparación de sillas de mimbre, la
hojalatería, la orfebrería, y la compra-venta de ganado y de todo tipo
de chatarras.
    En el mundo gitano la mujer ocupa un lugar secundario y, como
no trabaja, suele poner en buen uso su conocimiento del mundo de las
supersticiones y la astrología. Ella puede ganar dinero 'echando la
buenaventura', o sea leyendo la palma de la mano, a los que quieren
conocer su suerte futura y no les importa dar unas pesetas para oír
que 'una buena fortuna viene de camino' o 'una hermosa morena o
joven rico va a enamorarse de él o de ella para luego vivir
eternamente felices'.

la hojalatería	tinsmithing
la orfebrería	gold and silversmithing
la compra-venta	buying and selling, trading
echando la buenaventura	fortune-telling

151

La puntualidad Muchos británicos piensan que los españoles tienen el defecto de no ser puntuales, pero los españoles piensan que los británicos tienen la mala costumbre de estar obsesionados por la puntualidad.

Cuando un español se cita con alguien, por ejemplo a las diez, prefiere decir: 'Nos vemos *sobre* las diez' o '*alrededor de* las diez' o 'a las diez *más o menos*', que decir 'a las diez *en punto*'; y con frecuencia llega muy tarde. A los británicos les puede parecer esta falta de puntualidad algo terrible pero, bien pensado, si todos o casi todos los españoles actúan de igual manera, ninguno de ellos puede enfadarse por la falta de puntualidad del otro.

El famoso *mañana* de los españoles es una cuestión distinta, y muchos creen que es una consecuencia del desmedido interés del español por complacer a todos. En vez de decir que no, que no puede o no tiene tiempo de hacer algo, acaba diciendo que sí a todos y prometiendo todo; con lo cual, al no tener tiempo para hacer lo prometido, todo va quedando para hacerlo mañana . . .

bien pensado	if you think about it
acaba diciendo	he ends up saying
con lo cual	whereupon

¿Grande o pequeño? Si pregunta a un español que tiene una casa grande: '¿Dónde está su casa?', y le responde que su *casita* está cerca, no quiere decir esto que vive en una casa pequeña, sino que como le gusta su casa se refiere a ella con cariño, cambiando la palabra *casa* por *casita*. Los españoles hacen esto con muchísima frecuencia; el final *–ito* o *–ita* indica tamaño pequeño o afecto por la persona o el objeto. *Mi hermanito* puede indicar que el hermano es muy joven, un niño pequeño, o 'mi querido hermano'. Palabras corrientes que reconocerá son: pequeñito, poquito y pueblecito.

Si en vez de *–ito* oye decir a un español *–illo* o *–illa*, suele indicar que no gusta o estima en mucho a la persona o el objeto del que habla. Si refiriéndose a un niño alguien dice: 'parece un *hombrecito*', quiere decir que parece mayor, responsable y sensato. Sin embargo, si dice 'parece un *hombrecillo*', indica que más bien es 'una caricatura ridícula de un hombre'. Otro final que indica muy poco aprecio es *–uelo* o *–uela*. Finales como *–ico*, *–ín*, *–ino* y sobre todo *–iño*, son muy frecuentes en el norte: *–ico* en Aragón y *–iño* en Galicia. Por ejemplo, Juan Casal llama a su pajarito *Pepiño*.

Otros finales, usados con menos frecuencia, son *–ón*, *–azo*, *–ote* y *–acho* (o *–ona*, *–aza*, *–ota*, *–acha*, con palabras femeninas). Estos aumentativos indican tamaño grande o poco aprecio.

A veces estos aumentativos y diminutivos han pasado a ser una palabra con derecho propio, por ejemplo: la silla *(chair)*, la sillita *(push-chair)* y el sillón *(armchair)*. Otros ejemplos muy conocidos son: el cigarrillo, la ventanilla y señorita.

han pasado a ser	have become
con derecho propio	in their own right

17 Quejas y consejos

> Giving orders and instructions
> Advising/recommending/telling/persuading
> Describing good things
> Words ending in −*mente*
> 'I would . . .'

1 Emilio was thinking of going to Barcelona and, as he'd never been there before, he asked Anna to recommend what to see and where to go.

Emilio Anna, tú eres de Barcelona. Como sabes, yo tengo que hacer un viaje allí. ¿Qué me recomiendas que vea?

Anna Como sabes, en Barcelona hay muchas cosas que ver. Depende de tus gustos pero, por ejemplo, como monumentos te recomiendo la Sagrada Familia, el Barrio Gótico, el Pueblo Español . . .

Emilio ¿Qué es el Pueblo Español?

Anna Es un lugar donde han reproducido las principales casas y lugares populares del país. Allí se puede encontrar desde una pequeña plaza de Galicia, de algún pueblo de Galicia, a un patio andaluz, a una casa manchega . . . en fin, lo más típico del país.

Emilio Pues, iré a verlo, por supuesto. Y en cuanto a museos, ¿qué me recomiendas?

Anna El más importante es el Museo Picasso que tiene una colección muy importante de este pintor. También hay el Museo de Arte Moderno que conserva las obras más importantes de los pintores de principios de siglo.

Emilio Muy bien. Y después de la cultura, ¿qué sitios me recomiendas que no sean muy caros para poder comer?

Anna De sitios, hay muchos. Depende de lo que te guste comer. Por ejemplo, tienes restaurantes italianos o restaurantes chinos, pero yo casi te recomendaría que conocieras la cocina catalana.

Emilio ¿Cómo no?

Anna Si bajas hacia el puerto, encontrarás restaurantes pequeños, muy acogedores, que te darán una muy buena cocina catalana.

Emilio Y los restaurantes chinos y . . . e italianos, ¿en dónde se encuentran?

Anna Si subes por la parte del Ensanche, la calle Urgel, hacia Calvo Sotelo, allí encontrarás cantidades de restaurantes italianos; y los chinos, es un poco más difícil de localizar.

Emilio ¿Qué hay que beber allí?

Anna Pues, yo te recomendaría, si comes pescado, que bebas un buen vino de Alella y, si comes carne, te puedo aconsejar un buen vino del Penedés o del Priorato. Y una cosa que tienes que hacer es, después de comer, ir a tomar el café en las Ramblas.

Emilio Muy conocida, las Ramblas. Venden flores y ¿qué más? . . . libros o pajaritos . . .

Anna Exacto. Venden desde las flores . . . en unos quioscos preciosos, a pequeñas tiendecitas de animales, de pajaritos, de tortugas, y allí encontrarás a todas horas libros y revistas, está todo lleno de quioscos.

Allí es donde pasea la gente de Barcelona, donde se encuentran los amigos para tomar unos vinos, donde se toma el café para ver pasar a la gente. Es un sitio muy agradable y muy divertido.

Emilio Vamos, ¡que allí encontraré yo a las chicas guapas!

Anna Sí, encontrarás a las chicas guapas y también algunas de muy feas.

Emilio No, no, ¡las mujeres siempre son guapas!

que no sean	that won't be
te recomendaría que	I'd recommend you to get to
conocieras	know

2 Fernando, the radio presenter who gave some advice on making complaints in chapter 8, talked to Emilio about his radio show, *Radio Viva* ('Live Radio').

Emilio Fernando, ¿qué tipo de programas haces?

Fernando Fundamentalmente, un programa; un programa que se llama *Radio Viva* y que consiste fundamentalmente en música evidentemente, también información, y además tenemos una sección que está dedicada a que la gente nos llame por teléfono para contarnos sus problemas, para contarnos las cosas de la ciudad que no le gustan, para contarnos las cosas que sí le gustan . . .

Emilio Cuando la gente llama a tu programa por el teléfono, ¿qué dicen?

Fernando Bueno, yo oigo sonar el teléfono y entonces descuelgo el teléfono y una señora me dice: 'Fernando, en mi casa se oyen muchos ruidos'.

Obras callejeras

Yo le digo: 'Bien. ¿Dónde está su casa y por qué hay esos ruidos?' Y ella me dice: 'Mira, es que tenemos una obra al lado de mi casa y trabajan muy temprano y no nos dejan dormir'. Entonces, yo por la radio digo el problema que esta señora nos ha contado, y entonces algunas veces esa obra trabaja a otras horas distintas para que la señora pueda dormir, o bien otras veces continúa trabajando a las mismas horas y la señora, pues, nos vuelve a llamar otro día y me vuelve a decir: 'Oye, Fernando, en mi casa sigue habiendo muchos ruidos'. Y yo le digo: 'Bueno, vamos a volver a contarlo, a ver si se soluciona de una vez.

Emilio	Fernando, en tu vida profesional, ¿hay algo que te irrita?
Fernando	Claro que sí, porque no todo lo que uno hace en su trabajo es bonito. Yo tengo, por ejemplo, que leer cada día una lista muy larga de anuncios que me irrita bastante, y que antes de acabarla ya me he enfadado por lo menos dos o tres veces.
Emilio	¿Qué dicen esos anuncios, y tú exactamente qué tienes que decir?
Fernando	Bueno, yo tengo que leer muchos anuncios. Tengo que decir: 'Señora, lo mejor para Vd. es lavar con este detergente', o bien: 'Si Vd. está en nuestra ciudad, vaya a comer a este restaurante, que es el mejor y se va Vd. a chupar los dedos'. En fin, muchas cosas que además muchas veces yo no me las creo, y tengo que convencer a los que nos están escuchando que vayan a comer a este restaurante, que se laven con este jabón o que compren sus muebles en la tienda que está en la esquina.

de una vez   once and for all
se . . . chupar los dedos   to smack your lips (lit. to suck your fingers)

EXPLICACIONES

1 Giving orders and instructions

Some ways of giving orders and instructions have already been covered in chapter 6.

- One polite way of giving an order is to disguise it as a question
  ¿me **trae** el martillo de reflejos?
  ¿me **da** el dinero?

- Or you can use *¿puede . . .?* or *¿quiere . . .?*
  ¿**puede** traerme el martillo de reflejos?
  ¿**quiere** firmar aquí?

- You can be more direct and just tell someone to do something

tenga	take
venga	come (here)
vaya	go
vuelva	come back
diga/dígame	speak (hello)
oiga/óigame	listen
mire	look

The above words are used when you're talking to one person you don't know very well. To address more than one person you add an –*n*, i.e. *vengan*, *vayan*, etc.

- With reflexive verbs you put the *se* on the end
  acuéstese   lie down
  siéntese   sit down

Other pronouns go on the end in the same way
  díga**me**
  ¡hága**lo** ahora mismo!

2 Advising/recommending/telling/persuading

● You can use *tenga, venga,* etc. after verbs that have the idea of recommending, advising or telling someone to do something

	que **beba**	. . . you to drink
le recomiendo	que no **sea**	. . . you not to be
le aconsejo	que **vea**	. . . you to see
le digo	que **vaya**	. . . you to go
	que **se lave**	. . . you to wash

For people you call *tú* use **te** *recomiendo,* etc., and add an *–s* to the verb
te recomiendo que beb**as**

You'll also hear this form of the verb used after phrases meaning 'so that', like *para que* and *a que*
para que la señora **pueda** dormir
dedicado **a que** la gente nos **llame**

● You can work out this part of the verb from the first person of the present tense. For an *–ar* verb you add *–e* (for *Vd.*) or *–en* (for *Vds.*) in place of the final *–o*

(miro)	**mire**	**miren**
(me lavo)	**se lave**	**se laven**

and for *–er* and *–ir* verbs you add *–a* or *–an*

(tengo)	**tenga**	**tengan**
(vengo)	**venga**	**vengan**

There are of course exceptions to the rule

vaya(n)	(ir)
sea(n)	(ser)
dé/den	(dar)

The above verb forms are part of the 'subjunctive.' More details are on p. 181.

3 Good things

● Some ways of describing good things

importante ⎫ **principal** ⎭	important
acogedor	welcoming, friendly
agradable	pleasant
divertido,–a	amusing, entertaining
guapo,–a	good-looking, beautiful
bonito,–a	pretty, attractive
precioso,–a	lovely
bueno,–a	good

4 *–mente*

● Words that end in *–ly* in English usually end in *–mente* in Spanish, e.g.

fundamentalmente	basically
exactamente	exactly
evidentemente	evidently
preferentemente	preferably

5 What you would do

yo	**podría**	I *would* be able to
	diría	I *would* say
	iría	I *would* go
	recomendaría	I *would* recommend

The way of saying 'I would . . .' is to use the same form of the verb as for the future, but with different endings, i.e.

–ia, –ías, –ía, –íamos, –íais, –ían

PRÁCTICAS

1 **These questions are asked** by someone who's not quite sure what to do. Give the answers using a direct order.

1 ¿Vengo mañana o esta tarde? .... mañana.
2 ¿Lo digo todo o sólo el resumen? .... todo.
3 ¿Bebo ahora o lo dejo para luego? .... ahora.
4 ¿Paso o espero aquí? Sí, sí, ... dentro.
5 ¿Miro ahora o no está acabado todavía? .... si quiere.
6 ¿Le doy el libro a Juan? No, no .... el libro a nadie.
7 ¿Voy a la biblioteca? Sí, ... si tiene tiempo.
8 ¿Me entiende si hablo en español? Claro que sí, ... en español.

2 **Read the advert** and then decide which of these ten sentences are correct.

1 Los cursillos son sólo para los que saben esquiar.
2 En los cursillos puede perfeccionar su estilo.
3 Sin estilo no puede tomar parte en los cursillos.
4 Los clientes están contratados por los profesores.
5 Tienen profesores para enseñar a esquiar a los clientes.
6 Hay tres o cuatro profesores titulados en cada estación de invierno.
7 Las clases de esquí duran tres o cuatro horas cada día.
8 No hay que pagar para usar las telesillas y telesquís.
9 Hay fiestas en las instalaciones mecánicas.
10 Todos los esquiadores que viajan con este club están asegurados.

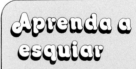

¿Aprenda a esquiar

Si usted no sabe esquiar, pero quiere aprender. O si usted sabe esquiar pero desearía perfeccionar el estilo, le recomendamos que pregunte por nuestros cursillos de esquí.
Tenemos contratados en cada una de las estaciones de invierno que ofrecemos en este programa, cursos de enseñanza y perfeccionamiento para nuestros clientes. Estos cursos incluyen:
— 3 ó 4 horas diarias de clase, según Estaciones, a cargo de profesores titulados.
— Libre circulación en telesillas, telesquís y todas las instalaciones mecánicas.
— Fiestas y actividades especiales «apres-ski».
— Y seguro PÉREZ especial para esquiadores.

3 **Asking people to do things.** Using a simple question, ask someone (someone you'd call *Vd.*) to

1 tell you the address of the library;
2 bring you the bill;
3 pass you the salt;
4 give you the ticket;
5 buy you a newspaper.

Now, using *querer*, ask someone to

6 sit down;
7 have a glass of wine with you;
8 tell you where the museum is;
9 help you for a moment.

4 **This advice on how to protect yourself** against attack or robbery was given by experts. Unfortunately they forgot the vital words. Choose from this list:

*haga   sea   cambie   utilice   caigan
entre   pasee   abra   tenga*

1 Sea muy discreto. Evite que su número de teléfono o la dirección de su domicilio .... en manos de desconocidos.
2 No sea un animal de costumbres. Cambie con frecuencia sus itinerarios y .... diferentes medios de transporte.
3 .... mucho cuidado al abrir las cartas y paquetes.
4 Manténgase en forma física. .... gimnasia todos los días. De su agilidad puede depender su vida.
5 No conduzca personalmente. Si puede, ... de coche con frecuencia.
6 .... decidido. .... y salga de los edificios con decisión y procure no llevar las manos ocupadas.
7 No .... la puerta sin saber quién llama.
8 No .... nunca solo por las calles.

5 **Advertisements** are always telling you to do things – use this, buy that. Turn the italicised words in these advertisements into orders.

1 ¿Es Vd. viuda o viudo y desea rehacer su vida? *(Solicitar)* información indicando edad y estado civil a . . .
2 Todavía quedan mundos por descubrir. *(Descubrir)* Gran Bretaña. En Edimburgo y Glasgow, *(comprar)* a buen precio fabulosas prendas de lana, tejidos y el más legítimo 'scotch'. *(Divertirse)* en los festivales de los Highlands. *(Disfrutar)* de una noche de confort en una lujosa mansión o en un castillo. *(Reservar)* unos días para Gales, un país lleno de encanto. Y, por supuesto, *(visitar)* Londres, la ciudad que es en sí misma un mundo aparte.
3 Con Cargo Iberia, Vd. gana tiempo y ahorra pesetas. En su próximo envío, *(comprobarlo)* personalmente, siguiendo estas sencillas instrucciones:
   a) *(Preparar)* el paquete.
   b) *(Llevarlo)* a una de las 189 Agencias Autorizadas de Carga Aérea que hay en España, o a Cargo Iberia.

c) *(Facturarlo)*. Y ya está.
   (Informarse). Es más rentable.
4 ¿Cuánto tiempo desea Vd. seguir siendo calvo? ¡*(Decidirse)* ahora!
   (Venir) hoy a una consulta gratuita.

A PROPÓSITO

El Pueblo Español   Por razones históricas y climatológicas, la arquitectura en España varía mucho según las regiones. El pueblo típico gallego es muy distinto del pueblo típico andaluz.

En Barcelona se construyó hace algunos años el Pueblo Español, una obra que tiene reproducciones exactas de plazas, calles, puertas, arcos e incluso iglesias de distintas partes de la geografía española; reproducciones no como las del escenario de un cine o un teatro, sino fieles y sólidas reproducciones perfectamente construidas.

La entrada del Pueblo Español es una de las puertas del recinto amurallado de Ávila. Dentro, uno se encuentra en la Plaza Castellana, de donde se pasa a una calle de Cáceres, a la Plaza Mayor donde hay una reproducción del Ayuntamiento de un pueblo de Teruel, y un sinfín más de calles de todas las regiones. Los españoles de las distintas provincias experimentan una extraña sensación al tropezarse con algún rincón de su provincia natal allí en Barcelona, en el corazón de Cataluña. En el Pueblo Español uno se encuentra parte de las gradas de Santiago de Compostela que juegan con el visitante de igual manera que un ilusionista con el público, porque las gradas, rodeadas de una serie de edificios gallegos, le llevan a uno en vez de a la catedral compostelana a una iglesia aragonesa, de la que uno sale luego a unas calles andaluzas.

Dentro del Pueblo Español se encuentra también hoy día el Museo de Artes e Industrias Populares, y en algunas de las calles hay talleres antiguos donde fabrican cristales o muebles a la vista del público, dando un ambiente único a este Pueblo Español.

Hay otro Pueblo Español parecido, pero no tan conocido, en Palma de Mallorca.

un sinfín más de   a great many more

RTVE   Cuando hay partidos de fútbol transmitidos desde España o durante los programas del Festival de la Canción de Eurovisión, al conectar con España, en la pantalla de la televisión se puede leer en el centro RTVE, que significa Radio Televisión Española, aunque a veces sólo ponen TVE.

RTVE es el equivalente español a la BBC, pero con una gran diferencia, y es que en España no hay que pagar un permiso o una licencia para mirarla, sino que es gratuita. Como consecuencia hay que soportar una continua publicidad que es lo que ayuda a mantener la televisión.

'La Tele' tiene dos cadenas. La Primera Cadena suele empezar a las 14.00 y acabar a las 23.30, y la Segunda Cadena, que es un poco más 'intelectual', empieza a las 19.30 y termina sobre las 22.30. De estas horas sólo un 40 por ciento es de producción española, por lo que mirando la televisión en España verá muchos de sus programas favoritos, como por ejemplo 'Un hombre en casa' (*'Man About the House'*) o 'El hombre invisible', pero con las voces dobladas en español. Los aficionados al fútbol o a los toros no lo pasan mal en España, pues RTVE está autorizada a transmitir los partidos de 'interés nacional', pagando a los clubs los asientos no vendidos. Similar situación es la de las corridas.

RNE (Radio Nacional de España) es la emisora de radio estatal y tiene emisoras en todas las provincias de España. Es bastante fácil de escuchar en Onda Media *(Medium Wave)* en Gran Bretaña, especialmente en el sur, después del anochecer, porque RNE emite programas desde Madrid, La Coruña, Sevilla y Barcelona, para los españoles que trabajan en el extranjero. En Onda Media se puede escuchar RNE en; 774 kHz (388 m), 729 kHz (412 m), 684 kHz (439 m) y 585 kHz (513 m). También se puede escuchar en Onda Corta durante día y noche en: 11920 kHz (banda 25 m) y 9570 kHz (banda 31 m).

Además de RNE, hay varias cadenas de radio independientes. La más importante es la SER (Sociedad Española de Radiodifusión), con emisoras en todas las provincias. Una de éstas es Radio Galicia donde trabaja Fernando como locutor.

dobladas   dubbed

Fernando
Madariñán

¡Ojo! Si alguien le grita a Vd. 'iojo!', le está diciendo que tenga cuidado, o que ponga atención. Otras palabras que se pueden usar para prevenir son ¡cuidado! o ¡atención! Si Vd. ve escritas en un cartelito las palabras 'OJO RECIÉN PINTADO', pues ¡cuidado!, porque se puede manchar el vestido.

ojo recién pintado   wet paint

18 ¿Qué quiere decir?

> Asking what things mean
> Talking about what's done
> Belonging and owning
> The Spanish alphabet

1   Santiago's buildings were decorated with a variety of political posters *(carteles)*, wall paintings *(pintadas)* and slogans. Anna explained to Mick Webb what some of these posters meant. The first one showed a number of women working and it had on it the initials ANPG – UPG.

Mick   Estas iniciales, ¿qué significan?

Anna   Significan *Asamblea Nacional Popular Gallega*, y *Unión del Pueblo Gallego*. Esto es un cartel conmemorativo del día veinticinco de julio, día de la patria gallega, y representa . . . están pintadas en las paredes unas mujeres trabajando el campo, otras trabajando en el mar, las mariscadoras, una mujer campesina con una bandera gallega con la estrella de cinco puntas rojas en el centro, y unos campesinos con una bandera roja y el símbolo de la ANPG – UPG, y el slogan es: *Contra la autonomía por caciquil y colonialista.*

Mick   ¿Y este grupo es de izquierdas, claro?

Anna   Este grupo en Galicia es de izquierdas y nacionalista . . . radical. *(They move on to look at another painting)* Esta pintada que tiene el mapa de Galicia con un corte de arriba a abajo dice: *La autopista un navajazo que divide nuestra tierra; no a la autopista del Atlántico.*

Una pintada

Mick   ¿Qué significa esta pintada?

Anna   Esta pintada es una más de las muchas que inundan Galicia en que se dice un 'no' rotundo a la construcción de la autopista desde la zona norte, Coruña, a la zona sur de Galicia, Vigo, que cortará Galicia en dos partes.

Mick   Y ¿cuáles son los grupos que están diciendo 'no' a la autopista?

Anna   Todos los partidos políticos están en contra de la autopista, en posturas más o menos radicales, pero todos en contra.

de arriba a abajo   from top to bottom

2 Antón Santamarina is a professor at the University of Santiago and he specialises in Romance Languages. He talked to Emilio about Galician proverbs and about the way English words have been absorbed into Castilian Spanish.

Emilio Antón, ¿tú nos podrías decir algunos de esos refranes muy típicos de nuestra tierra?

Antón Es difícil así, fuera del contexto, de decir refranes. De todas maneras, alguno que se me ocurre así . . .

Antón
Santamarina

Emilio Sí, sí, de ésos, de ésos.

Antón Por ejemplo, hay muchos refranes con respecto a la mujer y a las suegras y a las nueras, a los que no son de tu propia sangre, por ejemplo uno: *Morte de sogra e dor de nora, menos por dentro que por fora,* que literalmente en castellano quiere decir: *Muerte de suegra y dolor de nuera, menos por dentro que por fuera.*

Emilio ¿Nos puedes explicar un poco lo que significa este refrán?

Antón Sí. Normalmente las nueras siempre son, con respecto a sus suegras, muy hipócritas, ¿no? Les quieren menos que sus propias hijas, es natural, ¿no? Y aparenta mucha pena por la suegra pero en el fondo se alegra de que se haya muerto.

Emilio En realidad no es así, ¿no?

Antón No.

Emilio ¿Alguno más por ahí, Antón?

Antón	Sí, por ejemplo también relativo al casarse, casi empalma con el anterior: *O que casa fai, casa desfai*; literalmente: *El que casa hace, casa deshace.*
Emilio	¿Puedes explicar eso?
Antón	Sí. Cuando uno se casa, hace su propia casa, pero a su vez deshace el hogar de sus padres. Esto de los refranes es prácticamente universal. Por ejemplo él que sale de su tierra y se acomoda en otro país tiene que acomodarse también a las costumbres de allí, y por eso decimos los gallegos que *En terra de lobos hai que ouvear coma todos*, lo que quiere decir que *En tierra de lobos hay que aullar como hacen los demás.*
Emilio	De acuerdo.
Antón	Hay muchos refranes referentes al abogado, por ejemplo éste: *O que vai ó abogado, poucas veces volve consolado*; literalmente: *El que va al abogado pocas veces vuelve consolado.*
Emilio	Sé que hay muchas o varias palabras que están utilizando en castellano y que vienen de Inglaterra. ¿Puedes decir cuáles son, por ejemplo?
Antón	Sí, hay realmente bastantes palabras que proceden del inglés en castellano moderno, no concretamente en el castellano hablado en la península, mucho más en el castellano hablado en Hispanoamérica. Allí está plagado de palabras inglesas. Son palabras referentes a deportes fundamentalmente, algunas palabras referentes a la tecnología moderna, por ejemplo *el ínput, output.* Pero incluso en el léxico común, en el léxico de todos los días, palabras como *club* o *hall* o *un stand de libros*, o *gin, gintonic*, si uno va a un bar puede pedir *gintonic* y le entienden perfectamente. ¿Qué sé yo? Los deportistas naturalmente, como he dicho antes, todos tienen muchas palabras procedentes del inglés: *el sprint, el voleyball, el bask-* . . . bueno, *basketball* no; se traduce. Las palabras que no se usan en inglés crudo se traducen al castellano y es una especie de anglicismo disfrazado. Por ejemplo, el baloncesto es igual que *basketball* y . . . ¿qué sé yo? Incluso palabras que no pertenecen al deporte como 'el platillo volante'. Es un anglicismo disfrazado, es un *flying saucer* puesto con palabras españolas. El OVNI, el objeto volador no identificado, es el . . . el *UFO* del inglés tambien.
Emilio	¿Piensas que esto es bueno o malo para una lengua?
Antón	El hecho de que tengamos cien palabras o mil palabras o dos mil palabras del inglés no importa. El inglés mismo, como sabes, tiene un sesenta por cien de palabras latinas y no por eso deja de ser inglés. Tiene muchas palabras francesas, eso no importa mucho. Importa mucho en lenguas en las cuales hay poco intervalo, poca distancia, como es el caso del castellano y el gallego. Aquí conviene mantener muy bien las diferencias, pero entre el inglés y el castellano, que se presten palabras las que quieren, no pasa nada.
Emilio	De acuerdo. Antón, muchas gracias por tus palabras, y hasta otro día.
Antón	Adiós.

en el fondo	at heart
de que se haya muerto	that she has died
disfrazado	disguised
el hecho de que tengamos	the fact that we may have
no deja de ser	doesn't stop being

3 Anna read an extract from a newspaper article which gave details of the major political parties' campaign before the referendum on the Spanish constitution. She explained to Mick Webb what some of the initials stood for.

Anna 'Los principales líderes políticos harán campaña por la Constitución en el País Vasco. Santiago Carrillo y Dolores Ibarruri, PCE; Felipe González y Enrique Tierno, PSOE; y algunos ministros de UCD, quizá Fernando Abril, vendrán al País Vasco para recomendar el sí a la Constitución.'

Mick Anna, ¿me puedes explicar esto?

Anna Que los líderes políticos del Partido Comunista Español, PCE . . .

Mick ¡Ah! Son las iniciales.

Anna Exacto.

Mick PCE quiere decir Partido . . .

Anna Partido Comunista Español. Y los del PSOE, P–S–O–E, Partido Socialista Obrero Español, y UCD, Unión del Centro Democrático, irán al País Vasco para hacer mítines en favor de un sí a la Constitución.

harán campaña	will campaign

EXPLICACIONES

1 What does it mean?

● To ask what something means, use one of these expressions
¿qué quiere decir . . .?
¿qué significa . . .?
¿me puede(s) explicar esto?

or for something visual
¿qué representa . . .?

2 Talking about what's being done, rather than who is doing it

● Use *se*, as in these examples
las palabras que no **se usan**
la palabra no **se traduce**
lo que no **se dice**
la autopista que **se está construyendo**

You can use this construction in any tense
la catedral **se construyó** en el siglo XIV
antes **se fabricaban** coches en esta fábrica, pero ahora no

● When you use *se* with this kind of meaning, the verb agrees with the noun that comes before it
las cosas que no **se dicen**
la palabra que no **se dice**

It's easy to confuse this use of *se* with *se* meaning 'one', but don't worry because the meanings are often indistinguishable.

● You can get across the same idea by referring to a mysterious 'they', without saying who 'they' are

abren el banco a las nueve   the bank opens at 9 o'clock
cierran la discoteca a las dos   the discothèque closes at 2 o'clock

3   Belonging/owning

There are various ways of getting across the notion of owning something:

● Using *ser de*
el paraguas **es de** Juan
esta tierra **es del** Estado
las gafas **son de** Miguel

To ask 'whose is/are . . .?' say *¿de quién es/son . . .?*

● Using *pertenecer* ('to belong')
el paraguas **pertenece** a Juana
esta tierra **pertenece** al Estado
palabras que no **pertenecen** al deporte

● Using *mi, tu, su,* etc., followed by a noun
mi hermano   **nuestro** coche/**nuestra** casa
tu libro   **vuestro** tío/**vuestra** tía
su padre   **su** madre
All these words can be made plural by adding –*s*
mis hermanos   **sus** primos   **nuestros** padres

● Or with *mío/mía, tuyo/tuya,* etc.
este coche es **mío**
esas manzanas son **mías**

mío,–a	(mine)	**nuestro,–a**	(ours)
tuyo,–a	(yours)	**vuestro,–a**	(yours)
suyo,–a	(his/hers/yours)	**suyo,–a**	(theirs/yours)

● *Propio,–a* is an emphatic word meaning 'own'
es su **propia** fe   it's their own faith
es nuestro **propio** coche   it's our own car

4   The alphabet

● To ask how to spell something, say
¿cómo se escribe?
or **¿cómo se deletrea?**

● Here are the letters of the Spanish alphabet, with pronunciation:

a	a	**f**	efe	**l**	ele	**p**	pe	**v**	uve
b	be	**g**	ge	**ll**	elle	**q**	cu	**w**	uve doble
c	ce	**h**	hache	**m**	eme	**r**	erre	**x**	equis
ch	che	**i**	i	**n**	ene	**s**	ese	**y**	i griega
d	de	**j**	jota	**ñ**	eñe	**t**	te	**z**	zeta
e	e	**k**	ka	**o**	o	**u**	u		

The names of Spanish letters are feminine: **una** *a mayúscula*, **la** *be*, etc.

The letter *w* is not strictly speaking part of the Spanish alphabet, but it turns up in words borrowed from other languages, especially English, e.g. *el whisky, el week-end.*

---

1   **You're in your local library** at home in England and you notice someone who's having some trouble making himself understood. He seems to be Spanish . . .

Vd.   *(Ask him if he's Spanish)*
El señor   Sí, soy de Murcia. ¿Vd. es española?
Vd.   *(Say no, you're English, but you study Spanish)*
El señor   Pero habla muy bien español. ¿Lo ha aprendido en España?
Vd.   *(Well, you started with ' ¡Dígame!', a BBC course, then you went to Cuenca where you practised a bit, and now you're following the course 'Por aquí' on the radio)*
El señor   Muy bien, pero ¿por qué estudia español?
Vd.   *(To enjoy your holidays, and to get to know Spain and the Spanish people)*
El señor   También le sirve el español fuera de España.
Vd.   *(Say yes, you know that Spanish is spoken outside Spain in many other countries)*
El señor   Sí, el español es el quinto idioma del mundo, después del chino, el inglés, el ruso y el hindi. Más de 175 millones de personas hablan español.
Vd.   *(That's a lot of people. The majority are Latin Americans, aren't they?)*
El señor   La mayoría sí, pero también se habla mucho en los Estados Unidos y en las Filipinas.
Vd.   *(In the Philippines? You didn't know that. Ask him why they speak Spanish there)*
El señor   Bueno, las Filipinas formaban parte del Imperio Español durante tres siglos y medio.
Vd.   *(That's very interesting. Ask if the Spanish is very different in the other countries?)*
El señor   Sí, es un poco diferente, como son distintos el australiano y el inglés, pero nos entendemos sin problemas. En cambio el inglés es muy difícil.
Vd.   *(Yes, it is difficult. Ask him if he's studying English)*
El señor   Por eso estoy aquí. Quiero hacer un curso de inglés, pero no sé dónde.
Vd.   *(That's lucky* (use: ¡qué . . .!)*, you teach English to foreigners, and you're going to give a class this evening. Ask him if he wants to come)*
El señor   Con mucho gusto. Eso es lo que buscaba . . .

2   **Some English words** have slipped into these sentences. Rearrange their letters to make appropriate Spanish words.

1   Durante el verano voy todos los *said* a la *coast*.
2   Dame la *cream*, que tengo la *pile* seca.
3   Yo tengo en mi casa un *goat* y tres perros.
4   Sí, yo *coot* la guitarra, aunque no sé *croat* el piano.
5   El *root* es un animal muy fuerte.
6   *Each* mucho sol ahora, pero esta tarde *core* que *overáll*.

166

3 *¿Qué significa esta señal?* Look at these traffic signs and complete the five sentences. You will need these verbs:

se estrecha   resbala   se puede
se tiene   se prohibe

La señal significa:

1 Que no .... doblar a la derecha.

2 Que .... que dar prioridad a los que vienen en la otra dirección.

3 Que .... utilizar señales acústicas.

4 Que .... la calzada.

5 Que .... el coche fácilmente.

4 **Match these common Spanish proverbs** with their English equivalents.

1 Barco que mandan muchos pilotos, pronto va a pique.
2 Cásate y tendrás marido.
3 Dime con quién andas, y te diré quién eres.
4 El ejercicio hace maestro.
5 Cada día gallina, amarga la cocina.
6 No se ganó Zamora en una hora.
7 Quien temprano se levanta tiene una hora más de vida.
8 Cada semana tiene su día santo.

a) Practice makes perfect.
b) Every cloud has a silver lining.
c) Birds of a feather flock together.
d) There's no rose without a thorn.
e) The early bird catches the worm.
f) Rome wasn't built in a day.
g) Variety is the spice of life.
h) Too many cooks spoil the broth.

5 **There's a dispute in the local bar** over the ownership of a well-stocked wallet. In the confusion you miss some of the key words. What are they? All the missing words are to do with 'belonging'.

El barman ¿................ .... es esta cartera?

Una señora Debe .... a mi marido; la perdió ayer.

Un señor No puede ser .... él. La .... es negra y ésta es marrón.
Es ....; la dejé en el mostrador.

Dos chicas No señor, no es .... Es .... Llevamos todo nuestro dinero dentro.

El barman	*(abriendo la cartera)* Efectivamente, tenéis razón. Dice dentro 'Pilar y Carmen Martínez'; debe ser .... *(Al señor)* ¿Por qué has dicho que era ....?
El señor	Bueno, pensaba que me .... porque se parece mucho a la .... Pero ya veo que la tengo aquí en el bolsillo.
El barman	*(a la señora)* ¿Y por qué ha dicho Vd. que era .... su marido?
La señora	¡Qué impertinencia! No permito que me insulte de tal manera. *(Sale rápidamente)*

A PROPÓSITO

La prensa *(the press)* En España no hay prensa nacional. *El País*, el periódico independiente que existe sólo desde el verano de 1976, es el único diario que llega a los cuatro rincones del país. La razón principal de esto es que las distancias entre las ciudades son demasiado largas y las comunicaciones no son muy buenas. Un periódico publicado en Madrid no puede estar fácilmente en todas las casas de España a la hora del desayuno, y con frecuencia *El País* no llega a los rincones aislados hasta la tarde.

Desde la guerra civil (1936–39) hasta 1966 la censura era total. A partir de este año fue abolida, pero a pesar de haber 'libertad de prensa', estaba prohibido criticar muchos temas, uno de ellos el Gobierno. Ahora ya no hay censura, y una consecuencia de este cambio ha sido la proliferación de revistas con abundancia de páginas como la número tres en *The Sun*. La revista *Interviú* es una de las más vendidas con su mezcla de artículos serios y fotos eróticas.

Hay dos periódicos semanales de larga tradición, vendidos en toda España, que son muy populares: *El Marca*, uno de los varios periódicos deportivos, y *El Caso*, un periódico que se especializa en crímenes, robos y accidentes, con todo tipo de detalles.

Los partidos políticos Durante los años del franquismo sólo existía legalmente un partido político, el Movimiento, y pertenecer a cualquier otro partido o hacer propaganda de éstos era motivo suficiente para ir a la cárcel durante varios años. No obstante, los partidos socialistas y comunistas sobrevivieron en la clandestinidad. Al morir Franco el 20 de noviembre de 1975 y al pasar Juan Carlos a ser rey de España, se inició un proceso democrático y el Gobierno fue autorizando el establecimiento de los partidos políticos, además de acabar con el Movimiento.

A causa de los años de la dictadura los españoles estaban muy divididos, y al principio había más de doscientos partidos políticos. Poco a poco se fueron agrupando al irse conociendo, y en las primeras elecciones en junio de 1977 fueron los dos grupos que resultaron vencedores: la UCD, Unión del Centro Democrático, partido centrista, pero en realidad de 'derecha moderada'; y el PSOE, Partido Socialista Obrero Español, que aunque era un grupo que existía desde antes de la guerra, ahora estaba formado por jóvenes socialistas que habían estado en la oposición contra la dictadura franquista. La UCD obtuvo una reducida mayoría, pasando a formar gobierno. Los otros dos partidos que obtuvieron ciertos votos fueron:

el PCE, Partido Comunista Español, partido a favor del 'eurocomunismo' (no se entiende con Moscú) y la AP, Alianza Popular, la derecha franquista. Los partidos de extrema derecha o izquierda apenas obtuvieron votos.

En las elecciones generales de mayo de 1979 los resultados fueron los siguientes. De 350 diputados fueron elegidos 167 de la UCD, 121 del PSOE, 23 del PCE, 10 de la CD (el nuevo nombre de AP), y los 29 restantes entre varios partidos.

sobrevivieron	survived
poco a poco	bit by bit
al irse conociendo	as they got to know each other
no se entiende con	isn't on good terms with

Las elecciones municipales del año 1979

Palabras anglo-hispánicas   Como el fútbol fue creación de los ingleses, muchas de las palabras futbolísticas españolas son en verdad adaptaciones del inglés al español. Los españoles han adaptado el sonido inglés al español. La palabra 'fútbol' es un claro ejemplo, pero no el único; los españoles hablan del 'penalty', 'el córner', 'el gol', e incluso a veces 'el míster', refiriéndose al *manager*.

19 Médicos y curanderos

> Putting it together
> Connecting words and 'filler' phrases
> That, which, what, etc.
> Word order
> The conditional tense

1   Domingo García Sabell has a great reputation in Santiago, not only
as a doctor but also as a historian with a deep knowledge of Galician
culture. Dr Sabell explained to Emilio his theory that Galicians and
Castilians are very different when it comes to describing their
symptoms to a doctor. He went on to talk about the way the practice
of medicine has changed over the last fifty years.

El doctor Domingo
García Sabell

Emilio   Doctor, cuando viene la gente a verle, ¿es difícil para ellos el explicar
lo que tienen? Por ejemplo yo, si voy al médico, pues, les digo 'me
duele aquí' de una forma imprecisa, o 'me duele el estómago'.

Dr Sabell   Absolutamente no. Más bien yo diría lo contrario. El enfermo gallego
tiene dos cosas sumamente interesantes: por un lado una gran riqueza
imaginativa, de ahí que el enfermo gallego se distinga, por ejemplo,
del enfermo castellano, en que el enfermo castellano es un enfermo
testimonial. Quiere esto decir que Vd. le pregunta a un enfermo
castellano, me refiero a un paisano, a gente del pueblo: '¿Qué le
ocurre a Vd.?', y el paisano le va a Vd. decir: 'Pues, me ocurre que
me duele la boca del estómago cuando como, o a las dos horas de
comer, que tomo un alimento y me alivia, pero luego vuelve a
dolerme, que siento ardores', etcétera, etcétera, etcétera. Pongamos el
mismo caso y Vd. le dice al enfermo gallego: '¿Qué le ocurre a Vd.?',
y entonces el enfermo gallego le va a Vd. decir: 'A mí me ocurre que
la comida no me cuece en el estómago'. Entonces, Vd. se queda
sorprendido y dice: 'Bueno, y ¿qué es esto de que no cuece? ¿Es que le
duele a Vd.?' 'Mire Vd., dolor no, pero yo entiendo que la comida no
tiene la cocción que debiera en el estómago', etcétera, etcétera.

Emilio	¿Doctor, por qué esta diferencia de hablar entre un paisano por ejemplo gallego y uno castellano? ¿Hay alguna explicación?
Dr Sabell	Evidentemente, porque son dos maneras de ser absolutamente distintas. El hombre castellano se sitúa frente al mundo de una manera enormemente objetiva, es decir realista, y luego influye, pues, incluso la geografía. Eso corresponde a un paisaje seco, esquemático, desnudo, que tiene su grandeza pero que no es la nuestra. En cambio, el hombre gallego es imaginativo, es creador, es interpretativo, porque su propio paisaje se presta a ello, es un paisaje lleno de curvas, de sorpresas, de cosas inesperadas, etcétera, etcétera.
Emilio	En general, doctor, ¿cómo es la salud de la gente? ¿Es buena?
Dr Sabell	Yo creo que la salud de la gente gallega ha experimentado un giro, digamos a partir de los años cuarenta, treinta y tantos, cuarenta, a ahora. Hasta esos años la salud en Galicia era mala, francamente mala, y para ser esquemáticos podemos decir que había dos grandes plagas. Una era la tuberculosis. La otra plaga ha consistido en la total y absoluta falta de higiene. Pero a partir de esos años se producen cambios en la medicina importantes, se descubren las sulfamidas, se descubren los antibióticos, se descubre la penicilina, la estreptomicina, etcétera, etcétera, y entonces, pues, cambia radicalmente todo. Y la higiene, pues, ha avanzado y ha penetrado enormemente en el medio rural.
Emilio	Y la gente, evidentemente, ¿se preocupa por su salud?
Dr Sabell	La gente se preocupa por su salud y quizá por otra razón también sumamente curiosa, y vamos de cosa curiosa en cosa curiosa. La gente antes no creía en la medicina, y yo creo además, yo pienso, que tenía razón. La medicina hacía verdaderas maravillas diagnósticas. Se diagnosticaban cosas finísimas con muy pocos aparatos, a base de exploraciones físicas, de preguntas y . . . etcétera, etcétera. Pero frente a esa maravilla clínica la medicina era absolutamente ineficaz como terapéutica. Piensen Vds. que, por ejemplo, se recomendaba a los enfermos de tuberculosis pulmonar, por ejemplo, que diesen grandes paseos. Entonces, como la medicina no curaba, el enfermo era escéptico y no se consultaba. Pero la medicina también ha cambiado totalmente en muy pocos años, y hoy la medicina, si no todas, la inmensa mayoría de las enfermedades las cura. Hoy se cura la tuberculosis, se cura una pulmonía, se cura un tifus, etcétera, etcétera, etcétera, y hoy los paisanos se consultan mucho más que antes porque saben que se pueden curar.
Emilio	Doctor, Vd. menciona que la gente ya cree más en la medicina, pero ¿sigue habiendo en el campo paisanos, gente, que tiene más fe en los · curanderos, por ejemplo, que . . . que en los mismos médicos?
Dr Sabell	En esto yo creo que también ha habido un cambio radical. Como yo ya llevo prácticamente cuarenta años de ejercicio profesional, pues ya puedo ver en perspectiva el cambio. Entonces, hace cuarenta, hace treinta, quizá hace veinte años, treinta diría yo mejor, pues evidentemente había muchos curanderos en Galicia, de todas clases, y muy interesantes.
Emilio	¿Qué es exactamente un curandero, doctor?
Dr Sabell	Un curandero en Galicia, cuyo nombre exacto es *mencinheiro*, o saludador, es aquél que hace unos diagnósticos sin explorar al enfermo, que procede un poco por adivinación y que luego da

171

remedios casi siempre de tipo mágico, pues 'ir de noche a las doce, una noche de luna, a un crucero, rezar tantas avemarías, poner allí a un niño enf- . . . si es el niño el enfermo, tenerlo allí, aplicarle determinadas hierbas sobre el vientre', etcétera, etcétera, etcétera. Pero naturalmente cuando la medicina empezó a ser práctica y efectiva y rindió frutos, empezaron a decrecer los *mencinheiros*; de tal manera que mi impresión actualmente es que los hay todavía pero que han decrecido enormemente y que sirven, pues, para tratar ciertas histerias, ciertas neurosis, justo en aquellos casos que también la medicina está desvalida, porque hoy la medicina puede curar muy bien un tifus, pero ya una neurosis, ya es muchísimo más difícil, o una depresión. Por otra parte, y esto también es notable, generalmente eran individuos ignorantes pero con una gran sensibilidad psicológica, con una gran capacidad de intuición de las preocupaciones de aquella persona que tenían delante de sí, del que venía con un problema de los hijos, del que venía con un problema económico, etcétera, etcétera, etcétera.

Emilio Doctor, muy interesante por supuesto todo lo que nos acaba de contar, estaríamos pienso que hablando tiempo y tiempo sobre estas cuestiones. Pues, nada más.

Dr Sabell Muchas gracias a Vds., y que sepan los ingleses que si alguno de ellos le interesara en detalle cualquier de estos temas, por correspondencia, de palabra, como quiera, me tiene en absoluto a su disposición para ampliarlos y detallarlos más.

Emilio Muchas gracias.

de ahí que	and so
pongamos el mismo caso	let's take the same case
no tiene la cocción que debiera	isn't properly cooked (digested)
dos maneras de ser	two ways of life
ha experimentado un giro	has undergone a complete change
digamos	let's say
el medio rural	the rural environment
que diesen grandes paseos	that they should go for long walks
delante de sí	in front of them
todo lo que nos acaba de contar	all you have just told us
que sepan los ingleses que si	the English people should know
alguno de ellos le interesara	that if any of them is interested
como quiera	however he likes

EXPLICACIONES

1 Putting it together

To make your speech flow, you'll need to combine ideas by using little connecting words and phrases.

● Connecting words to use

If one action follows another

y
luego

If something results logically from what you've already said

entonces
de ahí que
por eso
esta es la razón de que

To contrast two ideas or actions

pero
en cambio
por otra parte
mientras que
aunque

To correct yourself

mejor dicho
o sea

To emphasise your point

además

2 Filler words and phrases

● Spanish has a lot of words which don't really mean anything but just mark time while you're searching for the right phrase, word, idea, etc. They also act as a kind of spoken punctuation

bien, bueno	well now
ya/ya sabes	you know
como he dicho antes	as I said
digamos que	let's say that
podemos decir que	we can say that
lo que pasa es que	the fact is that
o sea	
pues	well, I mean
es que	

3 What, which, whom, that, etc.

● In English these words are often left out in such phrases 'the man (that) I met yesterday', but in Spanish some word like *que* is always used

el hombre **que** conocí ayer es mecánico

los museos **que** visitamos el año pasado están cerrados este año

Que can be used whether you're referring to a person or a thing, or to one thing or more than one.

● If what is referred to is not a noun but a whole idea, use *lo que*

mi madre viene a vivir con nosotros, **lo que** nos hace muy contentos

i.e. you're referring to the whole idea of your mother coming to live with you.

● *Lo que* is also often used to emphasise questions beginning with *¿qué?*

¿qué es **lo que** haces? = ¿qué haces?

or it means 'what'

lo que dices es muy interesante

4 Word order

● Emphasis or contrast in spoken English is often achieved by stressing the appropriate word

I'll buy the wine if **you** cook the meal

Spanish is much more likely to convey emphasis by changing the word order and putting the subject after the verb

unas veces lo **hace Pedro**, otras veces lo **hago yo**
no se preocupe, lo **haré yo**

● Similarly, if someone wants to know who you are (e.g. on the phone), you can answer

soy yo   it's me

That phrase can be lengthened, again for emphasis, to state what it is you're doing: 'I'm the one who . . .', 'we're the ones who . . .'

soy yo quien pago siempre
somos nosotros quienes pagamos siempre

● With verbs like *me ocurre, me gusta*, you can make the emphasis by adding *a mí*

a mí me gusta Santiago
a mí me ocurre algo con el estómago

● Word order is very flexible in Spanish, and sometimes the subject is put after the verb just as a matter of style or for variety

es Vd. muy amable
doctor, cuando **viene la gente** a verle, ¿qué le dice?

or when you're making a list

¿quién viene a la fiesta?
pues, **viene** María, **viene** Carlos, **viene** Pedro, **viene** Bob . . .

5 What would happen, what you'd do

● If you replace the future endings (*–é, –ás, –á*, etc., see p. 146) with the imperfect endings *–ía, –ías*, etc., you are making the conditional tense, e.g.

yo **diría** que sí	I'd say so
iríamos a Santiago pero no tenemos coche	we would go to Santiago but we don't have a car

This is called the conditional, because it describes what *would* happen, given the right conditions.

● You're already familiar with some verbs in the conditional

me **gustaría** mucho	I'd like that very much
podría hacerlo	I would be able to do it (or simply: I could do it)

And two verbs often used in the conditional are *deber* and *tener*

Vd. **debería**	you ought to
yo **tendría** que	I would have to

1 **Here are some statements** relating to the conversation between Emilio and Dr Sabell. Decide which one out of each group of three is correct.

1 a) Emilio sólo va al médico cuando le duele el estómago.
  b) Cuando él va al médico, éstos no saben cómo explicarse.
  c) Emilio no sabe explicarse bien cuando va al médico.

2 a) El enfermo gallego sólo tiene enfermedades interesantes.
  b) El gallego, cuando va al médico, se explica de una manera muy imaginativa.
  c) Los gallegos tienen enfermedades más interesantes que los castellanos.

3 Un castellano de pueblo le diría al médico:
  a) 'Cuando abro la boca me duele el estómago.'
  b) 'Las comidas me causan ardores.'
  c) 'Tengo ardores por no comer cada dos horas.'

4 a) El gallego no cuece la comida en la cocina, la cuece en el estómago.
  b) Cuando no entiende de comida el gallego va al médico.
  c) El gallego lo que dice al médico es que tiene malas digestiones.

5 a) El castellano no es muy imaginativo frente al mundo.
  b) El objetivo del castellano es enfrentarse con el mundo.
  c) El castellano es realista porque prefiere al rey.

6 a) El castellano se pasea desnudo por el paisaje.
  b) La sorpresa del paisaje gallego es que no hay curvas.
  c) El paisaje influye mucho en el carácter de la gente que allí vive.

7 a) La salud experimenta un giro positivo después de los cuarenta años.
  b) Desde los años cuarenta la salud ha mejorado considerablemente.
  c) A partir de los años cuarenta sólo existen dos plagas.

8 a) Las nuevas medicinas han ido acabando con las plagas.
  b) Las plagas más graves eran las sulfamidas y las estreptomicinas.
  c) La higiene rural se produce gracias a la penicilina.

9 a) La gente hoy día apenas se preocupa por su salud.
  b) La medicina antes diagnosticaba finísimos aparatos.
  c) Estos días la gente tiene más fe en la medicina que tenía antes.

10 a) A los tuberculosos se les recomienda hoy día dar largos paseos.
  b) La gente sabe que hoy día se puede curar todo tipo de enfermedades.
  c) Hoy los paisanos curan la tuberculosis, la pulmonía y el tifus.

2 **You're talking to a Spaniard** in Madrid who says he's spotted a UFO. You're rather sceptical about it . . .

Vd.	*(Ask him well, what was it like?)*
El hombre	Era muy grande, casi tan grande como una casa, o sea una casa pequeña.
Vd.	*(As big as a small house! Ask him where he saw this UFO)*
El hombre	Yo vi el OVNI cuando volvía de mi trabajo. Apareció de repente entre las montañas y se fue hacia Francia.
Vd.	*(Was it going quickly or slowly?)*
El hombre	Lo que pasa es que al principio iba muy despacio, luego se aceleró y al desaparecer iba muy muy rápido.
Vd.	*(Ask him what colour it was)*
El hombre	Era blanco y verde, y además dentro de la cabina se podían ver unas personas, mejor dicho unos seres.

Vd.	*(He says he could see people inside the cabin. You suppose they were green with three ears)*
El hombre	No, verdes no, más bien amarillos, con ojos muy grandes.
Vd.	*(He must have been very close to them. Wasn't he frightened?)*
El hombre	¿Yo miedo? Nunca he tenido miedo. Además yo no tenía miedo porque sabía muy bien que era un OVNI español.
Vd.	*(A Spanish UFO? How did he know?)*
El hombre	Porque llevaba matrícula de Madrid.
Vd.	*(A Madrid licence plate? Very strange! Ask him if he was coming back from work or from the bar . . .)*

3 **Which connecting word or words** would you use to make the best sense of these sentences? Choose from

por eso   *pero*   *además*
luego   *mejor dicho*

1   Él siempre hace lo mismo, entra en casa a las ocho, ... va directamente al salón y mira la televisión.
2   Lo que pasa es que nosotros queremos hacerlo, ... ellos no están de acuerdo.
3   Es un hombre sin talento y .... es muy feo.
4   Ella no hace nada, ... hace muy poco.
5   No tengo dinero y .... no puedo ir.

4 **Here's a domestic argument** between Bernardo and Alicia which got slightly confused. Can you put it in the right order? Start with:

Alicia   Tú sabes que hoy viene a visitarnos un matrimonio inglés.

Bernardo   Pero tú sabes muy bien que no tenemos dinero para comer fuera. Han subido tanto los precios.

Alicia   Se llaman Smith. Les encontré en el supermercado y les invité a cenar.

Bernardo   Ah, pues, querida, creo que podría dejar el trabajo para otra noche. ¿Te ayudo a preparar la cena?

Alicia   Pues, estás equivocado, lo hablan muy bien los dos, y si te va a molestar tanto, podríamos salir a comer fuera.

Bernardo   No, claro que no lo sabía. ¿Quiénes son?

Alicia   No tiene nada que ver con los precios. Siempre eres así cuando viene alguien a verme. Son gente muy simpática, y la mujer es muy guapa.

Bernardo   ¿Cómo puedo trabajar si vais a estar charlando? Y además, supongo que no hablarán castellano.

Alicia   Pero no importa, tú puedes trabajar tranquilo. Nosotros cenaremos y charlaremos.

Bernardo   Me dices que les has invitado a cenar, aunque sabes que tengo que trabajar esta noche.

5 **Here are six people holding forth** on their favourite topics. Judging from what each person says, is he or she likely to be . . .

un aficionado/una aficionada al fútbol   *una feminista*
un/una naturista   *un/una franquista*
un/una comunista   *un/una ecologista*

1   Con Franco, vivíamos mucho mejor, aunque la gente hoy no quiere admitirlo.
2   Lo que pasa es que las mujeres no tenemos ni los derechos ni las oportunidades que tenéis vosotros.
3   Mire, el PCE es el único partido que puede solucionar los problemas económicos de este país.
4   ¿Y sabes lo que han gastado en el nuevo delantero peruano? ¡Cien millones de pesetas! Y además mi abuela juega mejor que él.
5   Dentro de veinte años no existirá ni campo ni monte. Hay autopistas que están arruinando el paisaje, fábricas que están contaminando todos los ríos. Esto no es progreso.
6   Uno se siente tan libre al quitarse toda la ropa, y además se mejora mucho la salud si uno está todo el día bajo el sol. Es tan natural.

Fuera de serie   A los españoles, como a todos, les gusta exagerar. Por ejemplo, el británico dice: 'I've been waiting for you for *ages*', y el español dice: 'He estado esperándote desde hace *siglos*'.

Al español le gusta mucho decir que algo que le atrae es estupendo, maravilloso, extraordinario, único, y si sale de lo corriente es 'fuera de serie'. Una frase española que puede oír alabando a alguien fuera de serie es: 'después que nació, rompieron el molde'. O también hablando tanto de personas como de objetos puede decir: 'ése (o ésa o eso) es de lo que no despachan hoy', queriendo decir: 'no se puede obtener uno igual en ningún sitio'.

Cuando al español por el contrario no le gusta algo, con frecuencia dice palabras como 'asqueroso' o 'es una porquería', que aunque en realidad significan *filthy*, en la practica suelen significar *rubbish*. El español dice con frecuencia '¡mierda!', que equivale a *damn it!*. o 'es una mierda' en el sentido de *it's rubbish*.

Un hombre fuera de lo ordinario

Médicos y medicina en España   La Seguridad Social en España
no significa *Social Security*, como puede parecer traduciendo palabra por
palabra, sino que es el equivalente al *Health Service*, más los servicios de
ayuda al desempleo y servicios sociales que en Gran Bretaña realiza el
Department of Employment y el *Department of Health and Social Security.*

Los hospitales, residencias y ciudades sanitarias de la Seguridad
Social son realmente excelentes. El problema es que hay poco más de
cien en todo el país; de ahí que muchos españoles, tanto si están
afiliados o no a la Seguridad Social, pagan seguros médicos privados
por mensualidades, que les da derecho a consulta médica y clínicas,
aunque luego con frecuencia obtienen las medicinas y la hospitalización gracias a la Seguridad Social. Además, los hospitales de
la Seguridad Social alquilan camas a instituciones oficiales y privadas.

palabra por palabra	word for word
tanto . . . o no	whether . . . or not
por mensualidades	in monthly instalments

Costumbres gallegas   Galicia es famosa en España por sus
supersticiones y brujerías. La lectura y el conocimiento de muchas de
estas costumbres gallegas son muy interesantes. Muchos creen, por
ejemplo, que el sexo del hijo depende de quién tiene la autoridad
en la casa.

En los casamientos, según los dichos populares, si la chica se
pincha haciéndose el traje de boda el matrimonio será infeliz; si nieva
el día de la boda serán felices, y si llueve, ricos. También la chica que le
toca la liga *(garter)* a la novia se casará en el plazo de un año. Y
finalmente, en algunos lugares, el cura bendice la cama nupcial.

Es de notar que en algunos pueblos gallegos se acepta como
normal el que una chica tenga un niño sin casarse. Esto se explica,
dado que tantos hombres gallegos se van al extranjero para trabajar.

| en el plazo de un año | in the space of a year |
| el que una chica tenga | that a girl may have |

20 Repaso

There are no conversations or *A propósito* section in this chapter. The language notes concentrate on verbs, their endings and tenses, and there are a number of revision exercises.

Verb tenses – a summary

A verb in Spanish shows
(i)   what's happening or being done
(ii) who or what is doing it
(iii) when it happens, i.e. in the present, past or future

The ways in which verb endings change to show *when* something happens are called *tenses*.

Verbs are said to be regular if large numbers of them work in the same way. An irregular verb is one that doesn't follow the normal pattern.

A   REGULAR VERBS

1   The present

● To talk about the present moment, i.e. what you *do* or what *happens*, of course you use the present tense
    trabajo en un hotel
    hoy no **está** en casa

● The usual endings are

−*ar* verbs:	**−o, −as, −a, −amos, −áis, −an**
−*er* verbs:	**−o, −es, −e, −emos, −éis, −en**
−*ir* verbs:	**−o, −es, −e, −imos, −ís, −en**

To stress that something is actually *going on* or is in the middle of *happening*, you use *estar* with a verb ending in −*ando* or −*iendo*
    no le moleste, **está comiendo**

−*ar* verbs:	**−ando**
−*er* and −*ir* verbs:	**−iendo**

2   The future

To talk about what *will* happen

● Just use the present, if the rest of the sentence shows that it will happen in the future
    vuelvo mañana

● Or use _ir a_ + the infinitive of the following verb
voy a volver mañana

This is the equivalent of 'going to do something' in English.

● Or use the future tense
volveré mañana

Add these endings to the infinitive for the future tense

_–ar, –er_ and _–ir_ verbs: **–é, –ás, –á, –emos, –éis, –án**

3   The past

● To say what _has happened_, use
he, has, ha, hemos, habéis, han
followed by the past participle (that's the part of the verb that usually ends in _–ado_ or _–ido_)
¿**has terminado** tu novela?

● To talk about what _happened_, what is over and done with, use the past definite tense
la **encontré** en el Metro el otro día, pero no me **habló**

The usual endings are
_–ar_ verbs: **–é, –aste, –ó, –amos, –asteis, –aron**
_–er_ and _–ir_ verbs: **–í, –iste, –ió, –imos, –isteis, –ieron**

● To talk about what _used_ to happen regularly or over a long period, use the imperfect
la **veía** en el Metro todos los días, pero no me **hablaba**

The endings are
_–ar_ verbs: **–aba,–abas,–aba,–ábamos,–abais,–aban**
_–er_ and _–ir_ verbs: **–ía, –ías, –ía, –íamos, –íais, –ían**

● To talk about what _had_ happened, use
había, habías, había, habíamos, habíais, habían

followed by the past participle
no le **había hablado** antes

4   The conditional

● To talk about what _would_ happen, you use the tense called the conditional
estaría contento con tres millones de pesetas

Add these endings to the infinitive
_–ar, –er_ and _–ir_ verbs: **–ía, –ías, –ía, –íamos, –íais, –ían**

The irregular verbs are the same as for the future
podría   diría   etc.

5   The subjunctive

Another form of the verb, which isn't tied to any particular time, is called the subjunctive. It's used to say what _should_ or _shouldn't_ happen, what _might_ or _mightn't_ happen. The subjunctive usually contains an element of wishful thinking and always involves someone other than you

	prefiero venir
but	prefiero que **vengas**

● When you're telling someone what to do

venga	come
vaya	go
acuéstese	lie down

● To wish something
que **te diviertas**
que no **te marees**
que **volváis** pronto

● After verbs or phrases which show some kind of wish
prefiero que **vengas** solo
le aconsejo que lo **haga**
te recomiendo que **vayas** en tren
es mejor que no lo **diga**
tome una copa para que **duermas** mejor

● To form the subjunctive, use these endings

–ar verbs:	**–e, –es, –e, –emos, –éis, –en**
–er and *–ir* verbs:	**–a, –as, –a, –amos, –áis, –an**

6 Some other ways of talking about *when* things happen

● To say something *has just happened*, you can use the verb *acabar de* + the appropriate verb in the infinitive

acabo de levantarme	I have just got up
el tren **acaba de llegar**	the train has just arrived

● To say something *is about to happen*, you can use *estar para* + the appropriate verb in the infinitive

estoy para bañarme	I am about to go for a bathe
el tren **está para salir**	the train's about to leave

● *Al* followed by an infinitive also has the idea of 'when . . .'

al entrar en la cocina nos saludó	when she came into the kitchen she greeted us

B SLIGHTLY IRREGULAR VERBS

● A large number of verbs have slight irregularities which affect their internal spelling. These verbs are called radical-changing verbs, and the changes usually occur in the present tense, e.g.

pensar		**recordar**	
pienso	pensamos	recuerdo	recordamos
piensas	pensáis	recuerdas	recordáis
piensa	piensan	recuerda	recuerdan

Notice that the *e* and the *o* only become *ie* and *ue* when the stress in

speech falls on them, i.e. everywhere except with *nosotros* and *vosotros*.
This change also occurs in the subjunctive

pensar		**recordar**	
piense	pensemos	recuerde	recordemos
pienses	penséis	recuerdes	recordéis
piense	piensen	recuerde	recuerden

● In *pedir, servir, vestir* and a few other verbs, the *e* changes to *i* in the present, in the *whole* of the subjunctive, and also in the present participle ('–ing' form) and in the *Vd./él/ella* and *Vds./ellos/ellas* forms of the past definite

pedir *present* pido, pides, pide, pedimos, pedís, piden
subjunctive pida, pidas, pida, pidamos, pidáis, pidan
present participle pidiendo
past definite (Vd.) pidió, (Vds.) pidieron

These verbs with internal spelling changes are marked in the vocabulary thus: *pensar (ie), recordar (ue), pedir (i)*.

● There is also a group of verbs ending in *–ecer* or *–ucir* where the *c* changes to *zc* in the *yo* form of the present, and in the whole of the subjunctive, e.g.

conocer *present* conozco
subjunctive conozca, conozcas, etc.

reducir *present* reduzco
subjunctive reduzca, reduzcas, etc.

Verbs following this pattern are marked like this: *conocer (zc)*.

C IRREGULAR VERBS

This list will be useful for reference. It shows the forms of the verb which differ from what might normally be expected. In the vocabulary irregular verbs are marked *.

Abbreviations: *pres. part.* – present participle ('–ing' form); *past part.* – past participle; *past def.* – past definite.

abrir *past part.* abierto
andar *past def.* anduve, anduviste, anduvo, anduvimos, anduvisteis, anduvieron
atraer as **traer**
bendecir (i) as **decir**
caber *present* (yo) quepo
subjunctive quepa, quepas, etc.
future cabré, cabrás, etc.
past def. cupe, cupiste, cupo, cupimos, cupisteis, cupieron
caer *present* (yo) caigo
subjunctive caiga, caigas, etc.
pres. part. cayendo
past part. caído
past def. (Vd.) cayó, (Vds.) cayeron

concluir	*present* (yo) conclu**y**o, (tú) conclu**y**es, (Vd.) conclu**y**e, (Vds.) conclu**y**en
	subjunctive conclu**y**a, conclu**y**as, etc.
	pres. part. conclu**y**endo
	past def. (Vd.) conclu**y**ó, (Vds.) conclu**y**eron
conducir (zc)	*past def.* cond**uje**, cond**ujiste**, cond**ujo**, cond**ujimos**, cond**ujisteis**, cond**ujeron**
construir	as **concluir**
contener (ie)	as **tener**
convenir (ie)	as **venir**
convertirse (ie)	as **preferir**
creer	*pres. part.* cre**y**endo
	past part. cre**í**do
	past def. (Vd.) cre**y**ó, (Vds.) cre**y**eron
cubrir	*past part.* cubierto
dar	*present* (yo) doy
	subjunctive dé, des, dé, demos, deis, den
	past def. di, diste, dio, dimos, disteis, dieron
decir (i)	*present* (yo) digo
	subjunctive diga, digas, etc.
	pres. part. diciendo
	future diré, dirás, etc.
	past part. dicho
	past def. dije, dijiste, dijo, dijimos, dijisteis, dijeron
describir	as **escribir**
descubrir	as **cubrir**
deshacer	as **hacer**
desenvolverse	as **volver**
diferir (ie)	as **preferir**
divertir (ie)	as **preferir**
dormir (ue)	*subjunctive* (nos.) d**u**rmamos, (vos.) d**u**rmáis
	pres. part. d**u**rmiendo
	past def. (Vd.) d**u**rmió, (Vds.) d**u**rmieron
entretener (ie)	as **tener**
escribir	*past part.* escrito
estar	*present* estoy, estás, está, estamos, estáis, están
	subjunctive esté, estés, esté, estemos, estéis, estén
	past def. estuve, estuviste, estuvo, estuvimos, estuvisteis, estuvieron
freír	*past part.* frito; otherwise as **reír**
haber	*present* he, has, ha, hemos, habéis, han
	subjunctive haya, hayas, etc.
	future habré, habrás, etc.
	past def. hube, hubiste, hubo, hubimos, hubisteis, hubieron
hacer	*present* (yo) hago
	subjunctive haga, hagas, etc.
	future haré, harás, etc.
	past part. hecho
	past def. hice, hiciste, hizo, hicimos, hicisteis, hicieron
incluir	as **concluir**
influir	as **concluir**
ir	*present* voy, vas, va, vamos, vais, van
	subjunctive vaya, vayas, etc.

	pres. part. yendo
	past def. fui, fuiste, fue, fuimos, fuisteis, fueron
	imperfect iba, ibas, iba, íbamos, ibais, iban
leer	as **creer**
mantener (ie)	as **tener**
morir (ue)	*past part.* muerto; otherwise as **dormir**
obtener (ie)	as **tener**
oír	*present* oigo, oyes, oye, oímos, oís, oyen
	subjunctive oiga, oigas, etc.
	pres. part. oyendo
	past part. oído
	past def. oí, oiste, oyó, oímos, oísteis, oyeron
poder (ue)	*pres. part.* pudiendo
	future podré, podrás, etc.
	past def. pude, pudiste, pudo, pudimos, pudisteis, pudieron
poner	*present* (yo) pongo
	subjunctive ponga, pongas, etc.
	future pondré, pondrás, etc.
	past part. puesto
	past def. puse, pusiste, puso, pusimos, pusisteis, pusieron
poseer	as **creer**
preferir (ie)	*subjunctive* (nos.) prefiramos, (vos.) prefiráis
	pres. part. prefiriendo
	past def. (Vd.) prefirió, (Vds.) prefirieron
prevenir (ie)	as **venir**
producir (zc)	as **conducir**
provenir (ie)	as **venir**
querer (ie)	*future* querré, querrás, etc.
	past def. quise, quisiste, quiso, quisimos, quisisteis, quisieron
referirse (ie)	as **preferir**
rehacer	as **hacer**
reír	*present* río, ríes, ríe, reímos, reís, ríen
	subjunctive ría, rías, etc.
	pres. part. riendo
	past def. reí, reíste, rió, reímos, reísteis, rieron
reproducir (zc)	as **conducir**
requerir (ie)	as **preferir**
resolver (ue)	as **volver**
romper	*past part.* roto
saber	*present* (yo) sé
	subjunctive sepa, sepas, etc.
	future sabré, sabrás, etc.
	past def. supe, supiste, supo, supimos, supisteis, supieron
salir	*present* (yo) salgo
	subjunctive salga, salgas, etc.
	future saldré, saldrás, etc.
satisfacerse	as **hacer**
sentir (ie)	*subjunctive* (nos.) sintamos, (vos.) sintáis
	pres. part. sintiendo
	past def. (Vd.) sintió, (Vds.) sintieron
ser	*present* soy, eres, es, somos, sois, son
	subjunctive sea, seas, etc.

	past def. fui, fuiste, fue, fuimos, fuisteis, fueron
	imperfect era, eras, era, éramos, erais, eran
suponer	as **poner**
tener (ie)	*present* (yo) tengo
	subjunctive tenga, tengas, etc.
	future tendré, tendrás, etc.
	past def. tuve, tuviste, tuvo, tuvimos, tuvisteis, tuvieron
traer	*present* (yo) traigo
	subjunctive traiga, traigas etc.
	pres. part. trayendo
	past part. traído
	past def. traje, trajiste, trajo, trajimos, trajisteis, trajeron
venir (ie)	*present* (yo) vengo
	subjunctive venga, vengas, etc.
	pres. part. viniendo
	future vendré, vendrás, etc.
	past def. vine, viniste, vino, vinimos, vinisteis, vinieron
ver	*present* veo, ves, ve, vemos, veis, ven
	subjunctive vea, veas, etc.
	past part. visto
	imperfect veía, veías, etc.
volver	*past part.* vuelto

PRÁCTICAS

1 **This writer wasn't too sure** of his irregular verbs so he just put down the infinitives. What should he have put?

1 Las montañas están *(cubrir)* de nieve.
2 Yo le *(dar)* todo el dinero que tenía, pero me pidió más.
3 Ayer *(ir)* al cine y luego volvimos a casa.
4 ¿Por qué no *(estar)* más contentos cuando tenéis tanto dinero?
5 Le prometo que *(hacer)* todo lo que pueda para ayudarle.
6 No está *(morir)*, está *(dormir)*.
7 *(Poner)* Vd. sus maletas aquí. El portero las subirá a su habitación después.
8 No *(poder)* mi amigo hacer el trabajo aquel día, pero lo *(hacer)* el día siguiente cuando tuvo más tiempo.

2 **You don't want to waste words**, so find shorter substitutes, i.e. pronouns, for the italicised words. (Look back to chapter 10, p. 94, if you get stuck.)

1 Voy a dar *mi reloj a tu hermano.*
2 Encontré *a su madre* en el hotel.
3 No sabía *que Vd. hablaba inglés.*
4 Trajo varios regalos de Alemania *para nosotros.*
5 Tendré en cuenta *sus palabras.*
6 ¿Puedes comprar *algunas camisas para mí?*
7 Quiero invitar *a ti y a tu mujer.*
8 He comprado *esto para Vd.*

3 **The words in these sentences** are jumbled up. See if you can put them in the right order.

1 mi grande Busco para tío un cinturón
2 de este Nunca estado habíamos verano allí antes
3 las Wolverhampton en pequeña una en Vivimos afueras casa de
4 la mucho médico al dijo dolía que Le cabeza le
5 magnífico dinero gastado un en coche todo Ha su
6 los hermosa a todos playa días Íbamos una
7 alquilar urgentemente piso un Necesita uno pero encuentra no
8 señora favor Por ¿me dónde decir puede Correos está?

4 **You've just written this letter** to some Spanish friends, but on looking through it you decide it's a bit too formal. Change the words in italics to make it more friendly.

Queridos amigos:

Estuvimos encantados de recibir *su* carta. Claro que no habíamos olvidado los días que pasamos con *Vds.* el verano pasado, ni tampoco lo amables que *estuvieron* con nosotros y cuánto nos *ayudaron* con nuestros problemas. ¿Se *acuerdan* de aquella noche cuando nos *llevaron* a visitar los bares de Santiago? Y luego nos *dejaron* dormir en *su* casa porque no podíamos encontrar nuestro hotel.

¡Qué alegría saber que *vienen* a Inglaterra después de pascuas! ¿*Podrán* venir aquí a visitarnos? Ya *saben* que aquí en Wolverhampton *tienen su* casa. Si nos *escriben* la hora de *su* llegada iremos al aeropuerto para recibir*les*.

Bueno, hasta entonces, y *les* mandamos un abrazo muy cariñoso.

Anne y Max

5 **How would you say these words** in Spanish without using the word *pequeño*? (You should use the ending –*ito* or –*ita*.)

1 a little animal
2 a small hotel
3 a little bird
4 a little girl (watch the spelling)
5 a little house
6 a small glass
7 just a moment (i.e. a little moment)
8 my little friends (watch the spelling)

6 **You're a contestant** in the Spanish 'Mastermind' final, answering questions on the *A propósito* sections of '*Por aquí*'. Can you score enough correct answers to win the coveted trophy?

Las preguntas

1 ¿Dónde está el sepulcro del Apóstol Santiago el Mayor?
2 ¿Qué significan las iniciales *P.V.P.*?
3 ¿Dónde están las ciudades españolas de Ceuta y Melilla?
4 ¿Qué es una ría?
5 ¿Cómo se llama la compañía aérea más importante de España?
6 ¿Cuál es el grupo de policías que se ocupa del tráfico?
7 ¿Qué significa la palabra *franchute*?
8 Si Vd. pierde el pasaporte en una ciudad grande, ¿dónde debe ir para denunciarlo?
9 ¿Cuáles son los ingredientes de una tortilla española?
10 ¿Cuándo se celebra la festividad del Apóstol Santiago?
11 ¿Qué quiere decir *Coto de Caza*?
12 ¿Qué significan las iniciales *S.P.* que se ven en los taxis y autobuses, etcétera?
13 ¿Dónde está el famoso Pueblo Español?
14 ¿Cuál es el partido político que venció las primeras elecciones después de la muerte de Franco?
15 ¿Qué quiere decir si, durante una boda, una chica le toca la liga a la novia?

Key to exercises

Chapter 1

1   1 pescadero   2 futbolista   3 actor   4 escritor
5 camarero   6 fotógrafo   7 profesor

2   No, no soy española, soy de Liverpool.
No, no está en Escocia.
Sí, soy inglesa.
Después del trabajo (me) voy directamente a casa.
No gracias, vivo muy cerca.
¿La dirección? Vivo en la calle del Tricornio.
Sí, está muy cerca del cuartel de la Guardia Civil. Mi novio es
   guardia.

3   ¿Cómo se llama Vd.?
¿Vive aquí en Almería?
¿Dónde trabaja?
¿Cómo se llama el hospital?
¿Es Vd. enfermera?
¿Vive en un piso?
¿Dónde está la residencia?
¿Vive cerca de su trabajo?

4   1 ¿Eres de Santiago?   2 ¿Dónde vives?   3 ¿Trabajas aquí en
Santiago?   4 ¿Trabajas en la parte nueva o en la parte vieja de la
cuidad?   5 ¿Qué haces después de trabajar/del trabajo?

1 ¿Es Vd. de Santiago?   2 ¿Dónde vive?   3 ¿Trabaja aquí en
Santiago?   4 ¿Trabaja en la parte nueva o en la parte vieja de la
ciudad?   5 ¿Qué hace después de trabajar/del trabajo?

5   1 cómo   2 dónde   3 cuál   4 qué   5 no   6 dónde
1 – b)   2 – e)   3 – d)   4 – f)   5 – c) 6 – a)

6   1 – c)   2 – h)   3 – b)   4 – g)   5 – d)   6 – e)   7 – a)   8 – f)

Chapter 2

1   1 práctica   2 caros   3 gorda   4 barato   5 alegre   6 éste
7 delgados   8 elegantes

2   Quiero/quisiera comprar una mesa.
Quiero/quisiera dos taburetes plegables.
Sí, quiero/quisiera una nevera. ¿Qué tipo tiene?
¿Cuánto cuesta la más pequeña?
Sí, prefiero la más pequeña.
No, quiero/quisiera también unas chinelas para mi amiga.
El treinta y ocho.
Chinelas verdes, por favor.
No gracias. ¿Cuánto es/cuesta todo?
The bill is: Dos mil ciento cuarenta y cinco pesetas.

3 1 – e)   2 – c)   3 – b)   4 – f)   5 – d)   6 – a)

4 1 Nosotros tenemos dos fábricas en Holanda.
    2 Vendemos dos mil bicicletas a la semana.
    3 Fumamos cuatro paquetes diarios.
    4 Vamos al cine cuatro veces al mes.
    5 Comemos el salmón ahumado dos veces al año.
    6 Bebemos dos botellas de champán con nuestras amigas todos los sábados.

5 1 dulce   2 de lujo   3 periódicos   4 pequeña   5 grande
    6 muchas veces   7 negros   8 ninguno

Chapter 3

1 1 sí   2 sí   3 no   4 no   5 sí   6 no   7 sí   8 no   9 sí

2 1 – h)   2 – f)   3 – e)   4 – a)   5 – b)   6 – c)   7 – d)
    8 – g)   9 – j)   10 – i)

3 Crucigrama

D	I	R	E	C	C	I	O	N
E	N	T	R	A	R	R	C	S
P	T	U	S	T	E	C	H	O
O	E	M	V	E	O	H	O	Y
R	R	I	E	D	O	N	D	E
T	E	C	E	R	C	A	E	S
E	S	T	A	A	L	L	I	T
S	A	L	E	L	L	A	M	O
T	R	A	B	A	J	O	O	Y

4 1 – d)   2 – a)   3 – e)   4 – f)   5 – c)   6 – b)
    1 ¿Vivís vosotros aquí en Toledo?
    2 ¿Dónde está vuestra casa exactamente?
    3 ¿Cuántos sois en casa?
    4 ¿Tenéis vosotros lavadora automática?
    5 Y ¿utilizáis mucho detergente *Blancanieves*?
    6 Y ¿dónde vais de compras?

5 Sí, hay mucha gente.
    ¿Hay gente famosa aquí ahora?
    ¿El hombre feo?
    ¿Por qué es famoso? ¿Qué hace?
    ¿Dónde está su tienda?
    Es la tienda verde, ¿no?/¿verdad?
    ¿Cuatro habitaciones? Sí, es bastante grande.
    ¿La chica bonita con el bikini marrón? ¿Es su hija?
    Sí, es un escándalo y ¡qué gordo está!

Chapter 4

1 1 puede, puedo   2 puedes, puedes   3 podéis, podemos, pueden
4 puedo, puede

2 LLEGO OCHO ESPERAS ENFRENTE TAXIS VUELVO
Llego *a la* estación *a las* ocho veinticinco. Me esperas *en la* cafetería
enfrente *de la* parada *de* taxis. Paso *el* fin de semana contigo. Vuelvo *a*
Madrid lunes *por la* tarde.

3

María	Dígame.
Antonio	Buenos días. ¿Está María?
María	Soy yo, ¿quién habla?
Antonio	Soy Antonio. ¿A qué hora estás libre hoy?
María	Hoy estoy ocupada todo el día. Tengo que visitar a mi hermana.
Antonio	¿Mañana, entonces?
María	Sí, mañana estoy libre a partir de las diez de la mañana.
Antonio	Entonces, nos encontramos a las diez en punto.
María	Perfecto, pero ¿dónde?
Antonio	¿En la estación de autobuses?
María	No, está demasiado lejos.
Antonio	Entonces; ¿en el bar enfrente de tu casa?
María	Me parece muy bien. Hasta luego.
Antonio	Hasta luego, María.

4 1 Se van a ver en el bar enfrente de la casa de María.
2 Mañana por la mañana.
3 A las diez en punto.
4 Porque está ocupada todo el día, tiene que visitar a su hermana.
5 Porque está demasiado lejos.
6 Dice: 'Dígame.'
7 Dice: '¿Quién habla?'

5 1 falso   2 falso   3 verdad   4 falso   5 falso   6 falso
7 verdad   8 falso

Chapter 5

1 1 Salgo con los amigos una vez al día.
2 No voy nunca al teatro.
3 Veo a mi novia una vez al día.
4 Como solo una vez a la semana.
5 Salgo a bailar cuatro veces a la semana.
6 Voy de vacaciones una vez al año.
7 Vengo a Santiago dos veces a la semana.
8 Compro un nuevo disco una vez al día.
9 Juego al fútbol una vez a la semana.

2 1 – c)   2 – c)   3 – b)   4 – d)
5 – c)   6 – a)   7 – d)   8 – d)
The genuine film titles are:
a) '2001: A Space Odyssey';
b) 'Gone With the Wind';
c) 'Saturday Night Fever'.

3 Hace diez días que estoy aquí.

No, es la primera vez.

Estoy visitando a un amigo. Él es inglés pero vive aquí desde hace mucho tiempo.

Trabajo vendiendo flores en una ciudad al sur de Londres.

Trabajo como florista desde hace tres años.

Sí, cuando hace buen tiempo.

A veces, pero normalmente llueve demasiado desde octubre hasta abril.

Son las once y media. ¿A qué hora/Cuándo cierra?

Buenas noches, hasta mañana.

4 1 . . . está aquí?   2 . . . trabaja como panadero?   3 . . . está en Inglaterra?   4 . . . aprende español?   5 . . . vive en esta aldea?

1 . . . estáis aquí?   2 . . . trabajáis como panaderos?
3 . . . estáis en Inglaterra?   4 . . . aprendéis español?
5 . . . vivís en esta aldea?

5 1 hace, lloviendo, sol   2 buen, viento   3 tiempo, nubes, está, sol

Chapter 6

1 freír   añadir   dejar   apartar   mezclar
meter   hacer   romper

2 1   Tienes que llevar un pasaporte.
2   Hacen falta documentos para el coche.
3   Lo mejor es cambiar (alg)unas pesetas antes de coger el barco.
4   Hay que conducir a la izquierda en Inglaterra.
5   Se puede/Se permite/Puedes desembarcar con doscientos cigarrillos.
6   Debes comprar paraguas para toda la familia.
7   Se prohibe llevar perros a Inglaterra.

3   1 – d)   2 – f)   3 – a)   4 – b)   5 – c)   6 – e)

4 No, hay vinos ingleses y sidra también.
Sí, se hace con manzanas.
Sí, para hacer vino blanco. Pero los ingleses hacen vino con otras cosas también.
Otras frutas y también legumbres.
Sí, mi tío hace vino de zanahoria y vino de patata.
Hacen falta zanahorias, agua, azúcar, naranjas y limones.
Hay que cocer las zanahorias en el agua, luego (se) echa/mete el azúcar, las naranjas y los limones en una cacerola con el agua y . . .
Muchísimas gracias. Francamente, no me gusta el vino de zanahoria.

5 1   Bicarbonate of soda (sodium bicarbonate).
2   Vinegar or lemon-juice.
3   *Sacar*.
4   No hay que/debe(s) exprimirlo.
5   Go at once to a doctor.
6   *La lengua* and *la boca*.

6 1 cambiar   2 cocinar   3 coger   4 vernos
5 recomendarle   6 aceptarlo

Chapter 7

1   1 la   2 lo   3 me   4 lo   5 la   6 las   7 me los
    8 lo   9 le   10 se lo

2   Buenos días. ¿Es Vd. el señor Cable, el electricista?
Tengo un problema con mi televisor, no funciona el sonido.
No, no funciona.
No, es un televisor nuevo.
Sí, es de color.
Es la calle de la Cadena, número diez, segundo piso, puerta C.
Mi nombre es Jacinto Ventura.
Estoy en casa a partir de las dos.
¿Puede venir un poco antes?
Es muy importante porque quiero mirar el fútbol a las cuatro y
    media.
Bueno, si viene a reparar el televisor, puede mirar el fútbol aquí.
Muy bien, hasta luego.

3   reparaciones   problema   pasa   gastada   funciona   cambiar
puede   recomendar

4   1 una máquina fotográfica   2 dos camisas   3 un recado
4 un reloj   5 una tienda   6 calamares   7 un coche

5

José	Dígame.
Sra Martínez	Oiga, ¿está Manolo?
José	No, mi padre no está. ¿Quiere dejarle un recado?
Sra Martínez	Sí, por favor, es urgente. No tenemos agua.
José	¿Está completamente sin agua?
Sra Martínez	Bueno, sale un poco, muy sucia, en la cocina, pero no hay nada en el cuarto de baño. ¿Puede venir su padre hoy mismo?
José	Mi padre está muy ocupado hoy pero puede venir mañana.
Sra Martínez	Por favor, antes, antes, ¿puede venir antes? Tenemos que cocinar.
José	Bueno, bueno, esta tarde, pero no antes de las seis. ¿De parte de quién es?
Sra Martínez	De parte de los señores de Martínez. Él sabe dónde vivimos.
José	Bien. He tomado nota. Hasta luego.
Sra Martínez	Adiós y gracias.

Chapter 8

1   1 no
2 nunca
3 nadie
4 nada
5 ningún

2   1 – b)   2 – e)   3 – a)   4 – i)   5 – c)   6 – f)   7 – d)
8 – g)   9 – h)

3   1 – b)   2 – a)   3 – c)   4 – a)   5 – b)   6 – c)   7 – a)
8 – c)   9 – b)   10 – b)

4   Normalmente lo paso bien, pero no siempre.

Fundamentalmente, dos cosas: la lluvia y los malos conductores.

Bueno, depende. En los dos países hay unos/algunos que conducen bien y otros que conducen mal. Normalmente los camioneros conducen mejor que los automovilistas.

A/Algunas veces me irrito/enfado con ellos cuando conducen muy mal.

Sí, claro, pero no entiendo las palabrotas.

No, nosotros los camioneros no tenemos ningún problema.

Creo que lo que más me gusta es viajar y ver países diferentes.

Normalmente viajo desde/de Aberdeen hasta/a Valencia. Desde allí voy a Santander y luego vuelvo a Aberdeen.

El viaje dura cinco días más o menos.

Sí, a veces me molesta, pero a veces el estar lejos es una ventaja.

5   1 – b)   2 – f)   3 – c)   4 – a)   5 – e)   6 – d)

Chapter 9

1   he comprado   has ido   ha dado   has visto   has comprado   has comido   has hablado   he olvidado   has llamado   he dicho

2   1 tiempo   2 ciudad   3 calor   4 vacaciones   5 fútbol   6 cerveza   7 ha(s)   8 por qué

3   1   Llevo quince días aquí en Sevilla.
2   Sí, me gusta mucho, sobre todo el casco viejo/la parte vieja.
3   Sí, hace mucho calor aquí, (hace) mucho más (calor) que en Inglaterra.
4   Estoy trabajando aquí, pero de momento estoy de vacaciones.
5   No, no soy de Liverpool, soy de Southampton, y Southampton tiene un buen equipo también.
6   Sí, me gustaría un vaso de vino, no bebo nunca cerveza en España.
7   No, no he subido la torre de la Giralda; quizás mañana . . .
8   No, no tengo nada que hacer este domingo, me gustaría ir a Jerez para ver las famosas bodegas donde se hace el jerez.

4   más   vuelto   después   tenido   industria   dicho   me   visto   hecho   muchas   desde   hasta   hemos   podido   estado   entre

5   Sí, me marcho ahora mismo, y quiero la cuenta.
No, tres noches.
Es demasiado. ¿Puedo ver la cuenta?
Veo que la habitación cuesta tres mil quince pesetas para las tres noches, pero ¿por qué me ha cobrado estas trescientas pesetas?
Pero no he desayunado en el hotel.
No voy a pagar las trescientas pesetas. Este fin de semana ha sido un desastre. No he dormido a causa del ruido de la habitación de enfrente, ha llovido continuamente así que no he podido ir a la playa, ese hombre gordo en la habitación trescientas diecinueve no me ha dejado en paz, y ahora hay esta cuenta. Quiero el libro de reclamaciones.

Y además la ducha no ha funcionado y ha sido imposible cerrar la ventana. ¡No he estado nunca en un hotel como éste! ¡Quiero el libro de reclamaciones!

Chapter 10

1   1 está   2 eres   3 son, es   4 soy, está   5 es, está
6 están, están   7 soy, está

2   1   ¿A qué hora/Cuándo sale el tren para Madrid?
2   ¿Por qué está(s) triste?
3   ¿Quién ha venido?
4   ¿Cómo ha(s) venido a España?
5   ¿Dónde está tu/su marido?
6   ¿Cuántas veces habéis/han pasado aquí vuestras/sus vacaciones?
7   ¿Qué ha(s) hecho hoy?

3   1 – b)   2 – g)   3 – e)   4 – c)   5 – f)   6 – d)   7 – a)

4   1   menos que
2   más . . . que
3   igual que
4   tan . . . como
5   el más
6   tanta . . . como
7   más que . . . igual

5   1   ¿Cuántos huevos tiene la tortilla francesa?
2   ¿Cuánto cuesta la tortilla de espárragos?
3   ¿Me puede traer sólo seis sardinas, por favor? Doce son demasiadas.
4   ¿Es el pollo con ajo?
5   ¿Me puede traer la cuenta, por favor?

6   Me he levantado a las ocho. He ido a la tienda. He trabajado muy poco la mañana, pero por la tarde han llegado muchos clientes. El dueño me ha dicho que no he hecho/hago nada. He vuelto a casa de mal humor. He puesto un disco y he escrito una carta. Entonces he tenido una sorpresa. Pepe ha venido a visitarme. Hemos salido al restaurante y después hemos visto una película muy buena. Cuando he vuelto me he sentido mucho mejor.

7   1   irlandesa
2   estúpido
3   andaluza
4   buen, pocos
5   inteligentes, guapas

8   1 sí   2 no   3 sí   4 no   5 sí   6 no   7 no   8 no

9   1   este, le   5   lo
2   estos, mí   6   ellos
3   se   7   el, el
4   ti   8   le

Chapter 11

1   1 – d)   2 – e)   3 – f)   4 – h)   5 – c)   6 – b)   7 – a)   8 – g)

2   7 – 5 – 2 – 8 – 3 – 11 – 1 – 10 – 6 – 9 – 4

3   *Nací* en Soria en el año mil novecientos once.

De niño *asistí* al seminario San Roque hasta cumplir los dieciocho años.

En 1930 *empecé mis* estudios en la universidad de Granada.

Al obtener *mi* licenciatura *me marché* a Viena, donde *trabajé* como camarero y *encontré* a Wittgenstein.

Volví de Austria en 1933 y *escribí mi* primer libro, Mal tiempo, y *me casé* con Juana Nuez.

Mi/Nuestro primer hijo nació en 1934.

Durante la Guerra Civil, que duró desde 1936 a 1939, *fui* republicano y *luché* contra Franco.

Antes de terminar la guerra *emigramos* a Francia.

Después de la guerra *me fui* a París donde *escribí mi* última obra, sobre la inmortalidad.

4   1 – d)   2 – c)   3 – b)   4 – e)   5 – a)

5   Querida Dolores:

Ayer *fui* a Málaga con Miguel. *Fue* un día maravilloso. Nosotros *fuimos* allí por la mañana y *volvimos* muy tarde. Miguel me *compró* un regalo y por la tarde *fuimos* a un restaurante donde *comimos* todas las especialidades de la región. ¿Tú qué *hiciste* ayer? ¿*Fuiste* al cine con Paco o no?

Un fuerte abrazo, Lola.

Chapter 12

1   Desde Londres hasta Madrid nosotras *fuimos* en un avión de *Iberia*. *Salimos* de Londres a las doce cinco y *llegamos* a Madrid a las quince, hora española. Durante el vuelo yo *hablé* en español con las azafatas. En el aeropuerto de Barajas en Madrid nosotros *tuvimos que esperar* dos horas. *Fue* muy pesado, pero el viaje de Madrid a Jerez *fue* muy bonito. El avión *aterrizó* en Jerez a las diecisiete veinticinco y el representante de la compañía *Vinotours* nos *llevó* al hotel. *Cenamos* en el hotel y *nos acostamos* muy temprano.

2   Sí, me gustó mucho.

No, fui con una amiga.

Sí, fuimos juntas, no me gusta viajar sola.

Vimos muchas cosas. Visitamos iglesias, palacios y por supuesto las bodegas.

Sí, fue muy interesante.

Sí, claro/por supuesto, bebimos bastante.

Sí, compré dos toros de plástico y mi amiga compró una guitarra muy bonita. También he traído algo para ti, una botella de jerez seco.

No hay de qué./De nada.

¿Qué tipo de bocadillos tienes hoy ?

Quiero un bocadillo de huevo y tomate.

Un vaso de tu jerez seco, por favor.

3 1 Somos novios.   2 Estamos casados.   3 Soy soltero.   4 Estoy divorciada.   5 Soy viudo.

4 Llegué aquí hace diez años/en 1969.
Soy de Fonsagrada, provincia de Lugo.
Sí, vine solo a trabajar y mi familia llegó dos años más tarde.
Tengo cuatro.
Dos niños y dos niñas.
Tres nacieron en España, pero la más pequeña nació en Londres el año pasado.
Sí, es inglesa.
Vivimos en (el barrio de) Forest Gate (al este de Londres).
Soy cocinero./Trabajo como cocinero.
Sí.
Vamos a volver a Galicia, a comprar un restaurante en Santiago de Compostela.

5 1 verdad   2 falso   3 falso   4 verdad   5 verdad   6 falso
7 falso   8 falso   9 falso   10 falso

Chapter 13

1 1 – a)   2 – b)   3 – c)   4 – a)   5 – c)   6 – b)   7 – c)   8 – b)

2 Y antes *bebías* a todas horas.
Sí, antes *bebía* mucho, y también *fumaba* dos paquetes diarios. Ahora ni *bebo* ni fumo.
Antes *iba* a todos los partidos, pero ahora no *voy* nunca.
¿Te acuerdas de cuando *íbamos* juntos?
Sí, que me *acuerdo, eran* buenos tiempos aquellos.
No tanto como *leía* antes.
Sí, mucho más de lo que *escribía* antes.

3 ¿Cómo era antes?
Y ahora hay un aparcamiento con una cabina telefónica en el centro.
Pero la iglesia estaba allí antes, ¿no?/¿verdad?
¡Qué raro! ¿Estaba Correos al lado de la iglesia entonces?
Hay tres bancos ahora. ¿Cuántos había antes?
No me sorprende. Todo cambia.
¿Cómo se llamaba antes?
¿Y cómo se llamaba el pueblo cuando venías/solías venir aquí?
Bueno, éste no es Fuentes de la Sierra. Mira (allí) la señal, ¡se llama Cuervos de Abajo!

4 1 ¿Hacía lo mismo todos los días?
2 Siempre subía de/desde la quinta planta a/hasta la octava a pie, ¿verdad?
3 ¿Visitaba a alguien que vivía en la quinta planta?
4 ¿Hablaba con alguien cuando subía a pie por la escalera?
5 ¿El ascensor funcionaba bien por la tarde?
6 ¿Quería ejercitarse?
7 ¿Entraba en su piso cuando llegaba/al llegar a la octava planta?
8 ¿Cómo era? ¿Era muy bajo?
9 No podía pulsar el botón de la quinta planta, ¿verdad?

And the full explanation of the mystery . . .

Por ser tan bajo, el hombre (que en realidad era un enano) no
podía pulsar el botón de la octava planta, así que, al llegar a la
quinta planta, forzosamente tenía que ejercitarse y continuar
a pie.

5   1 – c)   2 – e)   3 – f)   4 – b)   5 – d)   6 – g)   7 – a)

Chapter 14

1   ¿Ha estado Vd. en el Brasil?
Pero eso/aquello fue en el año sesenta y tres.
Pero no hay tigres en el Uruguay.
¿Qué le ocurrió?
¿Qué historias le contó?
Muy raro. ¿Qué dijo Vd. al indio?
Lo siento, tengo que marcharme. Voy a Nueva York a comprar
unos/un par de bancos.

2   1 – c)   4 – e)
2 – d)   5 – f)
3 – a)   6 – b)

3   Pablo me dijo que la cosa iba muy mal. Le pregunté qué podíamos
hacer. Contestó que no sabía qué hacer. Entonces yo le pregunté qué
hora era. Me dijo que eran las nueve y que era muy tarde. Al fin
llegamos a un pueblo y preguntamos a un policía cómo se llegaba a
Badajoz. Él nos dijo que había que coger la carretera nacional y que
Badajoz estaba a cincuenta kilómetros.

4

El policía	¿Cuándo llegó a la cafetería?
El joven	Llegué sobre las seis.
El policía	¿Cuánto tiempo (se) quedó?
El joven	(Me) quedé una hora más o menos.
El policía	¿Dónde se sentó exactamente?
El joven	Me senté allí al fondo.
El policía	¿Habló con alguien?
El joven	No hablé con nadie, excepto con el camarero.
El policía	¿Vio a alguien llevando un paquete?
El joven	No vi a nadie llevando ningún paquete.
El policía	¿Se acuerda de cuánta gente había?
El joven	Había alrededor de una docena.
El policía	¿Y cuándo salió exactamente?
El joven	Salí sobre las siete.

5   Cuando yo *llegué* a casa, *llovía*. *Abrí* la puerta y *entré*. Todo *era*
silencioso. De repente *hubo* un golpe. *Fui* a la cocina. La ventana
estaba abierta y la lluvia *entraba*. *Cerré* la ventana y *fui* al comedor. Mi
marido no *estaba* allí pero *vi* una taza de café, todavía caliente, en la
mesa. Yo *llamé* en voz alta pero nadie *contestó*. Entonces *oí* el sonido de
voces. *Salí* del comedor y *fui* hacia la sala de donde *venían* las voces.
Entré en la sala. Mi marido *estaba* sentado en el sofá y *miraba* un
partido de fútbol en la televisión . . .

Chapter 15

1 1 – f)   2 – c)   3 – b)   4 – e)   5 – a)   6 – d)

2 Pero quiero alquilar un coche pequeño.
Bueno, ¿qué tipo de coches tiene?
Pues/Entonces, ¿cuánto cuesta éste para una semana?
Bueno, mi madre y yo pensamos ir a Madrid. ¿Está lejos de aquí?
Quinientos kilómetros a cinco pesetas el kilómetro, más la gasolina, es
    demasiado caro. ¿Me puede recomendar otra agencia?

3 Nunca *llegan* a tiempo. . . . tuve que *esperar* más de cuarenta minutos.
    . . . siempre *están* llenos. Y los jóvenes de hoy no *dan/ofrecen* . . .
¡Qué mal educados *son*! Hablando de jóvenes, ¿cómo *está* su pequeño
    Panchito?
No *come* casi nada. Ayer *tuve* que llevarle al médico.
¿Y qué *dijo* el doctor?
Me *dio* unas pastillas y me *dijo* que el niño tiene que *quedarse* en la
    cama . . .
Pues, mi marido también ha *estado* enfermo.
El médico dice que *está* muy cansado y que tiene que *trabajar* menos.
    Anoche le *preparé* una buena sopa de pollo pero no *quería* comerla.
Hoy *he comprado* . . . ¿Sabe Vd. cuánto *he gastado*?
Mire, anoche yo estaba *viendo* la televisión . . . y el locutor *dijo* que
    este año los precios *han subido* en un cincuenta por ciento.
Sí, pero *hay* mucha gente que tiene dinero.
Mire, ¿*conoce* Vd. . . .?
. . . pero ¡*espera* a otro bebé el mes que viene!
Mire, aquí *viene* el autobús. Vamos a *subir* antes que estos jóvenes.

4 *Durante el desayuno:*

Javier No quiero té y huevos como todos los otros días. Tengo ganas de
tomar otra cosa.

Ángeles ¿Por qué no pides pan y café? Yo voy a la playa. ¿Me acompañas?

Javier Sí, pero no tengo ganas de nadar.

Ángeles ¿Por qué no?

Javier Por dos motivos/razones: porque el agua está demasiado fría y porque
además estoy cansado.

Después del almuerzo:

Javier Yo pienso tomar una siesta.

Ángeles No sé si acompañarte o quedarme en la sala a ver el tenis en la
televisión.

Por la tarde:

Ángeles No sé qué vamos a hacer esta noche. Yo pienso ir otra vez al bingo.

Javier No estoy seguro si tengo ganas de ir al bingo. ¿Por qué no vamos al
cine a ver 'El bueno, el malo y el feo'?

Ángeles De acuerdo.

5

1	fácil	6	amargas
2	calor	7	un jerez dulce
3	me gusta mucho	8	gordas
4	a la derecha	9	caro
5	está bajando	10	malo

Chapter 16

1 Querido Jesús:

Este año *iré* de vacaciones a España. *Viajaré* con mi familia. *Iremos* en avión hasta Alicante y allí *tomaremos* el tren hasta Fuengirola. Allí nos *quedaremos* en una casa de unos amigos. *Alquilaremos* un coche y *viajaremos* por la región. Desde Fuengirola *visitaremos* Granada. Después de la semana *partiremos* hacia la capital de España. *Pasaremos* una semana en Madrid, donde mi padre *asistirá* a un congreso. Así, pues, te *visitaré* en Madrid y me *enseñarás* el Museo del Prado, *será* bueno visitar un museo con un pintor como tú, que me lo *explicará* todo. También me *llevarás* a Toledo, como me has prometido tantas veces. Me *gustará* mucho visitar Toledo, y también allí *podré* conocer a toda tu familia. Luego *marcharemos* a Santiago de Compostela en tren, *haremos* la peregrinación 'andando desde el hotel', y allí *cogeremos* el avión de regreso a Londres. *Serán* unas vacaciones maravillosas. *Estaremos* en la playa, donde *nadaré* y *tomaré* el sol, *visitaremos* varias ciudades, y sobre todo te *veré*.

Hasta pronto.   Un abrazo, John.

2 1 ¿Cuándo llegarás a España?
 2 ¿Cuánto tiempo pasarás en Madrid?
 3 ¿Vendrás a Madrid con tu familia?
 4 ¿Cómo viajarás a Santiago de Compostela?
 5 ¿Cogerás el avión desde Santiago o desde La Coruña?

1 – e)   2 – c)   3 – f)   4 – a)   5 – g)   6 – b)   7 – h)   8 – d)

4 *Eduardo* jugaré, saldré, gastaré, tendré   (Pisces)
 Dolores pasaré, esperaré, iré, encontraré   (Aries)
 Luis pasaré, beberé, esperaré, tendré   (Capricorn)

5 1 la cabeza   2 los ojos   3 la mano derecha   4 los nervios
 5 los pies   6 el estómago   7 la garganta   8 la piel

6 1 – d)   2 – c)   3 – a)   4 – c)   5 – d)

Chapter 17

1 1 venga   2 dígalo 3 beba   4 pase
 5 mire   6 dé   7 vaya   8 hable

2 Nos. 2,5,7,8,10 are correct.

3 1 ¿Me dice la dirección de la biblioteca?
 2 ¿Me trae la cuenta?
 3 ¿Me pasa la sal?
 4 ¿Me da el billete?
 5 ¿Me compra un periódico?
 6 ¿Quiere sentarse?
 7 ¿Quiere tomar un vaso de vino conmigo?
 8 ¿Quiere decirme dónde está el museo?
 9 ¿Quiere ayudarme un momento?

4 1 caiga   2 utilice   3 tenga   4 haga
 5 cambie   6 sea, entre   7 abra   8 pasee

5   1   solicite
       2   descubra, compre, diviértase, disfrute, reserve, visite
       3   compruébelo, prepare, llévelo, factúrelo, infórmese
       4   decídase, venga

Chapter 18

1   ¿Es Vd. español?
No, soy inglesa, pero estudio español.
Bueno, empecé con '¡*Dígame!*', un curso de la BBC, luego fui a
     Cuenca donde practiqué un poco, y ahora sigo/estoy siguiendo el
     curso '*Por aquí*' en la radio.
Para disfrutar de mis vacaciones, y para conocer España y la gente
     española.
Sí, sé que se habla español (el español se habla) fuera de España en
     muchos otros países.
Es mucha gente. La mayoría son latinoamericanos, ¿no?/¿verdad?
¿En las Filipinas? No lo sabía. ¿Por qué hablan español allí?
Eso es muy interesante. ¿Es muy diferente el español en los otros
     países?
Sí, es difícil. ¿Estudia Vd. inglés?
¡Qué suerte! Yo enseño inglés a los extranjeros, y voy a dar una clase
     esta tarde. ¿Quiere venir?

2   1   días, costa
       2   crema, piel
       3   gato
       4   toco, tocar
       5   toro
       6   hace, creo, lloverá

3   1   se puede
       2   se tiene
       3   se prohibe
       4   se estrecha
       5   resbala

4   1 – h)   2 – d)   3 – c)   4 – a)   5 – g)   6 – f)   7 – e)   8 – b)

5

El barman	¿*De quién* es esta cartera?
Una señora	Debe *pertenecer* a mi marido; la perdió ayer.
Un señor	No puede ser *de* él. La *suya* es negra y ésta es marrón. Es *mía*; la dejé en el mostrador.
Dos chicas	No señor, no es *suya*. Es *nuestra*. Llevamos todo nuestro dinero dentro.
El barman	(*abriendo la cartera*) Efectivamente, tenéis razón. Dice dentro 'Pilar y Carmen Martínez'; debe ser *vuestra*. (*Al señor*) ¿Por qué has dicho que era *tuya*?
El señor	Bueno, pensaba que me *pertenecía* porque se parece mucho a la *mía*. Pero ya veo que la tengo aquí en el bolsillo.
El barman	(*a la señora*) ¿Y por qué ha dicho Vd. que era *de* su marido?
La señora	¡Qué impertinencia! No permito que me insulte de tal manera. (*Sale rápidamente*)

Chapter 19

1 1 – c)   2 – b)   3 – b)   4 – c)   5 – a)
      6 – c)   7 – b)   8 – a)   9 – c)   10 – b)

2 Bueno, ¿cómo era?
      ¡Tan grande como una casa pequeña! ¿Dónde ha visto este OVNI?
      ¿Iba rápido o despacio?
      ¿De qué color era?
      Me dice que podía ver a gente/unas personas dentro de la cabina.
          Supongo que eran verdes con tres orejas.
      Debía (de) estar muy cerca de ellos. ¿No tenía miedo?
      ¿Un OVNI espanol? ¿Cómo lo sabia?
      ¿Matrícula de Madrid? ¡Muy raro! ¿Vd. volvía del trabajo o del
          bar . . .?

3 1 luego   2 pero   3 además   4 mejor dicho   5 por eso

4

Alicia	Tú sabes que hoy vienen a visitarnos un matrimonio inglés.
Bernardo	No, claro que no lo sabía. ¿Quiénes son?
Alicia	Se llaman Smith. Les encontré en el supermercado y les invité a cenar.
Bernardo	Me dices que les has invitado a cenar, aunque sabes que tengo que trabajar esta noche.
Alicia	Pero no importa, tú puedes trabajar tranquilo. Nosotros cenaremos y charlaremos.
Bernardo	¿Cómo puedo trabajar si vais a estar charlando? Y además, supongo que no hablarán castellano.
Alicia	Pues, estás equivocado, lo hablan muy bien los dos, y si te va a molestar tanto, podríamos salir a comer fuera.
Bernardo	Pero tú sabes que no tenemos dinero para comer fuera. Han subido tanto los precios.
Alicia	No tiene nada que ver con los precios. Siempre eres así cuando viene alguien a verme. Son gente muy simpática, y la mujer es muy guapa.
Bernardo	Ah, pues, querida, creo que podría dejar el trabajo para otra noche. ¿Te ayudo a preparar la cena?

4 1 un/una franquista
      2 una feminista
      3 un/una comunista
      5 un aficionado/una aficionada al fútbol
      5 un/una ecologista
      6 un/una naturista

Chapter 20

1 1 cubiertas
      2 di
      3 fuimos
      4 estáis
      5 haré
      6 muerto, durmiendo
      7 ponga
      8 pudo, hizo

2 1 *Se lo* voy a dar./Voy a dár*selo*.
    2 *La* encontré en el hotel.
    3 No *lo* sabía.
    4 *Nos* trajo varios regalos de Alemania.
    5 *Las* tendré en cuenta.
    6 ¿*Me las* puedes comprar?/¿Puedes comprár*melas*?
    7 Quiero invitar*os*./*Os* quiero invitar.
    8 *Se lo* he comprado.

3 1 Busco un cinturón grande para mi tío.
    2 Nunca habíamos estado allí antes de este verano.
    3 Vivimos en una casa pequeña en las afueras de Wolverhampton.
    4 Le dijo al médico que le dolía mucho la cabeza.
    5 Ha gastado todo su dinero en un coche magnífico.
    6 Íbamos todos los días a una playa hermosa.
    7 Necesita alquilar urgentemente un piso pero no encuentra uno.
    8 Por favor, señora, ¿me puede decir dónde está Correos?

4 Queridos amigos:

    Estuvimos encantados de recibir *vuestra* carta. Claro que no habíamos olvidado los días que pasamos con *vosotros* el verano pasado, ni tampoco lo amables que *estuvisteis* con nosotros y cuánto nos *ayudasteis* con nuestros problemas. ¿*Os acordáis* de aquella noche cuando nos *llevasteis* a visitar los bares de Santiago? Y luego nos *dejasteis* dormir en *vuestra* casa porque no podíamos encontrar nuestro hotel.

    ¡Qué alegría saber que *venís* a Inglaterra después de pascuas! ¿*Podréis* venir aquí a visitarnos? Ya *sabéis* que aquí en Wolverhampton *tenéis vuestra* casa. Si nos *escribís* la hora de *vuestra* llegada iremos al aeropuerto para recibir*os*.

    Bueno, hasta entonces, y *os* mandamos un abrazo muy cariñoso.

                           Anne y Max

5 1 un animalito   5 una casita
    2 un hotelito   6 un vasito
    3 un pajarito   7 un momentito
    4 una chiquita   8 mis amiguitos

6 1 Está en la catedral de Santiago de Compostela.
    2 Significan 'Precio de Venta al Público'.
    3 Están en la costa norte de África.
    4 Es el nombre que se da en Galicia al estuario de un río.
    5 Se llama *Iberia*.
    6 Es la Policía Municipal.
    7 *Franchute* significa 'francés' o 'extranjero'.
    8 Debe ir a la comisaría o a la casa-cuartel de la Guardia Civil.
    9 Huevos y patatas.
  10 Se celebra el 25 de julio.
  11 *Coto de Caza* quiere decir 'terreno de caza privada'.
  12 Significan 'Servicio Público'.
  13 Está en Barcelona.
  14 Es la UCD, Unión del Centro Democrático.
  15 Quiere decir que la chica se casará en el plazo de un año.

Los números

0 cero	20 veinte	100 ciento
1 uno,–a	21 veintiuno	101 ciento uno
2 dos	22 veintidós	102 ciento dos
3 tres	23 veintitrés	110 ciento diez
4 cuatro	24 veinticuatro	150 ciento cincuenta
5 cinco	25 veinticinco	200 doscientos,–as
6 seis	26 veintiséis	300 trescientos,–as
7 siete	27 veintisiete	400 cuatrocientos,–as
8 ocho	28 veintiocho	500 quinientos,–as
9 nueve	29 veintinueve	600 seiscientos,–as
10 diez	30 treinta	700 setecientos,–as
11 once	31 treinta y uno	800 ochocientos,–as
12 doce	32 treinta y dos, etc.	900 novecientos,–as
13 trece	40 cuarenta	1.000 mil
14 catorce	41 cuarenta y uno, etc.	2.000 dos mil, etc.
15 quince	50 cincuenta	100.000 cien mil
16 dieciséis	60 sesenta	200.000 doscientos,–as mil
17 diecisiete	70 setenta	1.000.000 un millón
18 dieciocho	80 ochenta	2.000.000 dos millones
19 diecinueve	90 noventa	

Note

1 *Uno* becomes *un* and *ciento* becomes *cien* when they come before a noun
un banco   cien gramos
veintiún días   cien mil pesetas
cuarenta y un libros

2 The words for 1 and 200, 300, etc., have masculine and feminine forms
un libro   una casa
doscientos perros   trescientas pesetas

3 *Un millón, dos millones*, etc., are followed by *de*
un millón de pesetas
tres millones de habitantes

4 Counting by hundreds in Spanish goes up to 900 only
999 novecientos noventa y nueve
1979 mil novecientos setenta y nueve

5 Spaniards write
2,5 where we write 2.5 (two point five)
2.000 where we write 2,000 (two thousand) etc.

First, second, etc.
These words are adjectives so they have masculine and feminine, singular and plural forms

1st primero,–a
2nd segundo,–a
3rd tercero,–a

4th	cuarto,–a
5th	quinto,–a
6th	sexto,–a
7th	séptimo,–a
8th	octavo,–a
9th	noveno,–a or nono,–a
10th	décimo,–a

Note

1 These words are abbreviated

      1st   1° or 1ª

      2nd 2° or 2ª   etc.

2 *Primero* and *tercero* become *primer* and *tercer* before a masculine singular noun

      el primer piso

      el tercer libro

Los días de la semana

lunes	Monday
martes	Tuesday
miércoles	Wednesday
jueves	Thursday
viernes	Friday
sábado	Saturday
domingo	Sunday

In the plural, *sábado* and *domingo* add –*s*; the others don't change.

Los meses del año

enero	January
febrero	February
marzo	March
abril	April
mayo	May
junio	June
julio	July
agosto	August
septiembre	September
octubre	October
noviembre	November
diciembre	December

Spanish names for days and months are not written with a capital letter.

Las estaciones del año

la primavera	spring
el verano	summer
el otoño	autumn
el invierno	winter

Pronunciation guide

This guide covers Spanish pronunciation only where it is different from English. Remember that the English equivalents are only approximate.

Vowels

a	like the *u* in southern English must	nada	llama
e	like the *e* in edit	tres	eres
i	like the *i* in machine	mire	vivo
o	like the *o* in lobster	son	como
u	like the *oo* in food	una	muchas
but			
i	before another vowel, like the *y* in yes	viejo	ciudad
u	before another vowel, like the *w* in win	nuevo	antiguo
	not pronounced at all, when after **q**	que	aquí
	or in the combination **gue** or **gui**	sigue	guitarra

Consonants

b & v	often sound the same, like the *b* in bank	banco	vivo
c	usually, like the *c* in cat	calle	cómico
but **c**	before **e** or **i**, like the *th* in thick	cerca	gracias
ch	like the *ch* in church	muchas	chocolate
d	at the end of a word, hardly pronounced at all	usted	ciudad
g	usually, like the *g* in great	grande	Santiago
but **g**	before **e** or **i**, like a very strong *h*, or like the Scottish *ch* in loch	gente	giran
j	also like a strong *h* or Scottish *ch*	Jerez	trabajo
h	is not pronounced at all	hoy	hostal
ll	like the *lli* in million	llama	calle
ñ	like the *ni* in onion	año	español
qu	like the *c* in cat	que	aquí
r & rr	strongly rolled, like a Scottish *r*	ría	torre
y	like the *y* in yes	yo	mayor
	but the word **y** ('and'), like the *i* in machine		
z	like the *th* in thick	plaza	vez

Note	When they come between two vowels, **b, v** and **r** are pronounced much less strongly and **d** is like the *th* in this	trabaja eres nada	nuevo María periódico

Stress

Usually

1	Words ending in a vowel or *n* or *s* have the stress on the last syllable but one	**vi**vo **gus**tan	tra**ba**ja mi**nu**tos
2	Words ending in a consonant (except *n* or *s*) have the stress on the last syllable	lo**cal** ma**yor**	ciu**dad** vi**vir**

Accents

1   Words that don't follow the stress
pattern above have a written accent to show
where the stress falls

    a**quí**   peri**ó**dico
    est**án**   a**pós**tol

2   A written accent is also used
    a)   to show a difference in meaning
    b)   to show you are asking a question

    si (if)   **sí** (yes)
    donde   ¿**dónde?**

Accents are generally not written on capital letters, although they
have been put on in this book.

Spelling changes

Some Spanish consonants are pronounced differently according to
which vowel follows them. Because of this, it's sometimes necessary to
make spelling changes in order to retain a sound.

The consonants affected are

a)   **c** and **qu**   me dedi**c**o a la pesca
               but   me dedi**qu**é a la pesca

b)   **c** and **z**   empe**c**é a trabajar   una ve**z**
               but   empie**z**o a trabajar   but   dos ve**c**es

c)   **g** and **gu**   lle**g**ó a tiempo
               but   lle**gu**é a tiempo

d)   **g** and **j**   co**g**es el tren
               but   co**j**o el tren

Vocabulary

NB   All translations apply to the words as they are used in this book.

Verbs followed by *(ue)*, *(ie)*, *(i)*, *(zc)* or * are irregular – they are
fully explained in chapter 20 (* in section C, the others in section B).

Adjectives which have different endings for masculine and feminine
are given thus: *bueno,–a; esos,–as.*

Abbreviations: f. – feminine; inf. – infinitive.

English–Spanish

This list is to help you with some of the exercises, mainly those of the dialogue
type. However, many of the words you will need are included in the Spanish
parts of the dialogues and so the number of words in this vocabulary has been
kept to a minimum.

A

address   *la dirección*
again   *otra vez*
to agree   *estar* de acuerdo*
to allow   *permitir*
animal   *el animal*
to get annoyed   *enfadarse/irritarse*
anyone   *alguien*
apple   *la manzana*
to arrive   *llegar*
to ask for   *pedir (i)*

B

bad   *malo,–a*
baker   *el panadero*
bank   *el banco*
basically   *fundamentalmente*
beach   *la playa*
before   *antes (de)*
to believe   *creer**
beside   *al lado de*
best   *mejor*
bikini   *el bikini*
bingo   *el bingo*
bird   *el pájaro*
a bit   *un poco*
bitter   *amargo,–a*
boat   *el barco*
bottle   *la botella*
bread   *el pan*
to bring   *traer**
brown   *marrón*
bull   *el toro*
bus   *el autobús*
button   *el botón*
to buy   *comprar*

C

car   *el coche*
car-park   *el aparcamiento*
to catch   *coger*
ceiling   *el techo*
to change   *cambiar*
to charge   *cobrar*
church   *la iglesia*
cigarette   *el cigarrillo*
cinema   *el cine*
class   *la clase*
close (by)   *cerca*
to close   *cerrar (ie)*
cloud   *la nube*
coffee   *el café*
cold   *frío,–a*
colour   *el color*
to come in   *entrar*
complaints book   *el libro de
    reclamaciones*
continually   *continuamente*
to cook   *cocer (ue)*
to cost   *costar (ue)*
country   *el país*
a couple of   *un par de*
course   *el curso*

D

daughter   *la hija*
day   *el día*
to depend   *depender*
different   *diferente, distinto,–a*
document   *el documento*
dog   *el perro*
don't mention it   *no hay de qué,
    de nada*

door   *la puerta*
down: to come down   *bajar*
to drink   *beber*
to drive   *conducir (zc)**
driver   *el conductor*
dry   *seco,–a*

E

ear   *la oreja*
easy   *fácil*
electrician   *el electricista*
England   *Inglaterra*
English   *inglés,–esa*
to enjoy   *pasarlo bien; disfrutar de*
evening   *la tarde*
exactly   *exactamente*
expensive   *caro,–a*

F

family   *la familia*
famous   *famoso,–a*
far (away)   *lejos*
fat   *gordo,–a*
to feel like   *tener (ie)* ganas de*
first   *primero,–a*
from . . . onwards   *a partir de*
floor   *el piso*
flower   *la flor*
to follow   *seguir (i)**
to forbid   *prohibir*
foreigner   *el extranjero*
friend   *la amiga, el amigo*
fruit   *la fruta*

G

garlic   *el ajo*
to get to   *llegar a*
to get to know   *conocer (zc)*
girl   *la chica*
to give   *dar**
glass   *el vaso*
to go away   *marcharse*
to go out   *salir**
green   *verde*

H

half past . . .   *. . . y media*
to have (to drink)   *tomar*
to have to   *tener (ie)* que*
to help   *ayudar*
holidays   *las vacaciones*
hot: it's hot   *hace calor*
house   *la casa*

how . . .!   *¡qué . . .!*
how long?   *¿cuánto tiempo?*
how many?   *¿cuántos,–as?*
how much?   *¿cuánto?*

I

important   *importante*
impossible   *imposible*
to interest   *interesar*
interesting   *interesante*
isn't it?   *¿no?, ¿verdad?*

K

to know   *saber**

L

large   *grande*
last   *último,–a*
Latin American
   latinoamericano,–a
to learn   *aprender*
to leave   *salir**
left   *la izquierda*
library   *la biblioteca*
like   *como;*   what . . . like?
   ¿cómo . . .?
lounge   *la sala*
luck   *la suerte*

M

man   *el hombre*
moment: at the moment   *de
   momento;*   (just) a moment   *un
   momento*
more or less   *más o menos*
more . . . than   *más . . . que*
mother   *la madre*
museum   *el museo*

N

new   *nuevo,–a*
newspaper   *el periódico*
noise   *el ruido*
normally   *normalmente*
now   *ahora;*   right now   *ahora
   mismo*
number   *el número*

O

of course   *claro, por supuesto*
old   *viejo,–a*
only   *sólo*
opposite   *enfrente*
orange   *la naranja*

P

palace   *el palacio*
Paris   *París*
to pass   *pasar*
passport   *el pasaporte*
to pay   *pagar*
perhaps   *quizás*
plastic   *el plástico*
Post Office   *Correos*
potato   *la patata*
to practise   *practicar*
pretty   *bonito,–a*
problem   *el problema*

Q

quarter (of town)   *la parte, el casco*
quite (a lot)   *bastante*

R

radio   *la radio*
rain   *la lluvia*
to rain   *llover (ue)*
reason   *el motivo*
to recommend   *recomendar (ie)*
to remember   *acordarse (ue) de*
to repair   *reparar*
to return   *volver (ue)**
right   *la derecha*
room   *la habitación*

S

salt   *la sal*
same   *mismo,–a*
second   *segundo,–a*
see you . . .   *hasta . . .*
to sell   *vender*
sherry   *el jerez*
short   *bajo,–a*
shower   *la ducha*
signpost   *la señal*
to sit down   *sentarse (ie)*
to sleep   *dormir (ue)**
so that   *así que*
someone   *alguien*
sometimes   *a veces*
sorry: I'm sorry   *lo siento*
to speak (to)   *hablar (con)*
to spend   *pasar*
sport   *el deporte*
to start   *empezar (ie)*
to stay   *quedarse*
straight   *directamente*

strange   *extraño,–a; raro,–a*
to study   *estudiar*
sugar   *el azúcar*
sun   *el sol*
to suppose   *suponer**
sure   *seguro,–a*
to surprise   *sorprender*
swear-word   *la palabrota*
sweet   *dulce*
to swim   *nadar*

T

to talk (to)   *hablar (con)*
to teach   *enseñar*
telephone box   *la cabina telefónica*
television   *la televisión*
tennis   *el tenis*
there is/are   *hay*
to think   *creer*, pensar (ie)*
tired   *cansado,–a*
together   *juntos,–as*
tonight   *esta noche*
too (much)   *demasiado*
too many   *demasiados,–as*
town   *el pueblo*
to travel   *viajar*

U

umbrella   *el paraguas*
uncle   *el tío*
to understand   *entender (ie)*

V

village   *la aldea*
to visit   *visitar*

W

to watch   *mirar*
water   *el agua (f.)*
weather   *el tiempo*
weekend   *el fin de semana*
weird   *raro,–a*
what . . . like?   *¿cómo . . .?*
what's more   *además*
whether   *si*
white   *blanco,–a*
whole   *todo,–a*
wind   *el viento*
wine   *el vino*
with you   *contigo*
to work   *trabajar; funcionar*

Y

year   *el año*

Spanish-English

Remember that *ch*, *ll* and *ñ* are counted as separate letters in the Spanish alphabet, following *c*, *l* and *n* respectively.

A

a   *at, to;*   a las . . .   *at . . . (o'clock)*
abajo   *down(stairs), below; lower*
abandonado,–a   *abandoned*
abandonar   *to abandon*
la abeja   *bee*
abierto,–a   *open*
el abogado   *lawyer*
abolido,–a   *abolished*
abonar   *to pay*
el abono   *voucher*
abrazo: un abrazo de   *with love from*
la abreviatura   *abbreviation*
el abrigo   *coat*
abril   *April*
abrir*   *to open*
absolutamente   *absolutely*
absoluto,–a   *absolute;*   en absoluto   *absolutely, certainly not*
la abuela   *grandmother*
el abuelo   *grandfather*
la abundancia   *abundance*
abundante   *abundant, plentiful*
abundar   *to abound, be common*
aburrido,–a   *boring*
el aburrimiento   *boredom*
acabado,–a   *finished*
acabar   *to finish, end up;*   acabar de + inf.   *to have just*
el accidente   *accident*
el aceite   *oil;*   el aceite de oliva   *olive oil*
acelerar   *to accelerate*
aceptar   *to accept*
la acera   *pavement*
acercarse (de)   *to approach*
acogedor,–ora   *welcoming; friendly*
acogido,–a   *welcomed*
acolchado,–a   *padded*
acomodarse   *to settle down; to adapt oneself*
acompañado,–a   *accompanied*
acompañar   *to accompany, go with*
aconsejar   *to advise, recommend*

acordarse (ue) de   *to remember*
acortar   *to shorten*
acostarse (ue)   *to go to bed*
acostumbrado,–a   *used*
acostumbrarse (a)   *to get used (to)*
la actividad   *activity*
activo,–a   *active*
el actor   *actor*
la actriz   *actress*
actualmente   *at present, nowadays*
actuar   *to act*
acudir (a)   *to turn up (for, at)*
el acuerdo   *agreement;*   de acuerdo   *fine, OK;*   de acuerdo con   *according to;*   estar/ponerse de acuerdo   *to agree*
acumulador,–ora   *storage*
acústico,–a   *acoustic*
adaptar(se)   *to adapt (oneself)*
el ademán   *gesture*
además (de)   *what's more, besides*
adentro   *inside*
el adhesivo   *adhesive*
adiós   *goodbye*
la adivinación   *divination, guesswork*
adjunto,–a   *attached*
administrativo,–a   *administrative*
admitir   *to admit*
adonde   *(to) where*
el Adriático   *Adriatic*
la aduana   *customs*
aéreo,–a   *air*
el aeropuerto   *airport*
afectar   *to affect*
el afecto   *affection*
afeitarse   *to (have a) shave*
la aficionada, el aficionado   *fan*
aficionado,–a(a)   *fond (of), keen (on)*
afiliado,–a   *affiliated*
afirmar   *to claim*
afortunadamente   *fortunately*
África   *Africa*
afuera   *outside*
las afueras   *suburbs*
la agencia   *agency;*   la agencia inmobiliaria   *estate agent's*

211

la agilidad *agility*
agitado,–a *busy, active*
agosto *August*
agotado,–a *exhausted*
agotarse *to be used up*
agradable *pleasant*
agradar *to please*
agresivo,–a *aggressive*
la agricultura *agriculture*
agruparse *to rally, come together*
el agua (f.) *water*
el aguijón *sting*
ahí *there;* ahí va *there you are;*
   de ahí que *with the result that*
ahora *now;* ahora bien *now*
   then; ahora mismo *right now*
ahorrar(se) *to save (oneself)*
ahumado,–a *smoked*
el aire *air;* el aire libre *open air*
aislado,–a *isolated*
aislarse *to isolate oneself*
el ajo *garlic*
el ala (f.) *wing*
alabar *to praise*
la alameda *poplar grove, walk*
el álamo *poplar*
el albañil *mason*
el albergue *inn, hostel*
el alcohol *alcohol*
la aldea *village*
alegrarse *to be happy*
alegre *happy; bright*
alemán,–ana *German*
Alemania *Germany*
la alfombra *carpet*
algo *anything, something;*
   somewhat
alguien *someone*
alguno,–a (algún) *any, some;*
   algunos,–as *some, a few*
la alianza *alliance*
la alimentación *food*
el alimento *food*
aliviar *to relieve*
el alojamiento *lodging(s)*
el almacén *store*
la alpargata *sandal*
alquilar *to rent, hire*
alquiler: de alquiler *on hire*
alrededor de *around*
los alrededores *suburbs; environs*
el altavoz *loudspeaker*

la alternativa *alternative*
alto,–a *high, tall; upper; loud;* en
   voz alta *aloud*
la alubia *haricot bean*
el aluminio *aluminium*
el alumno *pupil*
allá *(over) there*
allí *there*
la amabilidad *kindness*
amable *kind*
el amante *lover*
amargo,–a *bitter*
amarillo,–a *yellow*
la amazona *Amazon;* el
   Amazonas *(river) Amazon*
el ambiente *atmosphere, environment*
ambos,–as *both*
América *America;* América del
   Sur *South America*
americano,–a *American*
la amiga, el amigo *friend*
amistad: hacer amistades *to make*
   friends
el amoníaco *ammonia*
el amor *love*
ampliar *to amplify*
amurallado,–a *walled*
analfabeto,–a *illiterate*
anciano,–a *old, aged*
la anchoa *anchovy*
Andalucía *Andalusia*
andaluz,–uza *Andalusian*
andar* *to walk*
la anécdota *anecdote*
el anglicismo *anglicism*
anglo-hispánico,–a *Anglo-Spanish*
el animal *animal, creature*
anoche *last night*
anochecer (zc) *to get dark*
ante *before; faced with*
el antepasado *forefather*
anterior *previous*
anteriormente *previously*
antes (de) *before; earlier*
el antibiótico *antibiotic*
anticuado,–a *out-of-date*
las antigüedades *antiques*
antiguo,–a *old, ancient*
antipático,–a *nasty*
anunciar *to announce*
el anuncio *advertisement*
añadir *to add*

el año *year;* tener . . . años *to be . . . years old*

el aparato *apparatus, machine, piece of equipment*

aparcado,–a *parked*

el aparcamiento *car-park*

aparcar *to park*

aparecer (zc) *to appear*

los aparejos *nets*

aparentar *to feign*

la apariencia *appearance*

el apartamento *flat*

apartar *to remove*

aparte (de) *apart (from)*

apenas *hardly*

apetecer (zc) *to appeal*

el apetito *appetite*

aplicar *to apply*

el apóstol *apostle*

apostólico,–a *apostolic*

el aprecio *esteem, value*

aprender *to learn*

apretón: el apretón de manos *handshake*

aprovechar (se) (de) *to take advantage (of);* ¡que aproveche! *bon appétit!*

aproximadamente *approximately*

apto,–a *fit*

apuntar *to note (down)*

aquel,–lla *that*

aquél,–lla *that (one)*

aquello *that (one)*

aquellos,–as *those*

aquéllos,–as *those (ones)*

aquí *here;* por aquí *this way; around here*

árabe *Arab*

Aragón *Aragon*

aragonés,–esa *Aragonese*

arbitrario,–a *arbitrary*

el árbitro *referee*

el árbol *tree*

el arco *arch*

el ardor (de estómago) *heartburn*

el área (f.) *area*

la arena *sand*

(la) Argentina *Argentina*

armado,–a *armed;* las Fuerzas Armadas *Armed Forces*

el armario *cupboard*

el arquitecto *architect*

arquitectónico,–a *architectural*

la arquitectura *architecture*

arrancar *to start*

arrastrar *to drag*

arreglar *to fix, repair; to sort out*

arriba *up(stairs); upper; on top*

arribar *to put into port, arrive*

el arroz *rice*

arruinar *to ruin*

el arte (f.) *art*

el artículo *article*

artificial *artificial*

el artista *artist*

el asa (f.) *handle*

asado,–a *roast; charcoal-grilled*

la asamblea *assembly*

el ascensor *lift*

asco: dar asco *to disgust*

asegurado,–a *insured*

el aseo *cloakroom*

asesinar *assassinate*

así *so, like this;* así que *so that*

el asiento *seat*

el asistente social *social worker*

asistir a *to attend*

la asociación *association*

el aspecto *aspect*

asqueroso,–a *lousy, awful*

la astrología *astrology*

asturiano,–a *Asturian*

el asunto *matter*

el ataque *attack*

la atención *attention;* ¡atención! *look out!, beware!*

atender (ie) *to attend; to pay attention*

atento,–a *thoughtful, kind; careful*

aterrizar *to land*

el Atlántico *Atlantic*

atlántico,–a *Atlantic*

la atracción *attraction*

atraer* *to attract*

atrás *back; ago*

aullar *to howl*

aumentar *to increase, rise*

el aumentativo *augmentative*

aun *even*

aún *still*

aunque *although*

australiano,–a *Australia*

auténtico,–a *genuine, real*

el autobús *bus*

el autocar *coach*

automático,−a *automatic*
el automovilista *car-driver, motorist*
la autonomía *autonomy*
la autopista *motorway*
la autoridad *authority*
la autorización *licence*
autorizado,−a *authorised*
autorizar *to authorise*
el autostop *hitch-hiking*
avanzado,−a *advanced*
avanzar *to advance, move forward*
la avemaría *Ave Maria, Hail Mary*
la avenida *avenue*
la aventura *adventure*
avergonzado,−á *ashamed*
averiado,−a *broken down*
el avestruz *ostrich*
la Aviación *Air Force*
el avión *aeroplane*
la avispa *wasp*
ayer *yesterday*
la ayuda *help*
ayudar *to help*
el ayuntamiento *town hall; local authority*
la azafata *air-hostess*
las Azores *Azores*
el azúcar *sugar*
azul *blue;* el azul de lavar *washing-blue*

B

la bahía *bay*
bailar *to dance*
bajar *to go down; to get off*
bajo *below, under*
bajo,−a *low; lower; short;* la planta baja *ground floor*
el banco *bank*
la banda *waveband*
la bandera *flag*
el banquete *wedding reception*
el bañador *bathing-costume, trunks*
bañarse *to have a bath; to bathe*
el baño *bath*
el bar *bar*
barato,−a *cheap*
barbaridad: ¡qué barbaridad! *how awful!*
la barca *(small) boat*
el barco *boat*

el barman *barman*
la barra *(stick) loaf*
el barrio *district, quarter*
la base *base;* a base de *based on*
básico,−a *basic*
la basílica *basilica*
bastante *quite; quite a lot (of); enough*
bastar *to be enough;* ¡basta! *stop!, that's enough!*
la batería *(car) battery*
el batidor *mixer*
el bebé *baby*
el bebedor *drinker*
beber *to drink*
la bebida *drink*
la beca *scholarship, grant*
bello,−a *beautiful*
bendecir (i)* *to bless*
beneficiar *to benefit*
la berza *cabbage*
besar *to kiss*
la biblioteca *library*
el bicarbonato sódico *bicarbonate of soda*
la bicicleta *bicycle*
el bicho *creature*
bien *(very) well, (all) right, good;* más bien *rather*
el biftek *steak*
el bikini *bikini*
el billete *ticket*
el bingo *bingo*
Blancanieves *Snow White*
blanco,−a *white*
la boca *mouth; pit (of stomach)*
el bocadillo *sandwich*
la(s) boda(s) *wedding*
la bodega *bodega, wine-cellar*
boliviano,−a *Bolivian*
la bolsa *bag*
el bolsillo *pocket*
el bolso *bag*
la bondad *kindness*
el bonito *tunny*
bonito,−a *attractive, pretty*
bordear *to skirt, go along the edge of*
bordo: a bordo de *on board*
el bóscal *a kind of leather*
la botella *bottle*
el botón *button*
la boutique *boutique*

el Brasil *Brazil*
el brazo *arm*
el brindis *toast*
británico,–a *British*
la brujería *witchcraft*
la buenaventura *fortune*
bueno *well*
bueno,–a (buen) *good, fine;* es
    bueno *it's a good idea;* (muy)
    buenas *afternoon!*
el burro *donkey*
la busca *search*
buscar *to look for*

C

el caballero *(gentle)man*
el caballo *horse*
caber* *to be room for*
la cabeza *head*
la cabina *cabin;* la cabina
    telefónica *telephone box*
el cable *cable*
el cabo *end*
Cabo de Hornos *Cape Horn*
la cabra montesa *mountain goat*
el cabrito *kid*
el cacao *cocoa*
la cacerola *saucepan*
caciquil *despotic*
los cachelos *pieces of cooked potato*
cada *each;* cada vez más *more
    and more*
la cadena *chain; channel*
caer* *to fall*
el café *coffee*
la cafetería *café*
la caja *till;* la Caja de Ahorros
    Savings Bank
el calamar *squid*
el calcetín *sock*
calcular *to reckon*
el cálculo *calculation*
el caldo *broth, stock*
la calefacción *heating*
caliente *hot; warm*
calmar *to calm, quieten (down)*
el calor *heat;* hace calor *it's hot*
caluroso,–a *hot*
calvo,–a *bald*
la calzada *road(way)*
callarse *to be quiet*

la calle *street, road*
la cama *bed*
el camarero *waiter*
el camarote *cabin*
cambiar, cambiarse de *to change*
el cambio *change;* en cambio *on
    the other hand*
la camilla *couch*
caminar *to travel, walk*
el camino *road;* el camino de *the
    road to;* de camino *on the way*
el camión *lorry*
el camionero *lorry-driver*
la camisa *shirt*
la camiseta *T-shirt*
la campaña *campaign*
el campesino *peasant, farm-worker*
campesino,–a *(of the) country*
el camping *campsite; camping*
la campiña *countryside*
el campo *field; country(side)*
el canario *canary*
canario,–a *of the Canary Isles*
la canción *song*
el cangrejo *crab*
el canónigo *canon*
cansado,–a *tired*
el cansancio *tiredness*
cantábrico,–a *Cantabrian*
cantar *to sing*
la cantidad *quantity, amount;*
    cantidades de *lots of*
la capacidad *capacity*
capaz *capable*
la capita *small cloak, cape*
la capital *capital*
el capítulo *chapter*
capturar *to capture*
la cara *face*
el carácter *character*
la caravana *long line, traffic jam*
la cárcel *prison*
carecer (zc) de *to lack, be in need of*
la carga *charge; cargo, load*
cargado,–a *laden*
cargo: a cargo de *in the care of*
la caricatura *caricature*
el cariño *affection*
cariñoso,–a *affectionate*
la carne *meat*
el carnet de conducir *driving-licence*
caro,–a *expensive*

la carretera *(main) road, highway*
el carro *cart, wagon*
la carta *letter*
el cartel *poster*
el cartelito *notice*
la cartera *wallet*
la cartería *sorting-office*
el cartero *postman*
la casa *house, home; firm;* a casa
    home; en casa *at home*
    casado,–a *married*
el casamiento *wedding*
    casarse *to get married*
el casco *area, quarter*
    casero,–a *household*
    casi *almost, nearly; perhaps*
el casino *casino; men's club*
el caso *case;* hacer caso de *to take*
    notice of
    castellano,–a *Castilian*
    Castilla *Castile*
el castillo *castle*
    catalán,–ana *Catalonian, Catalan*
    Cataluña *Catalonia*
la catedral *cathedral*
la categoría *class; standing*
    católico,–a *Catholic*
    causa: a causa de *because of*
    causado,–a *caused*
    causar *to cause*
el caviar *caviar*
la caza *hunting;* la caza mayor/
    menor *big/small game hunting*
    cazar *to hunt*
la cebolla *onion*
la cefalea *severe headache*
la celebración *celebration*
    celebrar *to celebrate*
    celebrarse *to be held, celebrated*
    célebre *famous*
    cenar *to have dinner, supper*
la censura *censorship*
el centígrado *degree Centigrade*
el centímetro *centimetre*
    central *central*
    céntrico,–a *central*
    centrista *centre*
el centro *centre, middle*
    cerca (de) *near(by), close (to); about*
las cercanías *outskirts; neighbourhood*
    cercano,–a *close*
    cero *zero*

cerrado,–a *closed*
    cerrar (ie) *to close*
la certidumbre *certainty*
la cerveza *beer*
    cesar: sin cesar *ceaselessly*
el cielo *sky*
    cien(to) *hundred;* por cien(to)
    per cent
    cierto,–a *certain;* por cierto *certainly*
el ciervo *deer*
el cigarrillo *cigarette*
el cine *cinema*
el cínico *cynic*
la cintura *waist*
el cinturón *belt*
la circulación *movement, circulation
    (of traffic)*
    circular *to move/walk around*
    citar *to quote*
    citar(se) (con) *to make an
    appointment/date (with)*
la ciudad *city*
    ciudadano,–a *civil*
    cívico,–a *civic*
    civil *civil*
la clandestinidad *secrecy*
    claro *obviously, of course*
    claro,–a *clear, obvious*
la clase *class; sort, kind*
    clásico,–a *classic*
el cliente *customer*
el clima *climate*
    climatológico,–a *climatological*
la clínica *clinic*
    clínico,–a *clinical*
el club *club*
    cobrar *to charge*
la cocción *cooking*
    cocer (ue) *to cook*
el cocido *stew*
    cocido,–a *cooked*
la cocina *kitchen; cooking*
    cocinar *to cook*
la cocinera, el cocinero *cook*
el cocodrilo *crocodile*
el coche *car;* en coche *by car*
    codiciado,–a *coveted, sought after*
    coger *to pick (up), collect; to take,
    catch; to get, fetch*
    coincidir *to coincide, come together*
la cola *queue*
el colapso *collapse*

el colchón *mattress*
la colchoneta *mattress*
la colección *collection*
el colega *colleague*
el colegio *college, (private) school*
colgar (ue) *to hang (out)*
la colonia *colony;* la colonia de
  verano *holiday-camp*
colonialista *colonialist*
la colonización *colonisation*
el color *colour*
combinar *to blend*
el comedor *dining-room*
comentado,–a *commented on*
el comentario *remark, comment*
comer *to eat; to have lunch*
comercial *commercial, marketing*
el comercio *trade*
los comestibles *food*
cómico,–a *funny*
la comida *food; meal*
la comisaría *police station*
el comisario *police officer, detective*
como *as; (something) like*
¿cómo? *how?;* ¿cómo es . . .?
  what's . . . like?; ¿cómo te
  llamas/se llama (Vd.)? *what is
  your name?;* ¿cómo no? *of course*
la comodidad *comfort*
cómodo,–a *comfortable*
la compañera, el compañero
  companion, (school) friend
la compañía *company*
comparar *to compare*
el compartimiento *compartment*
compartir *to share*
complacer *to please*
el complejo *complex*
completamente *completely*
completo,–a *full*
comportarse *to behave*
compostelano,–a *of Santiago de
  Compostela*
la compra *shopping;* de compras
  (out) shopping
comprar *to buy*
comprender *to comprise; to
  understand*
comprobar (ue) *to test, check*
compuesto,–a *compound*
común *common*
la comunicación *communication*

comunicando: estar
  comunicando *to be engaged (of
  telephone)*
la comunidad *community*
comunista *communist*
con *with*
concedido,–a *granted*
concentrarse *to gather together*
la conciencia *conscience*
concluir* *to end*
concretamente *to be precise*
el concurso *competition*
la concha *shell*
la condolencia *condolence*
conducir (zc)* *to drive; to manage*
el conductor *driver*
conectado,–a *connected*
conectar *to connect, link up*
el conejo *rabbit*
conforme *right, OK*
el confort *comfort*
confundir *to confuse, mix up*
la congelación *freezing*
congelado,–a *frozen*
el congreso *congress*
conmemorativo,–a *commemorative*
conmigo *with me*
conocer (zc) *to know; to get to know*
conocido,–a *known; familiar*
el conocimiento *knowledge*
conquistado,–a *conquered*
la consecuencia *consequence, result*
conseguir (i) *to achieve*
el consejo *advice*
conservar *to keep*
considerable *considerable*
considerablemente *considerably*
considerado,–a *considered;
  considerate*
considerar *to consider*
consigo *with him/her/you/them*
consistir en *to consist of*
la consolación *consolation*
consolado,–a *consoled*
constantemente *steadily*
la constitución *constitution*
la construcción *building*
construido,–a *built*
construir* *to build*
el consulado *consulate*
la consulta *consultation*
consultar(se) *to consult, refer to*

consumir *to consume; to eat*

contado: al contado *in cash, cash down*

contaminado,–a *polluted*

contaminar *to pollute, contaminate*

contar (ue) *to tell*

contener (ie)* *to contain*

contento,–a *happy*

contestar *to answer (back)*

el contexto *context*

contigo *with you*

el continente *continent*

continuamente *continually*

continuar *to continue*

continuo,–a *continuous*

contra, en contra de *against*

contrario,–a *opposite;* al/por el contrario *on the contrary*

contratado,–a *negotiated, contracted*

controlar *to control*

convencer *to convince*

conveniente *convenient, suitable*

convenientemente *conveniently*

convenir (ie)* a *to suit;* convenir + inf. *to be important/a good thing*

la conversación *conversation*

convertible *convertible*

la copa *glass; cup*

el corazón *heart*

el cordero *lamb*

la cordillera *(mountain-)range*

el corral *corral, enclosure*

correcto,–a *accurate, correct*

Correos *Post Office*

la correspondencia *correspondence*

corresponder *to correspond*

el corresponsal *correspondent*

la corrida (de toros) *bullfight*

corriente *common; ordinary*

cortado,–a *cut*

cortar *to cut*

el corte *cut*

cortés *polite, courteous*

corto,–a *short*

la cosa *thing*

cosido,–a *sewn on*

la costa *coast;* la Costa Azul *Côte d'Azur*

costar (ue) *to cost*

el coste *cost*

la costilla *rib, cutlet*

la costumbre *custom, habit*

el coto *reserve*

la creación *creation*

creador,–ora *creative*

el crédito *credit*

creer* *to think, believe*

la crema *cream*

el criado *servant*

el crimen *crime*

el cristal *glass*

criticar *to criticise*

el crucero *road-side cross*

el crucigrama *crossword*

crudo,–a *crude, basic*

cruel *cruel*

cruzado,–a *crossed, folded*

cruzar *to cross*

el cuaderno *notebook*

el cuadro *painting*

cual: el/la/lo cual *which; who*

¿cuál?, ¿cuáles? *which?; what?*

cualquier,–a *any*

cuando *when*

¿cuándo? *when?*

cuanto: en cuanto a *as regards*

¿cuánto? *how much?;* ¿cuánto tiempo? *how long?*

¿cuántos,–as? *how many?*

el cuartel *barracks*

el cuarto *quarter;* menos cuarto *quarter to;* y cuarto *quarter past*

el cuarto de baño *bathroom*

cuarto,–a *fourth*

Cuba *Cuba*

cubierto,–a *covered; overcast*

cubrir* *to cover*

la cuchara *spoon*

la cucharada *spoonful;* la cucharada sopera *soupspoonful*

la cucharadita *small spoonful*

el cucharón *ladle*

el cuchillo *knife*

la cuenta *bill;* darse cuenta *to realise;* tener en cuenta *to bear in mind*

el cuento *story*

el cuero *leather*

el cuerpo *body*

la cuestión *matter, question*

el cuidado *care;* ¡cuidado! *be careful, look out!;* cuidado con *be careful with, beware of*

cuidar *to take care of*

cuidarse de *to be careful of*
la culpa *fault*
cultivar *to grow*
la cultura *culture*
cumplir *to reach; to complete*
el cupón *coupon*
el cura *(parish) priest*
curado,–a *cured*
el curandero *faith-healer, herbalist*
curar *to cure*
la curiosidad *curiosity*
curioso,–a *strange*
el curso *course;* el cursillo *short course*
la curva *bend*
custodiar *to guard*

CH

la chabola *shack*
el chalet *cottage, villa*
el champán *champagne*
la charca *pond*
charlar *to chat*
la chatarra *scrap-iron, junk*
Checoslovaquia *Czechoslovakia*
el cheque *cheque;* el cheque de viaje *traveller's cheque*
la chica *girl*
el chico *boy*
chileno,– a *Chilean*
la chinela *beach-shoe/slipper*
chino,–a *Chinese*
Chipre *Cyprus*
el chocolate *chocolate*
el chófer *driver*
la chuleta *chop*
chupar *to suck*

D

la danza *dance*
daño: hacerse daño *to hurt oneself*
dar* *to give;* darse cuenta *to realise*
los datos (informativos) *information*
de *of; from*
debajo (de) *underneath*
deber (de) *to have to, must*
los deberes *homework*
debido a (que) *owing to/because of (the fact that)*
decidido,–a *determined*

decidir *to decide*
decidirse *to make up one's mind*
decir (i)* *to say; to tell;* es decir *that's to say;* querer decir *to mean*
la decisión *decision; determination*
el declive *decline*
decorar *to decorate*
decrecer (zc) *to decrease*
dedicado,–a *devoted*
dedicar *to devote*
dedicarse (a) *to specialise (in); to devote oneself (to)*
el dedo *finger*
el defecto *defect*
defenderse (ie) *to get along*
deficiente *deficient*
el déficit *deficit*
definitivamente *definitively, once and for all*
dejar *to leave; to let*
delante (de) *in front (of)*
la delantera *forward line*
el delantero *forward*
delantero,–a *front*
deletrear *to spell out*
delgado,–a *slim*
delicioso,–a *delicious*
demás *rest (of the)*
demasiado *too (much)*
demasiado,–a *too much*
demasiados,–as *too many*
la democracia *democracy*
democrático,–a *democratic*
demostrar (ue) *to show*
denominado,–a *designated, called*
la dentadura postiza *false teeth, denture(s)*
dentro (de) *in(side), within; amongst*
denunciar *to report*
depender (de) *to depend (on)*
el dependiente *shop assistant*
el deporte *sport*
el deportista *sportsman*
deportivo,–a *sporting*
el depósito *tank*
la depresión *depression*
la derecha *right;* a la derecha *on the right*
el derecho *right*
derecho,–a *right*

derribado,–a *fallen down*
desagradable *unpleasant*
desaparecer (zc) *to disappear*
el desastre *disaster*
desayunar *to have breakfast*
el desayuno *breakfast*
el descansapiés *foot-rest*
descansar *to rest*
el descanso *rest*
descolgar (ue) *to pick up, unhook*
el desconocido *stranger*
desconocido,–a *unknown*
describir* *to describe*
el descubrimiento *discovery*
descubrir* *to discover*
descuidado,–a *careless, slack*
desde *from; since* desde hace
 (. . . años, etc.) *for (. . . years,
 etc.)*
desear *to want*
desembarcar *to land*
desempeñar *to carry out, perform*
el desempleo *unemployment*
desenvolverse (ue)* *to act with
 confidence*
el deseo *longing*
desértico,–a *desert-like*
deshacer* *to destroy, unmake*
el desierto *desert*
desierto,–a *deserted*
desmedido,–a *excessive*
desnudo,–a *bare*
despacio *slowly*
despachar *to send*
el despacho *study*
el despegue *take-off*
los desperdicios *waste (products)*
despertar(se) (ie) *to wake up*
el despoblado *deserted area*
despreocuparse de *to think no more
 about*
después (de) *after(wards), next*
destacar *to stand out, emphasise*
el destinatario *addressee*
desvalido,–a *helpless*
el desvanecimiento *fainting fit*
detallar *to specify, detail*
el detalle *detail*
el detergente *detergent*
determinado,–a *set; certain*
detrás (de) *behind; after*
el día *day;* buenos días *good*

morning; hoy día *nowadays*
diagnosticar *to diagnose*
el diagnóstico *diagnosis*
diagnóstico,–a *diagnostic*
el diálogo *dialogue*
diario,–a *daily, a day*
el diccionario *dictionary*
diciembre *December*
la dictadura *dictatorship*
el dicho *saying*
dicho,–a *said;* mejor dicho
 rather
la dieta *diet*
la diferencia *difference*
diferente *different*
diferir (ie)* *to differ*
difícil *difficult*
la dificultad *difficulty*
dígame *tell me; hello (on answering
 telephone)*
la digestión *digestion*
la dimensión *dimension*
el diminutivo *diminutive*
el dinero *money*
Dios *God;* ¡Dios mío! *good
 heavens!*
el diputado *Member of Parliament*
la dirección *direction; address*
directamente *straight*
el director *director; executive*
dirigir *to run*
el disco *record*
la discoteca *discothèque*
discreto,–a *discreet*
el discurso *speech*
la discusión *discussion*
discutir *to talk/argue about*
disfrazado,–a *disguised*
disfrutar (de) *to enjoy*
los disparates *rubbish*
la disposición *disposition*
la distancia *distance*
distante *distant*
distinguirse *to be distinguished*
el distintivo *badge, distinguishing
 mark*
distinto,–a *different, unalike*
distintos,–as *several*
distribuir* *to deliver*
divertido,–a *funny; entertaining*
divertirse (ie)* *to amuse/enjoy
 oneself*

dividido,–a *divided*
dividir *to divide*
las divisas *(foreign) exchange*
la división *division*
divorciado,–a *divorced*
doblado,–a *dubbed*
doblar *to (go) round, turn*
el doble *double the number*
la docena *dozen*
el doctor, la doctora *doctor*
el documento *document*
doler (ue) *to hurt*
el dolor *pain; grief;* el dolor de cabeza *headache*
domar *to tame*
el domicilio *home (address)*
el domingo *Sunday*
don, doña *courtesy titles used before Christian names*
donde *where*
¿dónde? *where?*
dormir (ue)* *to sleep*
el dormitorio *bedroom*
la ducha *shower*
ducharse *to (have a) shower*
la duda *doubt*
el dueño *proprietor, owner*
dulce *sweet*
la dulzura *sweetness, gentleness*
la duración *duration*
durante *during; for*
durar *to take, last*
duro,–a *hard*

E
e = y
el/la ecologista *ecologist*
la economía *economy*
económico,–a *economic; inexpensive*
echar *to throw (in/out); to cast*
la edad *age;* ¿qué edad tiene? *how old are you?*
el edificio *building*
Edimburgo *Edinburgh*
la educación *education; good manners*
educado,–a *well-mannered* mal educado,–a *bad-mannered*
efectivamente *indeed; in fact*
efectivo,–a *effective*
el efecto *effect*

el ejemplo *example;* por ejemplo *for example*
el ejercicio *exercise;* hacer ejercicios *to take exercise*
ejercitarse *to (get some) exercise*
el Ejército (de Tierra) *Army*
el *the (one)*
él *he; him*
la elección *election*
el electricista *electrician*
eléctrico,–a *electric(al)*
el elefante *elephant*
elegante *elegant*
elegir (i)* *to choose*
elevado,–a *high*
eliminar *to eliminate*
ella *she; her*
ellos,–as *they; them*
embargo: sin embargo *however; nevertheless*
la emergencia *emergency*
la emigración *(e)migration*
el/la emigrante *(e)migrant*
emigrar *to emigrate*
la emisora *radio/TV station*
emitir *to broadcast*
emocionante *exciting*
empalmar *to connect*
empezar (ie) *to start, begin*
la empleada *clerk*
el empleado *employee; clerk*
el empleo *employment, work, job*
la empresa *company, firm*
el empresario *businessman*
en *in; on*
enamorarse de *to fall in love with*
el enano *dwarf*
encantado,–a *pleased, delighted*
encantador,–ora *charming, delightful*
encantar *to delight;* me encantaría *I'd love to*
el encanto *charm*
encender (ie) *to switch on*
encendido,–a *switched on*
encerrado,–a *locked up*
encerrar (ie) *to shut in*
encima *on top*
encontrar(se) (ue) *to find; to meet; to be found*
la encuesta *survey*
el enchufe *plug*

enero *January*
enfadado,–a *annoyed, angry*
enfadar *to annoy*
enfadarse *to get annoyed, angry*
el enfado *annoyance, irritation*
la enfermedad *illness*
la enfermera *nurse*
el enfermo *patient*
enfermo,–a *ill*
enfrentarse con *to face (up to)*
enfrente (de) *opposite*
enfriar *to get cold*
engordar *to get fat*
enorme *enormous, huge*
enormemente *enormously*
enrollado,–a *wound (up)*
la enseñanza *teaching*
enseñar *to teach; to show (round)*
entender (ie) *to understand*
enterrar (ie) *to bury*
entonces *(well) then, so, therefore*
la entrada *entrance, entry*
entrar *to go in*
entre *between; among*
entregar *to deliver, hand over*
el entrenador *coach*
entretener (ie)* *to keep busy*
entrevistado,–a *interviewed*
el entusiasmo *enthusiasm*
el enviado *correspondent*
enviado,–a *sent*
enviar *to send*
el envío *shipment, consignment*
la época *period*
el equipaje *luggage*
el equipo *team*
el equivalente *equivalent*
equivaler a *to be equivalent to*
equivocado,–a *wrong*
erótico,–a *erotic*
la escalera *stairs, staircase*
el escándalo *scandal*
escapar *to escape*
el escaparate *(shop-)window*
escaso,–a *scarce*
el escenario *scene, setting*
escéptico,–a *sceptical*
la esclavina *(shoulder-)cape*
Escocia *Scotland*
escolar *educational*
escribir* *to write*
escrito,–a *written*

el escritor *writer*
la escritura *writing*
escuchar *to listen to*
la escuela *(state primary) school*
ese,–a *that*
ése,–a *that (one)*
el esfuerzo *effort; exertion*
eso *that;* eso es *that's it, that's
right;* por eso *for that reason*
esos,–as *those*
ésos,–as *those (ones)*
el espacio *space*
espacioso,–a *roomy, spacious*
la espalda *back*
España *Spain*
el español *Spaniard*
español,–ola *Spanish*
españolizado,–a *hispanicised*
el espárrago *asparragus*
especial *special*
la especialidad *speciality*
especializarse *to specialise*
especialmente *specially*
la especie *kind; species*
específico,–a *specific*
el espectáculo *show; sight*
la esperanza *expectancy*
esperar *to wait (for); to expect*
la esposa *wife*
esquemático,–a *schematic, sketchy*
el esquí *ski(ing)*
el esquiador *skier*
esquiar *to ski*
la esquina *corner*
estable *steady*
establecer (zc) *to establish*
el establecimiento *establishment*
la estación *station, resort; season;*
la estación de servicio
service station
la estadística *statistic*
el estado *state;* el estado civil
marital status; los Estados
Unidos *United States*
estampado,–a *printed*
estar* *to be*
estatal *(of the) state*
la estatua *statue*
el este *east*
este,–a *this*
éste,–a *this one*
estereotipado,–a *stereotyped*

la esterilla *mat*
el estilo *style;* por el estilo *of that sort*
estimar *to value, think a lot of*
esto *this*
el estómago *stomach*
estos, –as *these*
éstos, –as *these (ones)*
estrecharse *to narrow*
estrecho, –a *narrow*
la estrella *star*
la estreptomicina *streptomycin*
estricto, –a *strict*
estropeado, –a *broken (down), damaged*
estropearse *to be spoiled*
la estructura *structure*
el estuario *estuary*
el estudiante *student*
estudiar *to study*
el estudio *study*
estupendo, –a *wonderful, great*
estúpido, –a *stupid*
etcétera *etcetera*
eternamente *ever after*
eterno, –a *eternal*
la Eucaristía *Eucharist*
el eurocomunismo *Eurocommunism*
Europa *Europe*
europeizar *to Europeanise*
europeo, –a *European*
evidentemente *obviously*
evitar *to avoid*
exactamente *exactly*
exacto, –a *exact; right*
exagerar *to exaggerate*
el examen *examination*
excavar *to excavate*
excelente *excellent*
la excepción *exception;* a excepción de *with the exception of*
excepto *except*
la excursión *excursion*
exigir *to demand, require*
existir *to exist*
expansionarse *to express oneself, let off steam*
la experiencia *experience*
experimentar *to experience, undergo*
el experto *expert*
la explicación *explanation*
explicar(se) *to explain (oneself)*

la exploración *examination*
explorar *to examine*
explotado, –a *operated*
expresar *to express*
la expresión *expression*
exprimir *to squeeze*
extenso, –a *extensive*
exterior *outer, exterior*
extra *extra*
el extranjero *foreigner;* en el/al extranjero *abroad*
extranjero, –a *foreign*
extrañarse *to be amazed*
extraño, –a *strange; foreign*
extraordinario, –a *extraordinary*
extremo, –a *extreme, far*

F

la fábrica *factory*
fabricar *to make, manufacture*
fabuloso, –a *wonderful, fabulous*
la faceta *facet*
fácil *easy*
la facilidad *facility*
fácilmente *easily*
la factura *bill, invoice*
facturar *to register*
la facultad *faculty*
la faena *task, job*
falangista *Falangist*
falso, –a *false*
la falta *lack;* hacer falta *to be necessary, needed;* sin falta *without fail*
faltar *to be lacking, short*
fama: de fama *well-known, noted;* tener fama de *to be noted for*
la familia *family*
familiar *(of the) family*
el familiar *relative*
famoso, –a *famous*
el fantasma *ghost*
fastidiado, –a *annoyed*
el favor *favour;* a favor de *in favour of;* por favor *please*
favorable *favourable*
favorito, –a *favourite*
la fe *faith*
febrero *February*
la fecha *date*
feliz *happy;* felices . .! *happy . .!*
femenino, –a *feminine*

feminista *feminist*
feo,–a *ugly*
el ferrocarril *railway*
ferroviario,–a *railway*
el festival *festival*
la festividad *festival*
la fibra *fibre*
los fideos *vermicelli*
la fiebre *fever*
fiel *faithful*
la fiesta *party; festival*
fijarse (en) *to notice, pay attention (to)*
la fila *line*
la filial *subsidiary*
las Filipinas *Philipines*
el filósofo *philosopher*
fin: el fin de semana *weekend;* en fin *well; in short*
el final *end, ending*
finalmente *finally*
financiero,–a *financial*
la finca *country house*
fino,–a *fine*
el fiord *fjord*
firmar *to sign*
la fisgona *nosey-parker*
físico,–a *physical*
la fisiología *physiology*
flamenca: huevos a la flamenca *eggs Flamenca*
el flamenco *flamenco*
el flan *crème caramel*
flojo,–a *weak; limp*
la flor *flower*
el/la florista *florist*
la flota *fleet*
el folklore *folklore*
el folleto *leaflet*
la fonda *inn*
el fondo *end; bottom*
el fontanero *plumber*
la forma *form, shape; way;* de todas formas *anyway*
formado,–a (por) *formed, made up (of)*
formar *to form, develop*
forrado,–a *covered*
forzosamente *necessarily*
la foto *photo*
fotográfico,–a *photographic*
el fotógrafo *photographer*

francamente *frankly; really*
francés,–esa *French*
Francia *France*
el franco *franc*
la franchuta/el franchute *Frenchy, 'frog'*
el franquismo *Francoism*
franquista *of Franco, Francoist*
la frase *phrase*
la fraternidad *brotherhood, fraternity*
la frecuencia *frequency;* con frecuencia *frequently*
frecuente *common*
frecuentemente *frequently, often*
fregar (ie) *to wash (up)*
freír (i)* *to fry*
el freno *brake*
frente a *in front of, faced with*
la fresa *strawberry*
fresco,–a *fresh*
el frío *cold;* hace frío *it's cold*
frío,–a *cold*
la frontera *frontier*
la fruta *fruit*
el fruto *fruit, results*
el fuego *heat, fire*
la fuente *fountain; large dish*
fuera (de) *out (of); outside; away (from home);* fuera de serie *special*
fuerte *strong; heavy; powerful*
la fuerza *force*
fumar *to smoke*
la función *function, duty*
funcionar *to work*
fundamental *basic*
fundamentalmente *basically*
el fútbol *football*
el futbolista *footballer*
futbolístico, –a *(of) football*
futuro,–a *future*

G

las gafas *glasses*
la gaita *bagpipes*
Gales *Wales*
galés,–esa *Welsh*
gallego,–a *Galician*
la gallina *chicken*
el gallo *cockerel*
la gamba *prawn*
el ganado *livestock, cattle*

ganar *to gain; to earn; to win*
el garajista *garage attendant*
el garbanzo *chickpea*
la garganta *throat*
la gasolina *petrol*
la gasolinera *petrol station*
gastado,–a *worn out; flat*
gastar *to spend; to use up, waste*
gastarse *to wear out*
los gastos *expenses*
el gato *cat*
general *general;* por lo general
   generally, as a general rule
generalmente *generally, usually*
generoso,–a *generous*
la gente *people*
la geografía *geography*
geográfico,–a *geographical*
el gerente *manager, executive*
la gimnasia *physical training*
girar *to revolve*
el giro *turn, revolution*
el gitano *gypsy*
gitano,–a *gypsy*
el gobernador *governor*
gobernar (ie) *to govern*
el gobierno *government*
el golpe *knock, thump*
gordo,–a *fat*
gótico,–a *Gothic*
gozar (de) *to enjoy*
gracias *thank you;*
   muchas/muchísimas gracias
   thank you very much, many thanks
la grada *step*
el grado *degree*
el gramo *gram*
Gran Bretaña *Great Britain*
grande (gran) *big, large; great*
la grandeza *grandeur*
gratuitamente *free*
gratuito,–a *(for) free*
grave *serious*
el grifo *tap*
gris *grey*
gritar *to shout*
el grito *shout*
grosero,–a *rude*
grueso,–a *large, stout*
el grupo *group*
guapo,–a *handsome, pretty, good-
   looking*

el guarda *keeper, custodian*
guardar *to keep*
la guardería infantil *crèche, nursery*
el guardia *guardia; policeman*
la Guardia Civil *Civil Guard*
guatemalteco,–a *Guatemalan*
la guerra *war*
la guitarra *guitar*
gustar *to please;* me gusta(n) *I
   like;* te/le gusta(n) *you like, etc.*
el gusto *taste; pleasure;* con mucho
   gusto *with great pleasure*

H
haber* *to have;* hay *there
   is/are;* había, hubo *there
   was/were*
la habichuela *(kidney) bean*
la habitación *room*
habitado,–a *inhabited*
el habitante *inhabitant*
habitualmente *usually*
hablado,–a *spoken*
hablar (con) *to speak, talk (to)*
hacer* *to do; to make;* hace
   calor/frío *it's hot/cold
   (weather);* hace . . . . . . *ago*
hacerse* *to become; to have done*
hacia *towards*
hallar *to find, locate*
el hambre (f.) *hunger*
la harina *flour*
hasta *as far as, up to; till, until; as
   much as; even;* hasta
   luego/mañana *see you
   soon/tomorrow*
hay *there is/are;* hay que *you
   have to, must;* no hay de qué
   not at all, don't mention it
el hecho *fact*
hecho,–a *made*
el helado *ice-cream*
la herida *injury*
la hermana *sister*
el hermano *brother*
hermoso,–a *beautiful*
el hielo *ice*
la hierba *herb; grass*
la higiene *hygiene*
la hija *daughter*
el hijo *son*

los hijos *children*
el hindi *Hindi*
  hindú,–úa *Hindu*
  hipócrita *hypocritical*
  hirviendo *boiling*
  Hispanoamérica *Spanish America*
la histeria *hysteria*
la historia *history; story*
  histórico,–a *historical*
el hogar *home*
la hoja *leaf; form*
  hola *hello*
  Holanda *Holland*
el hombre *man;* ¡hombre! *good heavens!*
  homosexual *homosexual*
la hora *hour; time;* media hora *half an hour*
el horario *timetable, schedule*
  horizontal *horizontal; across*
la hormiga *ant*
el horno *oven*
el horóscopo *horoscope*
  horror: ¡qué horror! *how horrible!*
el hospital *hospital*
la hospitalización *hospitalisation*
el hostal *hostel, hotel*
el hotel *hotel*
  hoy *today;* hoy (en) día *nowadays*
  hubo *there was/were*
el huevo *egg*
  humano,–a *human*
  húmedo,–a *damp, wet*
el humor *mood;* de mal humor *in a bad mood*
el humorista *comic*
  hundir *to sink*
  Hungría *Hungary*

I
  ibérico,–a *Iberian*
la idea *idea*
la identidad *identity*
el idioma *language*
la iglesia *church*
  ignorante *ignorant*
  igual *(the) same; (just) like;*
    igual que *the same as;* al igual que *as well as*
  igualmente *likewise, the same to you*
la ilusión *hope; eagerness*

el ilusionista *illusionist*
la imagen *image*
  imaginar *to imagine*
  imaginativo,–a *imaginative*
el imbécil *idiot*
la impedimenta *baggage*
  impedir (i) *to stop, prevent*
el imperio *empire*
el impermeable *mackintosh*
la impertinencia *impertinence*
la importancia *importance*
  importante *important*
  importar *to matter*
  imposible *impossible*
  impreciso,–a *vague*
la impresión *impression*
  impresionado,–a *impressed*
  impresionar *to impress*
  improvisar *to improvise*
el impuesto *tax*
  inaugurar *to inaugurate, open*
  inclinable *adjustable*
  inclinado,–a *leaning*
  incluir* *to include*
  incluso *even*
  incómodo,–a *awkward, uncomfortable*
la incomprensión *lack of understanding*
  increíble *incredible*
la independencia *independence*
  independiente *independent*
la India *India*
  indicado,–a *suitable*
  indicar *to indicate*
  indio,–a *Indian*
el individuo *individual*
  indudablemente *undoubtedly*
la indulgencia *indulgence*
la industria *industry*
  industrial *industrial*
la industrialización *industrialisation*
  ineficaz *ineffective*
  inesperado,–a *unexpected*
  infeliz *unhappy*
  inferior *inferior*
el infierno *hell*
la infinidad *enormous number*
la inflación *inflation*
  inflar *to inflate, blow up*
  influir* *to have influence*
la información *information; news*

informar *to inform*
informarse *to find out*
la ingeniería *engineering*
el ingeniero *engineer*
Inglaterra *England*
inglés,–esa *English*
el ingrediente *ingredient*
los ingresos *income*
la inicial *initial*
iniciar *to begin*
la injusticia *injustice*
inmenso,–a *immense, huge*
la inmortalidad *immortality*
innumerable *innumerable, countless*
el insecto *insect*
insistente *persistent*
insistir *to insist*
la instalación *installation; equipment*
la institución *institution*
el instituto *secondary school; institute*
la instrucción *instruction*
el instrumento *instrument*
insultar *to insult*
el insulto *insult*
integral *integral*
intelectual *intellectual*
inteligente *intelligent*
intensivo,–a *intensive*
intenso,–a *intense*
intentar *to attempt, try*
el interés *interest*
interesante *interesting*
interesar *to interest*
el interior *interior; inside*
internacional *international*
internacionalmente *internationally*
interpretativo,–a *interpretative*
interrumpir *to interrupt, hold up*
la interrupción *interruption, hold-up*
el intervalo *gap*
la intolerancia *intolerance*
la intuición *intuition*
inundar *to inundate*
la invasión *invasion*
inventar *to invent*
el invierno *winter*
invisible *invisible*
el invitado *guest*
invitado,–a *invited*
invitar *to invite*
ir* *to go;* ir a + inf. *to be going to*

irlandés,–esa *Irish*
irreconocible *unrecognisable*
irritado,–a *angry*
irritar *to irritate, annoy*
irritarse *to get angry*
irse* *to go (away)*
la isla *island*
las Islas Vírgenes *Virgin Isles*
Italia *Italy*
italiano,–a *Italian*
el itinerario *route*
la izquierda *left;* a la izquierda *on the left*

J

el jabón *soap*
el jamón *ham;* el jamón serrano *type of country ham*
el jardín *garden*
el jefe *head, manager; boss*
el jerez *sherry*
Jerusalén *Jerusalem*
joven *young*
jovencito,–a *youngster*
la judía *bean*
el juego *game*
el jueves *Thursday*
el jugador *player*
jugar (ue) *to play*
el jugo *juice*
julio *July*
junio *June*
junto a *near*
juntos,–as *together*
la jurisdicción *jurisdiction*
justo *right, precisely*
justo,–a *fair; legitimate*
juzgar *to judge, consider*

K

el kilo *kilo(gram)*
el kilómetro *kilometre*

L

la *the; it*
La Coruña *Corunna*
la labor *work, job*
el lado *side; direction;* al lado *near(by), next (door), beside;* al lado de *next to, beside;* en todos lados *everywhere*
el lampista *general handyman*

la lana *wool*
la langosta *lobster*
el lápiz *pencil*
  largar *to cast (out)*
  largo,-a *long*
  las *the; them*
la lástima *pity*
la lata *tin*
  latino,-a *Latin*
  Latinoamérica *Latin America*
  latinoamericano,-a *Latin American*
el lavabo *wash-basin*
la lavadora *washing-machine*
  lavar *to wash*
  lavarse *to (have a) wash*
el lazo *tie, bond*
  le *(to) him/her/it/you*
la lección *lesson*
la lectura *reading*
la leche *milk*
la lechuga *lettuce*
  leer* *to read*
  legal *legal*
  legalizar *to legalise*
  legalmente *legally*
  legítimo,-a *genuine*
la legumbre *vegetable*
  lejano,-a *distant*
  lejos (de) *far (from)*
la lengua *tongue; language*
el león *lion*
  les *them*
la lesión *injury*
  lesionar *to hurt*
  lesionarse *to get hurt*
la letra *letter*
  levantarse *to get up*
  leve *slight, trivial*
el léxico *vocabulary*
la ley *law*
la leyenda *legend*
  liberal *liberal*
la libertad *liberty, freedom*
la libra *pound;* la libra esterlina *pound sterling*
  libre *free*
la librería *bookshop*
el libro *book*
la licencia *licence*
la licenciatura *degree*
el líder *leader*

la liebre *hare*
la liga *garter*
  limitado,-a *limited*
  limitar *to limit*
el límite *limit*
el limón *lemon*
  limpiar *to clean*
  limpio,-a *clean*
la línea *line*
la linterna *torch*
el líquido *liquid, fluid*
  Lisboa *Lisbon*
la lista *list*
  listo,-a *ready*
la litera *sleeper, couchette*
  literalmente *literally*
la literatura *literature*
el litro *litre*
  lo *it;* lo que *what*
el lobo *wolf*
  local *local*
  localizar *to find, locate*
  loco,-a *mad*
la locomoción *locomotion*
el locutor *announcer*
  lógicamente *logically*
  lógico,-a *logical*
la lona *canvas*
  Londres *London*
la loneta *thin canvas*
la longitud *longitude*
  los *the; them*
la lote *lot*
la lotería *lottery*
la lucha *fight, struggle*
  luchar *to fight*
  luego *then; later*
el lugar *place;* en lugar de *instead of*
  lujo: de lujo *de luxe, luxury*
  lujoso,-a *luxurious*
la luna *moon*
el lunes *Monday*
la luz *light*

LL

  llamado,-a *called*
  llamar *to call*
  llamarse *to be called*
la llave *key*
la llegada *arrival*

llegar *to arrive; to get (to), reach;*
    llegar a ser *to become*
llenar *to fill*
lleno,–a *full*
llevar *to carry; to take; to have; to*
    wear; to spend (time); to lead (life)
llevarse *to take away*
llorar *to cry*
llover (ue) *to rain*
la lluvia *rain*
lluvioso,–a *rainy*

M

la madre *mother*
madrileño,–a *of Madrid*
la madrina *(approx.) chief bridesmaid*
la maestra *(primary school) teacher*
el maestro *master*
mágico,–a *magical*
magnífico,–a *magnificent*
el maíz *corn*
majestuoso,–a *majestic, imposing*
mal *badly*
la maleta *suitcase*
malo,–a (mal) *bad; naughty*
el maltrato *bad treatment*
Mallorca *Majorca*
mamá *mummy*
el manantial *spring*
manchar *to dirty*
manchego,–a *of La Mancha*
mandar *to be in command, give*
    orders; to send
la manera *way;* de todas maneras
    at any rate
la mano *hand*
la mansión *mansion*
la manta *blanket*
mantener (ie)* *to maintain*
la mantequilla *butter*
manual *manual*
la manzana *apple*
mañana *tomorrow*
la mañana *morning*
el mapa *map*
la máquina de escribir *typewriter*
la máquina fotográfica *camera*
el/la mar *sea* (la mar *used only by*
    sailors and poets)
la maravilla *marvel*
maravilloso,–a *marvellous*
la marca *record; score*

marcharse *to go away*
mareado,–a *seasick*
marearse *to be sea/travel-sick*
el marido *husband*
la Marina *Navy*
el marinero *sailor*
marino,–a *marine*
la mariscadora *shell-fisher*
los mariscos *shell-fish*
marrón *brown*
el marroquí *Moroccan*
Marruecos *Morocco*
el martes *Tuesday*
el martillo *hammer*
marzo *March*
más *more, else; plus; most;* más
    bien *rather;* más . . . que
    more . . . than
matar *to kill*
el material *material, equipment*
matriarcal *matriarchal*
la matrícula *registration number*
el matrimonio *(married) couple*
el máximo *maximum*
máximo,–a *maximum*
mayo *May*
la mayonesa *mayonnaise*
mayor *larger; older, grown-up;*
    el/la mayor *largest; oldest;*
    Santiago el Mayor *St. James the*
    Elder
la mayoría *majority;* en su
    mayoría *for the most part*
la mayúscula *capital letter*
me *(to) me*
el mecánico *mechanic*
mecánico,–a *mechanical*
la media *average, mean*
mediano,–a *medium*
la médica *doctor*
la medicina *medicine*
medicinal *medicinal*
el médico *doctor*
médico,–a *medical*
la medida *measurement, extent*
el medio *medium; environment;*
    en medio de *in the middle of*
medio,–a *middle; average; medium;*
    half; y media *half past*
el mediodía *midday*
medir (i) *to measure*
la meditación *meditation*

el Mediterráneo *Mediterranean*
mediterráneo,–a *Mediterranean*
Méjico *Mexico*
el mejillón *mussel*
mejor *better; best;* a lo mejor
perhaps; mejor dicho *rather*
mejorar *to improve, get better*
la melena *mane*
la memoria *memory*
mencionado,–a *mentioned*
mencionar *to mention, say*
menor *smaller*
Menorca *Minorca*
menos *less;* por lo menos *at
least*
mensual *monthly, a month*
la mensualidad *monthly payment*
la mentalidad *mentality*
menudo: a menudo *often*
el mercado *market*
merecer (zc) *to be worth*
la merluza *hake*
el mes *month*
la mesa *table*
meter *to put*
meterse (en) *to get (into)*
el metro *metre*
el Metro *Underground*
la mezcla *mixture*
mezclar *to mix*
mi *my*
mí *me*
el microbikini *mini/micro-bikini*
el microbús *minibus*
el micro-taxi; el mini-taxi *mini-cab*
el miedo *fear;* tener miedo *to be
afraid*
el miembro *member*
mientras (que) *while*
migrañoso,–a *(of) migraine*
el milagro *miracle*
la mili = el servicio militar
militar *military*
el militar *soldier*
un millón *million*
mimar *to pamper, spoil*
el mimbre *wicker*
mínimo,–a *minimum*
el ministerio *ministry*
el ministro *minister*
la minoría *minority*
minusválido,–a *handicapped*

el minuto *minute;* a . . . minutos
. . . minutes away
mío,–a *mine*
miope *short-sighted*
mirar *to (have a) look (at); to
watch*
la miseria *misery*
mismo: ahora mismo *right now;*
lo mismo *the same thing*
mismo,–a *same; itself*
el misterio *mystery*
la mitad *half; middle*
mítico,–a *mythical*
el mitin *meeting*
la moda *fashion;* de moda *in
fashion*
los modales *manners*
la moderación *moderation*
moderado,–a *moderate*
moderno,–a *modern*
el modo *way*
mojarse *to get drenched*
el molde *mould*
molestar *to bother*
la molestia *annoyance; discomfort*
molesto,–a *annoying, tiresome*
el molinillo *mill, grinder*
el momento *moment;* de momento
at the moment; un
momento/momentito *just a
moment*
el monasterio *monastery*
el monje *monk*
monótono,–a *monotonous*
montado,–a *equipped; mounted*
la montaña *mountain(s)*
montañoso,–a *mountainous*
montar *to put together*
el monte *hill; mountain*
el montón *heap, pile*
monumental *monumental; historical*
el monumento *monument;* los
monumentos *sights*
el moralista *moralist*
la morena *dark girl, brunette*
morir (ue)* *to die*
el moro *Moor*
Moscú *Moscow*
el mostrador *counter*
el motivo *reason*
la moto(cicleta) *motorbike*
el motor *motor, engine*

moverse (ue) *to move*
el movimiento *movement*
el Movimiento *Falangist Movement*
el mozo *lad*
mucho *(very) much; a lot*
mucho,–a *a lot of; very;* mucho
tiempo *a long time*
muchos,–as *many, a lot of*
los muebles *furniture*
la muerte *death*
muerto,–a *dead*
la mujer *woman; wife*
la multa *fine*
el mundo *world;* todo el mundo
everybody
municipal *municipal*
el municipio *municipality; town
council*
la muñeca *wrist*
muscular *muscular*
el museo *museum*
la música *music*
musical *musical*
muy *very*

N

nacer (zc) *to be born*
nacional *national*
nacionalista *nationalist*
nada *nothing;* de nada *not at all,
don't mention it*
nadar *to swim*
nadie *no-one*
la napa *a kind of suède*
la naranja *orange*
la nariz *nose*
natal *native*
nativo,–a *native*
natural *natural; native*
naturalmente *naturally*
el naturismo *naturism*
el/la naturista *naturist*
el navajazo *slash*
Navarra *Navarre*
necesario,–a *necessary*
necesitar *to need*
negar (ie) *to deny*
negarse (ie) *to refuse*
negociado,–a *negotiated*
los negocios *business*
negro,–a *black*

el nervio *nerve*
el neumático *tyre*
neurótico,–a *neurotic*
nevar (ie) *to snow*
la nevera *ice-box*
ni *neither, nor;* ni . . . ni
neither . . . nor; ni siquiera *not
even*
la nieve *snow*
ninguno,–a (ningún) *no, none, not
any;* de ninguna manera *no
way;* en ninguna parte *nowhere*
la niña *(little) girl*
el niño *child; (little) boy*
los niños *children*
el nivel *level, standard;* el nivel de
vida *standard of living*
no *no; not*
la noche *night;* buenas noches
goodnight; esta noche *tonight*
nombrar *to name*
el nombre *name*
normal *normal*
normalmente *normally, usually*
el noroeste *north-west*
el norte *north*
noruego,–a *Norwegian*
nos *us; each other*
nosotros,–as *we; us*
la nostalgia *nostalgia*
la nota *note*
notable *notable*
notar *to note, notice*
las noticias *news*
la novela *novel*
noveno,–a *ninth*
la novia *girlfriend; bride*
noviembre *November*
el novio *boyfriend; bridegroom*
la nube *cloud*
la nuera *daughter-in-law*
la neurosis *neurosis*
nuestro,–a *our(s)*
nuevamente *again*
nuevo,–a *new;* Nueva Delhi
New Delhi; Nueva York *New
York;* de nuevo *(all over) again*
la nuez *nut*
el número *number*
numeroso,–a *large*
nunca *never*
nupcial *nuptial, wedding*

nutritivo,–a *nutritive*

O

o *or;* o . . . o *either . . . or;* o
   bien . . . o bien *either . . . or*
   (else); o sea (que) *in other*
   words
el obispo *bishop*
el objetivo *objective*
   objetivo,–a *objective*
el objeto *object*
el objetor de conciencia *conscientious*
   objector
   obligado,–a *obliged*
   obligatoriamente *compulsorily*
   obligatorio,–a *compulsory*
la obra *work*
   obrero,–a *workers'*
   observar *to observe*
   obsesionado,–a *obsessed*
   obstante: no obstante *nevertheless*
   obtener (ie)* *to obtain*
   obtenido,–a *obtained*
la ocasión *occasion*
   octavo,–a *eighth*
   octubre *October*
   ocultar *to hide*
   ocupado,–a *full; busy*
   ocupar *to occupy*
   ocuparse de *to take care of, look*
    after; to pay attention to
   ocurrir *to happen*
   ocurrirse *to occur*
   odiar *to hate*
el odio *hatred*
la odisea *odyssey*
   oeste *west*
   ofenderse *to take offence*
la oferta *offer*
   oficial *official*
la oficina *office*
el oficio *occupation, craft*
   ofrecer (zc) *to offer*
   oír* *to hear; to listen (to)*
el ojo *eye;* ¡ojo! *look out!, beware!*
   olvidar, olvidarse de *to forget*
la onda *wave*
el operador *operator*
   opinar *to think, be of the opinion*
la oportunidad *opportunity*
la oposición *opposition*
   oprimido,–a *oppressed*

   optar por *to opt for*
   optimista *optimistic*
el orden *order*
la oreja *ear*
el organismo *organisation*
la organización *organisation*
   organizado,–a *organised*
   organizar *to organise*
   oriental *oriental*
el orificio *hole*
el origen *origin*
la orilla *shore*
   os *you*
   oscilar *to vary*
el oso *bear*
el otoño *autumn*
   otro,–a *(an)other*
   otros,–as *other(s)*
el OVNI *UFO*

P

la paciencia *patience*
el/la paciente *patient*
   padecer (zc) (de) *to suffer (from)*
el padre *father*
los padres *parents*
el padrino *(approx.) best man*
la paella *paella*
   pagado,–a *paid*
   pagar *to pay*
la página *page*
el país *country;* el País Vasco
   Basque Country
el paisaje *countryside*
el paisano *peasant*
el pájaro *bird*
la palabra *word*
la palabrota *swear-word*
el palacio *palace*
   pálido,–a *pale*
la palma *palm*
la paloma *dove, pigeon*
el pan *bread*
el panadero *baker*
la panorámica *view, panorama*
el pantalón, los pantalones *trousers*
la pantalla *screen*
   papá *daddy*
el papel *(piece of) paper*
el paquete *packet, parcel*
un par *couple*

para *for; (in order) to* para que *so that, in order that*

la parada *stop; (taxi) rank*

el paraguas *umbrella*

el paraíso *paradise*

paralelo,–a *parallel*

parar(se) *to stop*

el parasol *sunshade, parasol*

parecer (zc) *to seem, look (like);* ¿qué te/le parece? *what do you think?;* me parece . . . *I think . . .*

parecerse (zc) a *to look/be like*

parecido,–a *alike, similar*

la pared *wall*

la pareja *pair, couple*

el pariente *relation*

París *Paris*

parmesano,–a *parmesan*

el paro *unemployment*

el parque *park*

la parroquia *parish*

la parte *part;* de parte de *from;* ¿de parte de quién (es)? *who's calling?;* por parte de *on the part of;* alguna parte *somewhere;* ninguna parte *nowhere;* la mayor parte *majority*

particular *private*

partidario,–a (de) *keen (on)*

el partido *party; game, match*

partir *to set out;* a partir de *(starting) from*

pasado,–a *last;* pasado mañana *the day after tomorrow*

el pasaje *passengers*

el pasajero *passenger*

pasajero,–a *fleeting*

el pasaporte *passport*

pasar (por) *to pass; to go (by/to/through); to send; to spend; to happen;* lo que pasa es *what happens is, the thing is;* pasarlo bien *to have a good time, enjoy oneself*

las pascuas *Christmas holidays*

pasear(se) *to (go for a) walk*

el paseo *walk*

la pasión *passion*

el paso *step;* el paso de cebra/peatones *zebra/pedestrian crossing*

la pasta de dientes *toothpaste*

el pastel *cake*

la pastilla *tablet, pastille*

la patata *potato;* patatas fritas *chips*

el patio *patio, yard*

la patria *native land, homeland*

patriótico,–a *patriotic*

el patrón *patron*

la paz *peace*

el peatón *pedestrian*

peculiar *peculiar*

el pedazo *piece*

pedir (i) *to ask for*

la pelea *fight*

la película *film*

peligroso,–a *dangerous*

el pelo *hair*

la pena *sorrow;* merecer/valer la pena *to be worthwhile*

el penalty *penalty*

penetrar *to penetrate*

la penicilina *penicillin*

la península *peninsula*

pensar (ie) *to think;* pensar + inf. *to be thinking of*

la pensión *lodging, guest-house*

peor *worse; worst*

pequeñito,–a *tiny*

pequeño,–a *small*

percutir *to tap*

perder (ie) *to lose; to waste*

perdón *pardon; sorry, excuse me*

la peregrinación *pilgrimage*

peregrinar *to go on a pilgrimage*

el peregrino *pilgrim*

perezoso,–a *lazy*

el perfeccionamiento *improvement; perfection*

perfeccionar *to perfect*

perfectamente *perfectly*

perfecto,–a *perfect*

el periódico *newspaper*

el periodista *journalist*

el período *period*

permanecer (zc) *to remain*

el permiso *permission; licence;* el permiso de conducir *driving licence*

permitido,–a *permitted*

permitir *to permit*

pero *but*

la perrería *harsh word*
el perro *dog*
perseguir (i) *to pursue, chase*
la persona *person*
el personal *staff*
personalmente *personally*
la perspectiva *perspective*
pertenecer (zc) *to belong*
peruano,–a *Peruvian*
pesado,–a *boring, annoying*
pesar *to weigh*
pesar: a pesar de (que) *in spite of (the fact that)*
la pesca *fishing*
el pescadero *fishmonger*
el pescado *fish*
el pescador *fisherman*
pescar *to fish (for)*
la peseta *peseta*
el pétalo *petal*
el piano *piano*
la picadura *sting, bite*
el pie *foot;* a pie *on foot*
la piedra *stone*
la piel *skin; hide*
la pieza *piece*
la pila *battery*
el piloto *pilot*
el pimentón dulce *paprika*
el pinar *pine-wood*
pinchar *to prick*
el pino *pine*
la pintada *(wall) painting; graffiti*
pintado,–a *painted*
el pintor *painter*
la pipa *pipe*
pique: ir a pique *to sink, founder*
los Pirineos *Pyrenees*
el piropo *compliment*
el piso *flat; floor; tier*
el placer *pleasure*
plácido,–a *calm, pleasant*
la plaga *plague*
plagado,–a (de) *full (of), infested (with)*
el plan *plan*
la plancha *iron*
la planificación *planning*
la planta *plant; floor, storey;* la planta baja *ground floor*
el plástico *plastic*
el plato *plate; dish*

la playa *beach*
la plaza *square; place*
el plazo *period*
plegable *folding*
el pleito *court case*
el plomo *fuse*
el pluriempleo *having more than one job*
la población *population*
el poblado *village*
poblado,–a *populated*
pobre *poor;* ¡pobrecito! *poor little thing!*
la pobreza *poverty*
un poco *a bit, a little;* poco a poco *little by little, gradually*
poco,–a *little*
pocos,–as *few*
poder (ue)* *to be able*
el poder *power*
la poesía *poetry*
poético,–a *poetic*
el policía *policeman*
la policía *police*
la politécnica *polytechnic*
la política *politics*
el político *politician*
político,–a *political*
el pollo *chicken*
poner* *to put (on); to impose, set*
ponerse* *to put on;* ponerse de acuerdo *to come to an agreement, agree*
popular *popular*
un poquito *a little bit*
por *by; through, along; around; in; because of, from; for*
¿por qué? *why?*
porque *because*
portarse *to behave*
la portería *porterage*
el portero *porter*
portugués,–esa *Portuguese*
poseer* *to possess, own*
la posibilidad *possibility*
posible *possible*
la posición *position*
positivo,–a *positive*
posteriormente *later, subsequently*
el postre *dessert*
póstumo,–a *posthumous*
la postura *stance*

la práctica *practice*
prácticamente *practically*
practicar *to practise; to go in for*
el práctico *practitioner*
práctico,–a *practical*
precedido,–a *preceded*
el precio *price*
preciosidad: es una preciosidad
   de . . . *it's (a) lovely . . .*
precioso,–a *lovely*
precisamente *precisely; in fact*
preferentemente *preferably; rather*
preferible *preferable*
preferido,–a *preferred; favourite*
preferir (ie)* *to prefer*
la pregunta *question*
preguntar *to ask*
el premio *prize*
la prenda *garment*
la prensa *press*
la preocupación *worry*
preocupar *to worry*
preocuparse (por) *to worry/be
   worried (about)*
la preparación *preparation, method*
preparar *to prepare; to plan*
los preparativos *preparations*
la presencia *presence*
presenciar *to witness*
presentable *presentable*
presentar *to set out, present*
presentarse *to present oneself*
prestar *to lend;* prestar
   atención *to pay attention*
prestarse a *to give rise to*
el prestigio *prestige*
prevenir (ie)* *to warn*
previsto,–a *foreseen, lined up*
primario,–a *primary*
la primavera *spring*
primero *(at) first*
primero,–a (primer) *first; early*
el primo *cousin*
el principado *principality*
principal *main, principal*
principalmente *mainly*
el príncipe *prince*
principio: al principio *at first;*
   a principios de . . . *in the
   early . . ., early in . . .* en
   principio *in principle*
la prioridad *priority*

prisa: de prisa *hurriedly*
la prisión *prison*
privado,–a *private*
el privilegio *privilege*
probablemente *probably*
probar (ue) *to try*
el problema *problem*
procedente de *coming from*
proceder *to proceed;* proceder
   de *to come from*
la procesión *procession*
el proceso *process*
procurar *to try (to)*
la producción *production*
producido,–a *produced*
producir (zc)* *to produce*
el producto *product*
la profesión *profession*
profesional *professional*
el profesor *(secondary school) teacher*
el programa *programme*
progresista *progressive*
el progreso *progress;* hacer
   progresos *to make progress*
prohibido,–a *forbidden*
prohibir *to forbid, prohibit*
la proliferación *proliferation*
el promedio *average*
prometer *to promise*
la promoción *promotion*
promocionar *to promote*
pronto *quickly; soon*
la propaganda *propaganda*
la propina *tip*
propio,–a *own; special*
la prórroga *extension; respite*
protector,–ora *protective*
protegido,–a *protected*
provenir (ie)* de *to come from*
Provenza *Provence*
la provincia *province*
próximo,–a *next*
prudente *sensible*
la prueba *test*
psicológico,–a *psychological*
publicado,–a *published*
la publicidad *advertising*
publicitario,–a *advertising*
el público *public*
público,–a *public*
el pueblo *people; town*
el puente *bridge*

la puerta *door*
el puerto *port*
pues *well; then; now*
el puesto *place, position*
puesto que *because*
puesto,–a *put*
pulmonar *pulmonary*
la pulmonía *pneumonia*
el pulpo *octopus*
pulsar *to push*
la punta *point;* la hora punta *rush hour*
el punto *point; place; mesh, stitch;* en punto *precisely, on the dot*
puntual *punctual*
la puntualidad *punctuality*

Q

que *who; which; that; than*
¿qué? *what?; which?*
¡qué . . .! *how . . .!, what . . .!;* ¡qué va! *you must be joking!*
quebrado,–a *broken up*
quedar *to remain, be left;* quedar en *to agree, settle (on);*
quedarse *to stay*
la queja *complaint*
quejarse (de) *to complain (about)*
quemado,–a *burnt*
querer (ie)* *to want; to love* querer decir *to mean*
querido,–a *dear*
el queso *cheese*
quien *who*
¿quién?, ¿quiénes? *who?* ¿de quién? *whose?*
quienes *those/people who*
químico,–a *chemical*
las quinielas *football pools*
quinto,–a *fifth*
el quiosco *kiosk, stall*
quitar *to take out/away*
quitarse *to take off*
quizá(s) *perhaps*

R

racial *racial*
radical *radical*
radicalmente *radically*
la radio *radio*
la radiodifusión *broadcasting*
la rafia *raffia*

rallado,–a *grated*
rápidamente *quickly*
la rapidez *speed*
rápido,–a *quick, fast*
raramente *rarely*
raro,–a *strange, weird*
rastras: ir a rastras *to be dragged*
el rato *while; moment, (short) time*
la raza *race*
la razón *reason;* tener razón *to be right*
razonable *reasonable*
reaccionar *to react*
real *real*
la realidad *reality*
realista *realist*
realizado,–a *carried out*
realizar *to carry out*
realmente *really, actually*
la rebaja *sale*
el recado *message*
el recelo *suspicion, mistrust*
el recepcionista *receptionist*
recibir *to receive*
el recibo *receipt*
recién *newly;* recién casado,–a *newly wed*
el recinto *enclosure, compound*
la reclamación *protest, complaint*
el recluta *recruit*
recoger *to pick up; to collect, gather in*
la recogida *collection*
la recomendación *recommendation*
recomendar (ie) *to recommend*
reconocer (zc) *to recognise*
reconocible *recognisable*
reconquistar *to reconquer*
recordar (ue) *to remember*
recorrer *to tour*
el recreo *recreation*
recto: todo recto *straight on*
el recuerdo *memory, recollection*
recurrir *to have recourse to, turn to*
la reducción *reduction*
reducido,–a *reduced*
reducir (zc) *to reduce*
referente a *relating to*
referirse (ie)* *to refer to, talk about*
el reflejo *reflex*
reforzado,–a *strengthened, reinforced*

el refrán *proverb, saying*
el refresco *soft drink*
regalar *to give*
el regalo *present*
el régimen *diet*
la región *region*
regir (i) *to be in force*
regresar *to return, come back*
el regreso *return*
regulado,–a *controlled, organised*
regular *fair, so-so*
rehacer* *to rebuild*
rehusar *to refuse*
el reino *kingdom*
reírse* *to laugh*
relacionado,–a *related*
relajar *to relax, calm down*
relatar *to tell*
relativo,–a *related*
la religión *religion*
religioso,–a *religious*
el reloj *clock; watch*
la relojería *watch-maker's*
el relojero *watch-maker*
el remedio *remedy*
rendir (i) *to produce*
rentable *worthwhile, productive*
la reparación *repair*
reparar *to repair*
repartido,–a *distributed*
repartir *to distribute, deliver*
el repaso *revision, review*
repente: de repente *suddenly*
el repertorio *repertoire*
repetir (i) *to repeat*
el representante *representative*
representar *to represent*
la reproducción *reproduction*
reproducir (zc)* *to reproduce*
republicano,–a *republican*
requerir (ie)* *to require*
resbalar *to slip, skid*
reservar *to keep, set aside*
la residencia *(hall of) residence, hostel*
residir *to live, reside*
resolver (ue)* *to solve*
respectivo,–a *respective*
respecto: con respecto a *with regard to*
respetar *to respect*
respirar *to breathe*
respiratorio,–a *breathing*

el resplandor *glow*
responder *to reply*
responsable *responsible*
el responsable *person in charge*
la respuesta *answer*
restante *remaining*
el restaurán, el restaurante *restaurant*
el resto *rest*
los restos *remains*
el resultado *result*
resultar *to turn out (to be)*
el resumen *summary*
retrasar *to delay, put off*
el retraso *delay*
reumático,–a *rheumatic*
el reumatismo *rheumatism*
reunirse *to meet, get together*
revés: todo al revés *just the opposite*
revisar *to check*
la revista *magazine*
revolucionario,–a *revolutionary*
el rey *king*
rezar *to pray, say prayers*
la ría *Galician fjord, estuary*
rico,–a *rich; delicious*
ridículo,–a *ridiculous*
rígido,–a *rigid*
el rincón *corner*
el río *river*
la riqueza *wealth*
la risa *laugh(ter)*
el ritmo *pace, rhythm*
robar *to steal*
el robo *robbery*
la roca *rock*
rodeado,–a *surrounded*
rodear *to surround; to round up*
la rodilla *knee*
rojo,–a *red*
Roma *Rome*
romano,–a *Roman*
romper* *to break*
la ropa *clothes*
rosa *pink*
la rosa *rose*
el rosbif *roast beef*
roto,–a *broken*
rotundo,–a *flat, round*
la rúa *(small) street (Galician)*
rubio,–a *fair-haired, blond(e)*
la rueda *wheel*

el ruido *noise*
rural *rural*
ruso,–a *Russian*

S

el sábado *Saturday*
saber* *to know; to know how to*
el sabor *taste; flavour*
sabroso,–a *tasty, delicious*
sacar *to take out/off*
el sacerdote *priest*
sagrado,–a *sacred*
la sal *salt*
la sala *lounge;* la sala de estar
living-room
el salario *wages, salary*
la salchicha *sausage*
la salida *(day)break; departure*
salir* *to come/go out; to leave; to
come on, appear;* salirse con la
suya *to get one's own way*
el salmón *salmon*
el salón *lounge*
la salsa *sauce*
el salto *jump*
la salud *health;* ¡(a su) salud!
cheers!
el saludador *quack doctor*
saludar *to greet, say hello to*
salvaje *wild*
la sangre *blood*
la sanidad *health*
sanitario,–a *sanitary, health*
sano,–a *healthy*
el santo *saint;* el santo patrón
patron saint; San Pedro
St. Peter; Santiago *St. James*
santo,–a *holy*
el santuario *sanctuary, shrine*
la sardina *sardine*
la sartén *frying-pan*
satisfacerse* *to be satisfied*
satisfecho,–a *satisfied*
se *him/her/it/yourself;
your/themselves; each other*
sea *whether it be;* o sea (que) *in
other words*
secar *to dry*
la sección *section*
seco,–a *dry*
secreto,–a *secret*

el sector *sector*
secundario,–a *secondary*
seguida: en seguida *right away*
seguido,–a (de) *followed (by)*
seguir (i) *to follow; to continue,
keep on*
según *according to;* según
parece *apparently*
segundo,–a *second*
la seguridad *security*
el seguro *insurance*
seguro,–a *confident, sure*
el sello *stamp*
el semáforo *traffic light, signal*
la semana *week*
semanal *weekly*
el seminario *seminary*
sencillamente *simply*
sencillo,–a *simple*
la sensación *sensation*
sensato,–a *sensible*
la sensibilidad *sensitivity*
sentado,–a *sitting, seated*
el sentido *(good) sense; meaning*
sentarse (ie) *to sit down*
sentir (ie)* *to feel;* lo siento *I'm
sorry*
sentirse (ie)* *to feel*
la seña *sign, signal*
la señal *signpost, signal*
señalado,–a *marked*
el señor *(gentle)man; sir; Mr.*
la señora *lady; madam; Mrs.*
la señorita *young lady; Miss*
separado,–a *separated, apart*
separar *to take away; to separate*
septiembre *September*
séptimo,–a *seventh*
el sepulcro *tomb*
la sepultura *grave*
ser* *to be*
el ser *being*
la serie *series;* fuera de serie *special*
serio,–a *serious*
el servicio *service;* la estación de
servicio *service station*
servir (i) *to serve; to be useful*
servirse (i) de *to make use of*
severo,–a *severe*
Sevilla *Seville*
sevillano,–a *of Seville*
el sexo *sex*

si *if*

sí *yes*

sí (mismo,–a) *him/her/it/yourself; your/themselves*

Sicilia *Sicily*

la sidra *cider*

siempre *always;* siempre que *as long as; as often as, whenever*

la sierra *mountain range, mountains*

el siglo *century*

el significado *meaning*

significar *to mean*

significativo,–a *meaningful, expressive*

siguiente *following*

el silencio *silence*

silencioso,–a *quiet*

la silla *chair*

el sillón *armchair; sun-chair*

el simbolismo *symbolism*

el símbolo *symbol*

similar *similar*

simpático,–a *nice*

simple *simple, ordinary*

simplemente *simply*

sin *without*

un sinfín *a great number*

sino *but (rather)*

¡sinvergüenza! *rotten swine!*

siquiera: ni siquiera *not even*

el sistema *system*

el sitio *place*

la situación *situation*

situado,–a *situated*

situar *to place*

el skay *imitation leather*

el slogan *slogan*

sobre *on; over; (round) about;* sobre todo *above all, especially*

sobrevivir *to survive*

social *social*

socialista *socialist*

la sociedad *society*

el socio *member*

el sofá *sofa*

el sol *sun*

solamente *only*

el soldador *soldering-iron*

soldar *to solder*

soler (ue) + inf. *to ... usually*

solicitar *to request*

sólido,–a *solid*

sólo *only*

solo,–a *alone*

soltar (ue) *to let go*

la soltera *spinster*

el soltero *bachelor*

soltero,–a *single*

la solución *solution, answer*

solucionar *to (re)solve*

la sombra *shade*

el sombrero *hat*

sonar (ue) *to ring*

el sonido *sound*

sonriente *smiling*

la sopa *soup*

soportar *to support, put up with*

sordo,–a *deaf*

sorprender *to surprise*

sorprenderse *to be surprised*

sorprendido,–a *surprised*

la sorpresa *surprise*

el sorteo *ballot, raffle*

su *his/her/its/their/your*

subir *to take up; to go up; to get on*

submarino,–a *underwater*

el suburbio *shanty town*

subvencionado,–a *subsidised*

suceder *to happen*

sucio,–a *dirty*

suculento,–a *tasty*

sudar *to sweat*

la suegra *mother-in-law*

el suelo *ground; floor*

la suerte *luck*

suficiente *sufficient*

sufrir *to suffer*

Suiza *Switzerland*

el sujetador *bra*

sujetar *to hold in place*

la sulfamida *sulpha drug*

sumamente *extremely*

sumo: a lo sumo *at the most*

superior *higher; chief*

el supermercado *supermarket*

supernumeroso,–a *extra-large*

la superstición *superstition*

suponer* *to suppose*

supremo,–a *supreme, highest*

supuesto: por supuesto *of course*

el sur *south*

la sustancia *substance*

sustancial *substantial*

suyo,–a *his/hers/theirs/yours*

T

la tabérna *bar, inn*
el tabernero *innkeeper, landlord*
la tableta *bar*
el taburete *stool*
Tailandia *Thailand*
tal *such;* con tal de que *provided that;* de tal manera *in such a way, so much so;* ¿qué tal? *how's things?, what's it like?*
el talento *talent*
la talla *size*
el taller *workshop, repair-shop*
el tamaño *size*
también *also, as well, too*
el Támesis *Thames*
tampoco *neither*
tan *so;* tan . . . como *as . . . as*
el tango *tango*
tanto *so much:* por lo tanto *so, therefore;* tanto . . . como *as much . . . as, both . . . and*
tanto,-a *so much;* tanto,-a . . . como *as much . . . as*
tantos,-as *so many;* tantos,-as . . . como *as many . . . as*
tardar en + inf. *to take (a long) time*
tarde *late*
la tarde *afternoon; evening* buenas tardes *good afternoon/evening*
la tarifa *fare*
el taxi *taxi*
el taxista *taxi-driver*
la taza *cup*
te *you*
el té *tea*
el teatro *theatre*
el técnico *technician*
la tecnología *technology*
el techo *ceiling*
el tejido *fabric, cloth, material*
la Telefónica *Telephone Company*
el teléfono *telephone*
el telegrama *telegram*
telescópico,-a *telescopic*
la telesilla *chair-lift*
el telesquí *ski-lift*
la televisión *television*
el televisor *television set*
el tema *subject*

la temperatura *temperature*
temporal *temporary*
temprano *early*
el tendero *shopkeeper*
tener (ie)* *to have;* tener que *to have to, must*
la tensión *blood-pressure*
la terapéutica *therapeutics, therapy*
tercero,-a (tercer) *third*
terminar *to finish; to end up*
la ternera *veal*
la terraza *terrace*
el terreno *territory, land*
terrible *terrible*
testimonial *objective*
la tetilla *nipple*
ti *you*
la tía *aunt*
el ticket *ticket, slip*
el tiempo *time; weather;* a tiempo *on time;* del tiempo *at room temperature;* ¿cuánto tiempo? *how long?* ¿qué tiempo hace? *what's the weather like?*
la tienda *shop; tent*
la tierra *(native) land; country; region*
el tifus *typhus*
el tigre *tiger*
tinto,-a *red (wine)*
el tío *uncle*
los tíos *aunt(s) and uncle(s)*
típico,-a *typical*
el tipo *type, sort, kind*
la tira *strip*
tirar *to throw (away);* tirar de *to pull*
el tirón *snatch*
titulado,-a *qualified*
el título *title*
tocar *to play;* tocar a *to fall to (one's lot)*
el tocino *salted pork fat*
todavía *still; yet*
todo *all, everything;* sobre todo *above all, especially*
todo,-a *all; whole; every*
tomar *to take (in); to have*
el tomate *tomato*
el tono *tone*
tonto,-a *foolish, idiotic*
topes: hasta los topes *full to the brim, absolutely packed*

el tornillo *screw*
torno: en torno a *around*
el toro *bull*
la torre *tower*
torrencial *torrential*
la tortilla *omelette*
la tortuga *tortoise*
la tos *cough*
total *total;* en total *altogether*
la totalidad *whole*
totalmente *completely, totally*
trabajador,–ora *hard-working*
trabajar *to work*
el trabajo *work, job*
la tradición *tradition*
tradicionalista *traditional (ist)*
la traducción *translation*
traducir (zc) *to translate*
traer* *to bring*
el tráfico *traffic*
el traje *dress*
tranquilamente *calmly, peacefully*
la tranquilidad *peace, quiet*
tranquilo,–a *calm, peaceful*
¡tranquilo! *quiet!,*
    calm down!
transmitido,–a *broadcast*
transmitir *to broadcast*
el transporte *transport*
tras *after*
trasladar *to transfer, move*
tratar *to treat;* tratar de *to try to*
el trato *dealings, contact*
tremendo,–a *tremendous, dreadful*
el tren *train*
la tribu *tribe*
el tricornio *three-cornered hat*
triste *sad*
troceado,–a *chopped*
el trocito *small piece*
tropezar (ie) con *to come/stumble*
    upon
el trozo *piece*
tu *your*
tú *you*
la tuberculosis *tuberculosis*
tuberculoso,–a *tuberculosis-sufferer*
la tubería *piping*
la tumba *tomb*
la tumbona *easy-chair*
el turismo *tourism*
el turista *tourist*

turístico,–a *tourist*
tuyo,–a *yours*

U

u = o
último,–a *last*
un, una *a, an*
uno,–a *one*
únicamente *only*
único,–a *only; unique*
el uniforme *uniform*
la unión *union*
universal *universal*
la universidad *university*
universitario,–a *university*
unos,–as *some, a few*
urbanístico,–a *urban*
urbano,–a *urban*
la urgencia *emergency*
urgente *urgent*
urgentemente *urgently, immediately*
usado,–a *used*
usar *to use*
el uso *use*
usted, ustedes *you*
útil *useful*
la utilidad *profit, benefit*
utilizado,–a *used*
utilizar *to use*
la uva *grape*

V

vaca: la carne de vaca *beef*
la vacación *holiday;* de
    vacaciones *on holiday*
valer *to cost; to be worth;* vale
    all right, OK
el valor *value*
el valle *valley*
el vapor *steamship*
variado,–a *varied*
variar *to vary*
la variedad *variety*
varios,–as *various; several, (quite)*
    a number
varón *male*
vasco,–a *Basque*
el Vaticano *Vatican*
Vd. = usted
Vds. = ustedes

el vecino *neighbour; inhabitant, resident*
vecino,–a *neighbouring*
la vegetación *vegetation*
la velocidad *speed*
veloz *fast, quick*
vencedor,–ora *winning*
el vendedor *salesman*
vender *to sell*
vendido,–a *sold*
Venecia *Venice*
venezolano,–a *Venezuelan*
venir (ie)* *to come;* ...que viene *next...;* venirse *to come back*
la venta *sale*
la ventaja *advantage*
la ventana *window*
la ventanilla *car/train window*
ver* *to see:* (vamos) a ver *let's see*
el/la veraneante *holiday-maker*
veranear *to spend the summer, holiday*
el veraneo *summer holiday*
el verano *summer*
la verdad *truth;* de/en verdad *really, definitely;* es verdad *it's true;* ¿verdad? *right?, isn't that so?*
verdadero,–a *real, true*
verde *green*
las verduras *vegetables*
la vergüenza *shame*
el vestido *garment; dress; suit*
la vestimenta *garment; clothing*
vestir (i) (de) *to dress (in);* vestirse *to get dressed*
el Vesuvio *Vesuvius*
la vez *time;* a la vez *at the same time;* a/algunas/unas veces *sometimes;* cada vez más *more and more;* de vez en cuando *now and again;* en vez de *instead of;* muchas veces *often;* otra vez *again;* pocas veces/rara vez/raras veces *rarely;* tal vez *perhaps;* una vez *once*
la vía *track, line*
viajar *to travel*
el viaje *journey, trip*
el viajero *traveller*
la vida *life*

la vieira *scallop*
viejo,–a *old*
Viena *Vienna*
el viento *wind*
el vientre *belly*
vigilar *to guard, supervise*
la villa *villa*
el vinagre *vinegar*
el vino *wine*
la violencia *violence, fury*
violento,–a *violent*
visible *visible*
la visita *visit*
el visitante *visitor*
visitar *to visit*
la vista *sight; view;* de vista *by sight;* hasta la vista *see you, so long*
la viuda *widow*
el viudo *widower*
la vivienda *housing*
vivir *to live*
vivo,–a *live*
el vocabulario *vocabulary*
voluntariamente *voluntarily*
volver (ue)* *to return;* volver a + inf. *to ... again*
vosotros,–a *you*
el voto *vote*
la voz *voice;* en voz alta *aloud, out aloud*
el vuelo *flight*
vuelta: dar vueltas *to go round, revolve*
vuestro,–a *your(s)*
vulgar *vulgar*

W

el whisky-club *night-club*

Y

y *and*
ya *already; now; soon;* ya no... *...any longer;* ya que *since*
yo *I*
el yoga *yoga*

Z

la zanahoria *carrot*
el zapato *shoe*
la zona *area*
el zoo *zoo*
el zorro *fox*

Acknowledgements

Acknowledgement is due to the following for permission to reproduce illustrations

Cover photographs:
SUSAN GRIGGS AGENCY bottom left and right; POPPERFOTO top right;
SPECTRUM COLOUR LIBRARY top left and centre
ANNA TURBAU for inside photographs
JOSE G ESCRIBANO for photograph on p. 142.

The postcards on p. 53 are reproduced by kind permission of Arribas, Zaragoza

Cartoons by Paul Cemmick
Text illustrations by Pat Robson
Other drawings by Selwyn Hutchinson
Maps by John Gilkes

The advertisement on p. 21 is reproduced by kind permission of Gerplex, Barcelona